コンドルセと〈光〉の世紀

科学から政治へ

永見瑞木

白水社

コンドルセと〈光〉の世紀——科学から政治へ

装幀＝小林　剛
組版＝鈴木さゆみ

コンドルセと〈光〉の世紀＊目次

凡例

一　本書においては、コンドルセの著作からの引用は、次のコンドルセ著作集から行うこととする。Œuvres de Condorcet, éd. A. Condorcet O'Connor et F. Arago, 12 vols, Paris : Firmin Didot, 1847-1849 ; repr. Stuttgart : Friedrich Frommann Verlag, 1968. 引用の際には、著者名、著作名、巻、頁の順に示す。引用内の〔 〕は筆者による。

例）Condorcet, *Idées sur le despotisme*, Œuvres de Condorcet, t.IX, p.145.

二　上記の著作集以外からのコンドルセの著作の引用については、以下のとおりとする。

（1）『多数決の蓋然性に対する解析の応用の試論』については、*Sur les élections et autres textes*, éd. O. de Bernon, Paris : Fayard, 1986. から引用し、*Essai sur l'application de l'analyse* と表記する。

（2）*Arithmétique politique. Textes rares ou inédits (1767-1789)*, éd. B. Bru et P. Crépel, Paris : Institut national d'études démographiques, 1994. からの引用については、*Arithmétique politique* と表記する。

（3）アメリカ関連の著作については、*Écrits sur les États-Unis*, éd. G. Ansart, Paris : Classique Garnier, 2012. から引用し、*Écrits sur les États-Unis* と表記する。

（4）『人間精神の進歩の歴史表』については次から引用し、*Tableau historique* と表記する。*Tableau historique des progrès de l'esprit humain. Projets, Esquisse, Fragments et Notes (1772 1794)*, éd. J-P. Schandeler et P. Crépel, Paris : Institut national d'études démographiques, 2004.

三　書簡については次から引用する。

Correspondance inédite de Condorcet et de Turgot, 1770-1779, éd. C. Henry, Paris : Charavay, 1883 ; repr. Genève : Slatkine, 1970.Correspondance inédite de Condorcet et Madame Suard, 1771-1791, éd. E. Badinter, Paris : Fayard, 1988.

序章

一　デモクラシーの可能性を求めて

デモクラシーを他に先駆けて確立したはずの西欧諸国では今日、不寛容な移民政策や排外主義の高まりなど、デモクラシーが内に抱える困難が相次いで顕在化している。近年とりわけ注目を集めている、ポピュリズムの台頭という現象である。

社会の流動化や格差の拡大により社会的分断が進むなか、自らの声が政治に反映されないと感じる人々のあいだでは、既存の政治制度や政治家に対する不信が蔓延する。するとその不満を掬いあげ、彼らの声を代弁するかのごとく振舞う者が現れる。敵味方の二元論を振りかざし、わかりやすい言説と感情に訴える様々な手法を巧みに用いて当面の問題解決を期待させ、急速に支持を広げていく。直接的な人民の意志表明というデモクラシーの論理に訴える彼らに対しては、どのような論理で太刀打ちしうるのか、新たなデモクラシーのあり方が模索されている。

しかしこうした現象は、果たしてどこまでが新しい現象なのだろうか。どこか既視感を覚えはしないだろうか。

フランス革命の時代に目を転じれば、それまでの伝統的身分秩序の解体による社会的混乱の最中、新しい政治主体であるはずの「人民」、その「人民の意志」が誰によってどのように表明されるべきかが争われた。いわゆる恐怖政治の時期には、「人民の意志」の名のもとに権力を掌握する少数の者が現れ、社会全体に不寛容な空気、不信が蔓延し、誹謗中傷が吹き荒れ、暴力の連鎖に見舞われた。新しい人民の「再生」や一体性が強調される陰では、敵対者の容赦ない排除があった。ここでもまさにデモクラシーの抱える矛盾が現れていたといえるだろう。

そうした革命の熱狂のなかにあって、ひとり冷静さを失わず、デモクラシーの抱える危うさを鋭敏に認識しながらも、人間の未来を信じ、そのための新たな政治構想を温めていた人物がいた。彼が本書の主人公、科学者、思想家であり政治家としても活躍したコンドルセである。

そもそもデモクラシーが各国で定着し始めたのは、せいぜいここ百年程のことであり、人間社会の長い歴史のなかではむしろ疑いの目で見られてきた時間のほうが遥かに長い。それは本書の舞台となる十八世紀後半のフランス社会においても然り。デモクラシーの語は、決して良い意味では使われなかった。それは原義通り、民衆が権力を握る衆愚政治の響きを残していた。

コンドルセもまた、民衆のもつ衝動的エネルギーやそれを巧みに操るデマゴーグに対しては、常に警戒の目を向けていた。しかし「知の交流（la communication des lumières）」[1]の時代にあって、身分社会の秩序原理にかわる新しい政治社会の原理を探求していたコンドルセにとって、社会の変革はより多くの人々の協働によって進められるほかなかった。もはやエリートと民衆の分離ではなく、ゆるやかな、いわば下からの統合が目指されることになる。

そのためにコンドルセは二つの方向からのアプローチを試みた。一方で、人間のもつ潜在的可能性を信じる彼は、忍耐強く人々の自発的な変化を促した。その成果は革命期の公教育論として結実する。[2] 他方で、人民全体の参加を促しつつ、民衆運動などに見られる、その直接的なエネルギーの暴発を制御しうるような精緻な制度の確立により、人民の平等な意志表明のための道を開こうとしたのである。本書が明らかにしようとするのは、後者の政治秩序構想である。

今日までコンドルセの名は一般に、粛清の荒波のなかで自らの身に迫る危険を前に執筆された作品『人間精神の進歩の歴史表の素描』(以下では『素描』と略)の著者として知られている。[3] そしてそのことがまた、人間理性の無限の可能性を信奉する、楽観的な進歩観念の主唱者という彼のイメージにつながってきた。[4] 彼の思想の理解についてもそうした一面的なイメージに規定され、彼がいかなる問題意識をもって同時代の社会の抱える問題に対して一石を投じたのかを理解することは、二の次とされがちである。しかし、そこには彼にとって目を反らすことのできない「現実」があったはずであり、そうした「現実」との彼の知的格闘の軌跡を丹念に追うことがなければ、理性や真理、進歩といった、今日ではすっかり信用の失墜した言葉にとらわれて浅薄な思想家と見限り、彼の思想が今なお問いかけうるものへの想像すら及ばないことだろう。

本書の目的は、コンドルセが革命前から温めていた秩序構想に注目し、検討することを通じて、彼が漸進的な改革者という姿勢を保ち続けていたことを示し、楽観的な進歩主義者というコンドルセ像を刷新することにある。コンドルセは人間知性の限界を吟味した哲学者としてジョン・ロックを非常に高く評価する。そして彼もまた、人間の可謬性や社会の不確実性に対して鋭敏な意識を向けていた。それこそが彼の基本的な思考枠組みであるとさえいえる。それは彼をして、プラトン的立法者のごとく社会制度を白紙から一気に完成させるよりも、秩序を維持しながらの漸進的な改革へと向かわせることとなった。

ではコンドルセが目の当たりにしていた「現実」とは何か。それは一七七〇年代から一七八〇年代にかけてのフランス社会である。後世の視点からすれば「旧体制」末期、「革命前夜」にあたるが、こうした見方はいずれも当時の人々のものではなかった。[5] そこでは政治社会の変革の可能性を求めて、時空をも超えた、様々な思想の営みが活発に繰り広げられていたのである。

二　コンドルセの生涯

ではそうした時代に、コンドルセはどのような生涯を送ったのだろうか。[6] 彼の人生を、彼を取り巻く人間関係に触れながら辿っておこう。

コンドルセは一七四三年九月十三日、フランス北部の街、リブモンの古い貴族の家系に生まれた。[7] 父親は生後間もなく亡くなり、信心深い母親の庇護のもとに育てられた。

早くから数学への関心と才能を示したコンドルセは、科学分野の教育で名高いパリのナヴァール学院に進学し、この学院時代に数学や自然科学の学問に目覚める。学位を得た後、軍人としての出世を望んでいた家族のもとへ一度は戻るが、学問への熱意は冷めず、数学を続けるため一七六二年には再びパリに向かう。

パリでは恩師の家に身を寄せ、慎ましい生活を送りながら勉学に没頭する日々を送った。その成果が論文として発表されると、たちまちその才能は著名な数学者たちの間に広く知れ渡った。そのなかで、科学者としての出世にとって強力な後ろ盾となったのが、当時のフランス数学界の重鎮、ジャン・ル・ロン・ダランベールの存在である。早くからコンドルセの才能を認めていた彼の助力もあり、コンドルセは弱冠二十六歳にしてパリ王立科学アカデミー機械学助会員に選出される。以降、出世の道を着実に歩み、一七七六年には終身書記に就任する。[8] そして一七九一年までの十五年間にわたり、科学アカデミーのほぼすべての会合に出席し、終身書記としての職務を精力的に果たしていくことになる。

一方で、ダランベールは科学の世界にとどまらず、サロンを中心とした当時の知識人たちの社交の場にコンドルセを迎え入れた。当時の有名なサロンのなかではジュリー・ド・レスピナスのサロンの常連となり、百科全書派の知識人らと肩を並べた。[9] またエルヴェシウス夫人のサロンではヴォルネ、ドヌー、トラシ、カバニス、ガラら、後にイデオローグと呼ばれる人々との知的交流を育んでいった。[10]

コンドルセ立像（Paris, Quai de Conti）

数学者、科学者として学問の世界に自らの居場所を見出していくコンドルセが、同時に若い頃より司法制度の問題をはじめとする社会の問題に対する関心を先鋭化させていったのは、このような知識人の言論空間に身を置き、当時の最新の議論に触れていたことが大きい。一七七〇年秋には、病状の悪化したダランベールの療養の旅に付き添ってフェルネーを訪れているが、そこでのヴォルテールとの出会いも、重要な契機となった。[11] コンドルセもまた、生涯を通じて同時代の不正な裁判に対する憤りを隠さず、司法権力に対する警戒心を抱いていく。それは単なる憤りにとどまらず、仏訳が出版されて間もないチェーザレ・ベッカリーアの『犯罪と刑罰』からも知的刺激を受け、陪審制や刑法などの改革についての具体的な考察に取り組むことにもつながった。

一七七四年、科学者としてのコンドルセの人生に転機が訪れる。ルイ十六世の治世となり、リモージュで地方長官として様々な改革事業に携わった手腕を買われたテュルゴが、財務総監に就任する。テュルゴは王国行政の改革に向けた諸問題に取り組むにあたり、政治経済の知識だけでなく、自然科学の知識も重視し、科学アカデミー会員からの人材登用に熱心であった。[12] そこでコンドルセは諮問役の一人として協力を求められ、地下運河の建設工事、度量衡の統一など、公共事業のための様々な予備的調査を引き受けることになる。[13] それだけでなく、テュルゴの右腕として王国行政の改革に熱心に関わっていった。[14]

テュルゴのもとでの政治の経験は、コンドルセにとって科学の理論の実践への応用を試みる好機であると同時に、科学とは異なる政治の実践について知る大きな機会ともなった。ただし、それが時には虚しい結果に終わることも、改革の挫折を通して思い知らされた。一七七六年五月のテュルゴの解任とそれによる改革の挫折の後、コンドルセは虚しさしか残らない政治の世界よりも純粋な知的関心を満たす学問の世界に魅かれ、再び学問研究に戻ることを決意し、科学アカデミーでの職務にも邁進していく。[15]

一七七六年から八〇年代前半の時期にかけて、ヴォルテール、テュルゴ、ダランベールなど、コンドルセの知的形成において大きな影響を及ぼした人々が相次いで亡くなり、世代の交代を迎えた。[16] この時期、コンドルセは科学者として研究や職務に精力的に取り組みながらも、政治に対する関心を喪失し、孤立した学問の世界に沈潜していたわけではなかった。彼が科学アカデミー終身書記に就任した一七七六年は、アメリカ独立宣言が採択され、ベンジャミン・フランクリンが合衆国全権特使として来仏する年でもある。[17] その翌年にはラファイエットが渡米するなど、米仏関係はますます緊密な交流の時代を迎えていた。[18] 当時のアメリカの政治状況についての情報は、人的交流を介して、あるいは書簡やアメリカ諸邦憲法などの政治文書を通じて伝えられていた。そのなかでコンドルセも、フランクリンやトマス・ジェファソンといったアメリカの知識人との直接間接の交流や、親米派の知人を介して情報を得ながら、独立を果たして間もないアメリカ社会に対する関心を募らせていった。この現在進行形で国家建設の進むアメリカ社会の存在こそは、コンドルセにとって、政治社会の改革という一度は挫折した夢の実現への希望の支えとなったのである。彼にとって身分制のない平等な社会であるアメリカは、フランスをはじめとするヨーロッパが将来見習うべき模範として認識されるようになる。一国民の繁栄が他の国民にも「知の交流」を通じて波及することを期待するコンドルセは、アメリカ社会がヨーロッパ社会にもたらす影響に希望を見出していった。

コンドルセの初のアメリカ論が公表されたのは一七八六年である。この年は、私生活の面でもソフィー・ド・グルシーと結婚するなど、彼の生涯においては将来への展望が開ける幸福な時期であった。[19] 後にアダム・スミスの『道徳感情論』の仏訳者としても知られることになるソフィーのサロンには、ジェファソンやスミス、トマス・ペインをはじめとする外国の著名人も多く集まり、コンドルセ夫妻は彼らと親しい交流をもつことになった。フランス語の苦手なペインの手助けをしたのも彼らであったという。

またこの頃、コンドルセは『テュルゴ氏の人生』を出版している。このなかで、彼はテュルゴと共に改革への期待に胸膨らませた日々を振り返り、亡きテュルゴの遺志を自らの言葉で確かめていた。だが彼の視線はすでに、身分制を廃した新しいフランス社会の再編へと向けられていた。間もなくその第一歩が『地方議会の構成と役割についての試論』として、身分別の旧来の三部会に替わる新たな地方議会の組織化の構想と

コンドルセの潜伏先を示すプレート
（Paris, 15, rue Servandoni）

いう形で提示されることになる。

その一方で、政治状況はコンドルセの予想を超えた事態の急転を迎えた。高等法院は課税問題をめぐり全国三部会の召集を度々要求していたが、一七八八年の夏、王権側の譲歩により全国三部会の翌年の開催が決定されたのである。これを機に世論の関心は一気に全国三部会に傾いていった。しかしコンドルセは、この決定に対して批判的であった。彼には全国三部会の召集は旧来の身分別三部会の再現であり、好転しつつあると期待される状況に逆行するものと思われたのである。またしても彼の行く手を阻むのは高等法院の存在であった。こうしたコンドルセの高等法院に対する対決の姿勢は、一七七〇年代初頭から革命期までの著作に通底するものである。高等法院はテュルゴの改革を阻んだ特権階層であると同時に、数々の冤罪事件を引き起こした「殺人者（les assassins）」集団として彼の目には映っていた。[20]

革命の初期には、全国三部会選挙で惜しくも落選したため、コンドルセの活動はパリ市政や一七八九年協会など、議会外のものに限られた。[21] そして一七九一年頃よりペインとの親交を深め、同年六月の国王逃亡事件以降、共和主義協会の設立に加わるなど、共和政擁護を積極的に表明していく。やがて立法議会議員として活動し、公教育委員会議長としては公教育案を発表した。しかし折悪しく対外戦争の開始と時期が重なり、彼の公教育案に対する十分な審議はなされなかった。国民公会下では、憲法委員会のメンバーとして憲法案の執筆に専念し、すでに温めていた秩序構想の諸原理を引き継ぎつつ、新しい共和国の秩序構想を示そうとした。一七九三年二月、コンドルセは議会での憲法案報告を終えると、政治抗争に直接関わることを避けるように、再び公教育委員会に戻った。そのためモンターニュ派によるジロンド派追放の際も、彼の名はそのリストになかった。[22] ところが間もなく逮捕状が出され、いよいよ彼の身にも危険が迫ると、リュクサンブール公園近くの閑静な通りの一角で、九ヶ月に及ぶ潜伏生活に入った。この過酷な条件のもと、支援する者が差し入れる草稿資料などをもとに、数か月のうちに『素描』のもとになる草稿を書きあげた。

その後、コンドルセの人生は一七九四年三月二十八日、逮捕された翌日に独房で死亡が確認されるという形で、突然に幕を閉じる。とはいえ、彼自身はすでに自らの身に迫る運命を覚悟していたのだろう。家族や友人に誹謗中傷が及ばないよう自らの行動についての弁明文や、娘に宛てた遺書などが残されていた。こうしてコンドルセの名は、絶筆とされる『素描』と謎に包まれた死と共に、後世の記憶に留められることとなる。

三　受容史・先行研究

ではコンドルセの著作は彼の死後、いかなる観点から読まれてきたのだろうか。十九世紀を通しては、時々の時代状況に応じ、少なからず政治的な目的からコンドルセの思想が求められたといえる。[23] 主に二点に注目してみたい。

一つは、イデオローグによるコンドルセ思想の受容である。[24] ロベスピエール失脚後の総裁政府期に政治的実権を握ることとなった彼らは、先述のとおり、革命前からサロンなどを通してコンドルセとの知的交流を深め、人間や社会を対象とする「科学」の方法への関心などを共有していた。[25] しかしながら、体制派として彼らが目指したのは、恐怖政治後の不安定な状況のなかでの統治権力の再編や安定した秩序の再建であった。つまり彼らはコンドルセとは異なる政治状況のなかで新たな課題に取り組む必要があった。そして恐怖政治から自らを区別すべく、啓蒙思想の遺産を継承し、八九年の革命の諸原理に立ち返ることに自身の存在意義を見出していく。彼らにとって恐怖政治に抗したコンドルセは、ソクラテスに喩えられるような恐怖政治の犠牲者の象徴的存在となっていくのである。[26] コンドルセの『素描』を中心とする著作は、このような観点から熱心に読まれていた。[27]

こうしたイデオローグのコンドルセ受容は、時代状況の要請に応じた政治的理由によるところが大きく、むしろ彼らの間には思想的な相違があるとシャンドレルも指摘するように、[28] コンドルセの思想の継承を専らイデオローグに担わせようとする見方は、やはり一面的といえるだろう。[29]

他方で、共和主義者あるいは共和国の象徴的存在としてのコンドルセへの関心がある。とりわけ十九世紀後半の第三共和政成立期には、新しい政治体制を支える思想的基盤がコンドルセの著作のなかに求められた。なかでも公教育論が注目され、世俗性や無償性を原則とする共和国の学校の創設者として大きく扱われた。こうした関心は二十世紀にも引き継がれ、革命二百周年およびコンドルセの没後二百年に向けてコンドルセへの関心が再燃するなか、彼の公教育論や市民論に関する書物の出版が相次いだ。[30] それらの多くは、コンドルセの関わった個別の主題を、彼の思想の全体的な連関のなかで理解しようとするよりも、共和政の成立という歴史的文脈に引き寄せ、それぞれのテーマ史のなかに位置づけようとする傾向があり、コンドルセの思想のもつ広がりを矮小化しがちである。

続いて、近年の主な研究動向についても触れておきたい。コンドルセが学問的な研究の対象となるのは二十世紀に入ってからであり、革命期の著作や活動に焦点を当てたカーンの研究がその嚆矢となる。[31] 近年ではコンドルセの思想における科学と政治の二つの領域の接点に関心が向けられ、科学史、政治・社会思想史の双方の分野からいくつか貴重な研究があらわれている。[32]

まず科学史の分野では、当時の科学アカデミーという組織の置かれた歴史的政治的文脈のなかで、行政に密接に関わった科学者としてのコンドルセの一七七〇年代から八〇年代にかけての思想や活動に着目する研究の進展が見られる。[33]

その一つ、隠岐の研究に注目すると、科学の「有用性」という切り口から、十八世紀半ばから革命期にかけて科学アカデミーが行政および社会全般に対して担った役割が検証され、そうした文脈のなかの主要人物の一人としてコンドルセの科学観とアカデミー構想が検討される。[34] それによれば、コンドルセは科学・技術と政治を密接なものと捉え、それぞれの営みの特質と差異を生かす形で社会を構築する重要性を認識していた。そのうえで「科学が民主的であり、民主主義とそれを担う政治が科学的でもあるような理想の世界」を描き出したとされる。[35] 十九世紀の科学主義とは異なる、社会に対してより開かれた視点をコンドルセの科学思想のなかに見出し、科学と政治が支えあう民主的な世界の実現可能性を展望していたとする解釈は、コンドルセの政治思想の理解にとっても、興味深い見方を提示している。

こうした近年の科学史研究における知見を参照しつつも、本書ではコンドルセの抱いていた具体的で緻密な政治秩序構想に注目する。彼の秩序構想のなかには、身分社会からより民主的な社会への転換、言いかえると、より多くの市民の意見が政治過程を動かす方向への社会の変化を志した、具体的な知的葛藤の痕跡を認めることができる。それを十分に明らかにするには、科学から政治社会の領域へと視野を広げるなかで深化されたコンドルセの政治構想について、その変容も含めて、科学アカデミーという場に限定せずに、彼を取り巻く人間関係や同時代的背景、思想的伝統の継承、発展といった、より広い文脈のなかで多角的に検討する必要があるだろう。

そこで次に、思想史研究の側で、コンドルセにおける科学と政治思想との関連性に着目し、そこに彼の思想の統一性を捉えようとするベーカーの研究にも触れておこう。ベーカーは啓蒙思想における「社会科学」概念の形成への関心から、コンドルセの思想の発展とその実践の過程を、この概念の進化の道筋と重ね合わせて描こうとする。[36] その解釈によれば、コンドルセの思想枠組みはヒュームの蓋然知に学んだ独特な合理主義に由来し、政治論に関しては、テュルゴと共に推進した君主政の上からの合理的改革に始まり、やがて一七八〇年代後半から革命期にかけて、個人の合理的な選択に依拠する自由放任主義に適合的な社会秩序を目指すものになる。しかしながらそれは理性と意志、エリート主義と民主的同意の契機、リベラリズムとデモクラシーなど諸々の「矛盾」する要素を内包したもので、それゆえ代表制、公教育、憲法草案などを通じてこれらの「矛盾」の解消が目指された。しかし革命が急進化するなか、彼の政治構想はエリート主義と受け取られ、同時代人の支持は得られず、一連の「失敗」に終わったとされる。[37] ベーカーの関心はあくまでコンドルセの「社会数学」の独自性とその「近代性」に向けられるため、コンドルセの政治論の解釈もそうした視点に規定されがちであることは否めない。[38]

これに対し、本書では「矛盾」や「失敗」といった外在的評価はせず、コンドルセのアメリカ論や地方議会論などで展開される秩序構想を彼の思想の内的連関と状況への応答に注目しながら検討することで、上からの君主政の合理的改革には収まらない政治構想としての可能性を読み取りたい。[39]

ところで最近では、現代の民主的諸制度、とりわけ代表制の機能不全に対する危機意識やデモクラシーの可能性への理論的関心から、コンドルセの政治構想に注目するものがある。例えばロザンヴァロンは、ルソーの一般意志による人民主権論とは異なる人民の主権行使の多様な形態を探るなかで、その「複合的主権(souveraineté complexe)」の着想を、憲法草案をはじめとするコンドルセの政治的著作から得ている。[40]そしてコンドルセを「リベラルなルソー主義」と評する。代表制の民主的な再解釈に向けて、その思想的系譜を辿るウルビナティもまた、憲法草案や地方議会論に注目し、コンドルセが一方ではルソー、他方ではシィエスと異なり、単なる政治的分業にとどまらない代表制のあり方、政治的決定に対する人民の参加の様々な回路を備えた政治社会を構想したと評価する。[41]これらの研究は、主に革命期の限られたテキストに基づき、コンドルセの思想の全体像を捉えることを直接の目的とするものではない。だが少なくとも革命期のコンドルセの政治構想について、興味深い解釈の方向性を示している。本書ではこうした新たな関心を共有しながら、コンドルセの政治構想を、同時代の政治状況と彼自身の一貫した問題関心との相互連関のなかに位置づけることで、その特質を明らかにしていきたい。

四　本書の構成

本書は四章から構成される。

第一章では、コンドルセの学問的背景および、彼の政治的思考を支える一貫した問題関心の形成について論じる。その際、科学、司法、政治という三つの視角を取り上げる。科学の領域はコンドルセの学問的出発点であり、彼の政治的思考とも密接に関わっている。確率論という手段に期待を寄せるコンドルセは、彼を導いたダランベールとは異なる科学の視点に立っていた。司法への関心も、彼を取り巻く知的環境のなかで芽生えたものであり、彼の科学の視点とも関連している。やがて学問の世界から政治の世界へと踏み出すが、その第一歩がテュルゴ改革期にあった。ここではコンドルセのテュルゴ像およびテュルゴから継承した視点、さらにこの時期の商業の自由と出版の自由に関する論考について検討する。

第二章では、コンドルセの思想形成における「アメリカ」のもつ存在感が明らかとなる。新生のアメリカ社会は、テュルゴ改革で挫折を味わったコンドルセに新たな希望を抱かせ、フランスの新しい秩序構想に向かわせた。「人類の希望」としてのアメリカ社会という視角を彼に示したのはテュルゴでもあった。コンドルセは最初のアメリカ論から、関心が次第にフランス社会の改革の具体的構想へと向かうなか、両国の状況の相違への認識も深めていくが、その頃の連邦憲法批判と、アメリカ革命とフランス革命の比較の視点も検討する。また最後のアメリカ論というべき『フランクリン氏頌辞』を通しては、理想的な「教育者」であると同時に「愛国者」としてのフランクリン像が示される。

第三章では、コンドルセの地方議会論の分析を通して、革命前の彼の秩序構想について明らかにする。その際、彼に一つの指針を与えたと思われるテュルゴの市町村改革構想、そして同時期に執筆され、共通の問題意識に支えられた論考『ニューヘイヴンのブルジョワからヴァージニアの市民への書簡』に示される「代表民主政」の特徴についても触れていく。さらに現実の政治状況の急展開を受けての彼の態度、全国三部会に向けて示された展望についても検討する。

第四章では、人権宣言や憲法草案などを中心に、革命期の状況のもと、コンドルセが行き着いた新しい共和国の秩序構想の全体像が明らかとなる。そこには一方で、法への服従と社会の秩序・安定に関心を向けながらも、他方では、その政治制度をすべての市民が自発的に問い直すための契機を制度自体のなかに埋め込むことで常に社会全体の刷新を図るという、複眼的な視点が維持されている。人民主権の行使のあり方はより柔軟なものとなり、常に反省的に問い直されるものとなる。コンドルセの試みの軌跡を辿ることによって、身分社会から多数者の動かす民主的社会への変革の構想が、それが抱えた困難も含めて明らかとなるだろう。

第一章　コンドルセの知的世界――学問と政治

本章では、コンドルセの学問的背景と問題関心を、同時代人との知的交流に注目しながら、科学の視点、司法への関心、政治の経験という三つの視角から辿っていく。革命のはるか以前の一七七〇年代から、コンドルセはこれらの領域に多大な関心を向けており、実際、各々について精力的な活動を展開していた。時代状況の変化のなかでも、そうした関心の軸はぶれることがなく、一七八〇年代後半以降に具体化される秩序構想においても、その基底をなすものとなっている。

第一節　科学の視点

一　知の発展と普及への情熱

数学者ダランベールの導きのもと二十六歳で科学アカデミーに入会してから革命期に至るまで、科学アカデミーを中心とする科学研究の世界は、コンドルセにとって学者としての出発点であり、革命期に政治活動に身を投じるようになってからも、一つの拠点として重要な位置を占めていた。さらにコンドルセの科学者としての視点は、政治社会の構想に関わる著作にも投影されているように、彼は単に社会から孤立した営みとして学問に関わっていたわけではなかった。彼は正確な言語や計算など、科学の方法論を人間や社会の諸問題に適用することに多大な関心を向け、のちに「社会科学」と呼ばれることになる「精神・政治科学」の学問構想を温めていた。[1] そこで本章の関心からは、コンドルセの科学的思考や科学に対する見方が、政治的思考といかなる形で結びつくのかという点に着目したい。彼の政治的思考を十分理解するには、科学と政治の接点を明らかにすることは欠かせない。以下ではこのような限定された視角から、コンドルセの科学の視点について検討する。

コンドルセにとって、科学研究の目標は「科学の進歩」、すなわち各分野の専門知識に精通した研究者たちによる、新たな知識の発見や理論のさらなる発展にあるが、それに劣らず重視されるのが、そこで得られた成果が広く社会全般において共有されることであった。つまり科学の進歩とその普及は常に不可分一体のものと捉えられるのである。そしてこの見方は自然科学や数理科学に限らず、より広く人間や社会に関する知識についても基本的に当てはまる。知の発展と普及はコンドルセの生涯を通じての主題であり、彼は様々な手段を通じて、様々な角度からその実践を試みていた。

例えば、科学アカデミーの終身書記補佐であった一七七〇年代半ばに、コンドルセは科学の発展のために、フランス全体を視野に入れた科学研究の再組織化を構想しており、実際に宮内大臣モールパを通じて働きかけを行っていた。[2] 彼が目指したのは地方における科学研究の活性化であり、そのために彼は地方のアカデミーの再編や、地方とパリのアカデミーの間での相互協力関係の構築を考えていた。また地方のアカデミー会員がパリを訪れる際にパリのアカデミーでの会合に出席するなどの人的な交流、学術論文や実験、観測記録などの情報の共有により、科学者同士の競争意識を高めることなども目指された。ただし結果としては、この構想は一部の賛同は得られたものの、監督権限を握るパリのアカデミーに対して、地方のアカデミーの独立と研究の自由が失われることへの危惧の念から反論がでるなど、反対意見が上回り、実現を見ることはなかった。

それでもコンドルセは、広く社会に開かれた科学研究の共同体というヴィジョン自体をそこで手放したわけではなかった。革命期に逃亡生活を強いられたなかで執筆された『人間精神の進歩の歴史表の素描』の母体となる『人間精神の進歩の歴史表』には、断章という形で付属する草稿が複数残されているが、そのなかで最もよく知られたものに「アトランティス、あるいは科学の進歩のための人類の努力の結合」と題された断章がある。[3] フランシス・ベーコンの名はコンドルセの著作においてしばしば登場するが、この断章でも「ベーコンは真理の探究のみに身を捧げた人々の社会の構想を抱いた」とはじめられるように、ベーコンの『ニュー・アトランティス』が意識されている。コンドルセがここで描くのは、科学の進歩のための科学者の共同研究の場としての理想の科学の共同体である。それは政治社会からは独立したものと想定され、目的や組織の形態も政治社会とは異なるが、それと並存する共同体として構想されている。そして興味深いのは、科学に対して関心をもつ一般市民にも科学研究に間接的に関わる道が開かれていることである。[4]

こうした構想を単に科学者の理想郷を描いたものとして見るだけでは、政治社会の構想との関連性を見過ごすことになるだろう。同様の発想は、革命期に執筆される公教育論のより具体的な計画のなかにも見受けられるように、コンドルセにとっては新しい政治社会構想と密接に結びついたものでもあった。彼は未来の市民を育てる公教育においても、科学教育に重要な役割を認めており、公教育の内容として自然科学などの科学の知識を重視していた。なぜなら、科学には具体的知識を伝授するだけでなく、人間の精神に対する影響力が見込まれるからである。[5] ここでコンドルセが注目するのは、科学が人々に常に新たな関心事を提供し、好奇心をかきたて、日常生活において精神的刺激を与え、思考する習慣を身につけさせる点である。「すべての科学は、精神により多くの公正さと鋭敏さを同時に与え、思考する習慣と真理への好みを身につけさせるという利点をもつ」[6]。

他方で、公教育のための教育機関の構想における科学の位置づけにも注目してみたい。コンドルセの提案によると、初等教育から高等教育まで四段階の教育機関（初等学校・中等学校・学院・リセ）が設けられ、その頂点には「国立科学技芸協会（société nationale des sciences et des arts）」が設置される。その目的は、「教育機関の監督と指導を行い、科学と技芸の完成に専念し、有益な発見を受理し、奨励し、応用し、普及すること」にある。[7] それが担うのは子供や大人の個別の教育ではなく、「世代全体の教育」であり、「知識全体を新たな真理によって豊かにすること」が重視される。コンドルセはこうした公的施設のほかにも私的な学術協会を積極的に認めており、それらを拠点に、いわば情報を交換し共有するネットワークの構築を構想している。そこには一般市民の参加も認められるように、外部に対する開放性は組織の特徴の一つでもある。

このように、コンドルセにおいて科学は単に専門家の間で共有される知ではなく、革命後の新しい政治社会の形成にとって不可欠のものと考えられていた。もちろん、一七七〇年代における科学者の共同研究の再編構想の段階から、革命期の公教育論における学術協会の構想までは、非専門家である一般市民の参画の程度には開きがあると考えられるし、その間のコンドルセの社会の現状認識にも変化はあるだろう。しかしながら、彼は知識全般の発展と社会全体への普及に対する揺るがない熱意という点では一貫した姿勢を保持しており、この視点は彼の政治的思考を支える重要な要素となっている。

二　自然科学と精神科学

コンドルセにとって知識の発展と普及は不可分一体であることを確認したが、とはいえ知識（真理）の発見と普及とは、問題として区別すべきであることも強調される。そして発見から普及に至る道のりは知識の性質によって異なることも明確に認識されている。そこで次に、人間が認識しうる知識の確実性をめぐるコンドルセの問題関心について見ておきたい。

広く人間の精神活動の領域に属する道徳、社会、政治の問題を科学的認識の対象として捉え、それらに対して正確な言語や計算による数量化など、科学の方法論を用いること。このような問題関心を明確に示したものとして注目されるのが、一七八二年二月のアカデミー・フランセーズ会員就任演説である。[8] コンドルセはそこで「この時代を際立たせる特徴の一つ」が「科学と文芸の結合」にあることを指摘しながら、二つの分野の共通項に注目していく。それによれば、同時代のフィロゾーフの多くは、知識の進歩を人類の幸福への期待の拠り所とする一方で、それが文芸や技芸（arts）の進歩を損なうことになると考えている。そうした見方に対して彼は、「しかしながら、技芸の諸原理は観察と経験の成果であり、それゆえ、より体系的で、正確で、精緻な方法により観察することを学ぶにつれ、完成されるはずです」と述べ、文芸や技芸を含む精神科学も自然科学と同様に、観察と経験に基づき、同じ方法論を用いて、完成を目指しうる科学であると主張していく。

コンドルセの理解する精神科学とは、次のような目的と特徴を備えたものである。それは「ほぼわれわれの時代に作り出されたばかりで、それは人間自体を対象とし、人間の幸福をその直接の目的とする」[9]。そして「それらは自然科学と同じく、事実の観察に基づき、同様の方法に従うはずであり、同じように厳密で正確な言語を獲得し、同程度の確実性に達するに違いない」[10]。コンドルセによれば、観察された事実に基づき、同様の言語や方法を用い、同程度の確実性を備える点で、精神科学と自然科学は共通するという。精神科学の具体的な内容としては、道徳、立法全般（政治、民事、刑事）、行政、商業、交易、税制など非常に広範な分野が想定されている。

そして精神科学と自然科学において得られる知識はいずれも蓋然的なものであり、純粋数学において命題の論証から引き出される厳密な知識とは対比される。ここでコンドルセがもっぱら関心を寄せるのは、継続的に観察される事実から導かれる恒常的な秩序に基づく知識＝真理の確実性についてである。「自然においてと同様に精神の領域において観察された事実の多少とも恒常的な秩序から、現実のある種の確実性（l'espèce de certitude qui appartient à la réalité）が生じる」[11]。このように、コンドルセは精神科学と自然科学の共通性を、いずれも蓋然性の領域に属する科学である点に見出していた[12]。

ただしその一方で、自然科学と精神科学の間には見過ごせない相違も存在する。精神科学は、観察者が観察対象である社会に属している点で自然科学とは置かれた条件が異なる。それゆえ「真理は先入見をもつか惑わされた判断者しかもちえない」[13]。つまり真理の認識の局面において精神科学は自然科学よりも困難を抱えることになる。

ところで「真理の普及」とは区別される「科学の現実の進歩」に関しては、精神科学の進歩は自然科学のそれに劣らないとの評価がなされる。科学史を振り返れば、ベーコン、デカルト、ガリレオまでは精神科学の進歩は自然科学よりも遅れていたと認める一方で、コンドルセはロックの哲学の意義を高く評価しており、それ以降、精神科学は大きく発展し、自然科学の進歩に並ぶか、むしろ「人間の幸福により直接に貢献する」という魅力が加わり、それを凌ぐ勢いであるとみる。[14]

そうなるとやはり問題は「真理の普及」にある。自然科学の場合、一般に真理の発見、検証、承認に携わるのは専門的科学者のみである。一方、精神科学の領域においては、その性質上当然ながら、真理はあらゆる人が関わりをもつし、それは彼らの権利でもある。「皆がそれについて発言する権利をもつと考え、用いられる言語は日常用語であり、それゆえ各人はそれらを理解していると思い、科学の言葉の正確さを追求せずに済ませられると思っている。それらはあらゆる人に直接に関わり、それらの判定者であることは彼らの権利の一つなのである」。[15] 科学者を中心とする一部の者が関わる自然科学ではなく、より広く社会全体の人々が関わる政治的領域に関心を向けるコンドルセにとって、この違いは大きな課題として捉えられた。そして彼は、「〔精神科学と自然科学の〕これら二つの知識の体系の結合は、精神科学の領域を拡大し、唯一それのみが精神科学における事実にこの厳密さを、結果にこの正確さを与える」という信念を支えに、精神科学における「真理の普及」、そのために自然科学の方法の精神科学の分野への導入に、大きな期待を寄せることになる。[16] 先に見た公教育における科学教育の重視も、こうした科学の見方に基づく発想である。

コンドルセの科学的思考は、政治的事物に対する見方にも様々な特徴をもたらすことになるだろう。例えば、自然科学において「権威への服従」は愚かなことであるとされるが、精神科学においても同様に、それは誤謬の最大の原因の一つであるとして批判される。そしてコンドルセが情熱を傾けた、確率論の人間や社会に関する諸問題への適用という主題も、精神科学においていかに確実な、つまり高い蓋然性を備えた知識を獲得できるかという関心に基づいている。コンドルセが考える確率論の適用は、法廷の構成、証拠の形式や性質、失踪者についての法律、公債や保険の問題など幅広い対象に及ぶものであった。[17]

コンドルセがこのような科学の視点を形成する背景にある、当時のダランベール派とビュフォン派の科学観をめぐる対立関係についても、簡単に触れておく必要があるだろう。[18] 数学と自然科学との関係をめぐる彼らの科学観の違いは、確率論の他の分野への応用可能性に関しても対照的な態度を生むことになる。一方で、解析に代表される数理科学の方法論的厳密性を重視するダランベールは、確率論には懐疑的な態度を示し、医学や人間社会の事物に対する数学の応用には常に慎重であった。他方で、科学的知識の確実性は必ずしも数学的論証のみに基づくものではないという見方に立つビュフォンは、科学の方法論において数学的厳密性のみならず、実験や観察で得られる蓋然性など、様々な度合いの蓋然性を認めていた。そして自然科学の枠を越えて、道徳や社会、政治に関する様々な事物への確率論の応用にも積極的であった。

こうした見方に対してコンドルセの関心は、いわばこれらの対立を調停する新たな方向に向かう。彼の試みは科学史研究の隠岐によれば、「ダランベールにより提示されたその疑念を克服することと、その上で確率論を基盤に据えた社会科学が可能となる道筋を示すこと」にあった。[19] 科学アカデミーという組織の一員としてはダランベール派のコンドルセであったが、彼は科学観においてはダランベールの厳格な確実性にこだわる態度は受け継がず、確率論の適用に関してより積極的な方向に向かったのである。一七八三年末にダランベールが亡くなると、コンドルセは追悼演説を行ったが、その『ダランベール氏頌辞』のなかで、ダランベールの科学に対する過度に厳格で潔癖な態度を、彼の欠点として紹介している。「長い間数学に従事してきたので、ダランベール氏は厳格な証明に耐えうる真理にしか注意を向けないという習慣を身につけてしまった。純粋幾何学や合理力学が関わる単純観念に付随的な観念を加えるにつれて、確実性が遠ざかることを彼は見ていた」[20]。さらに、ダランベールが確実性の領域に立て籠もることで、人間精神の活動領域を狭める危険があると批判的である。「ダランベール氏は形而上学、道徳、政治科学についてわれわれが確実に知ることができるわずかばかりの事柄を、数少ない一般的真理、第一原理としたのだが、おそらく彼は人間精神の限界を狭めすぎてしまった。おそらく、論証された真理、単純観念から形成され、正確に定義された真理に慣れているため、より複雑な観念を目的とする別の領域の真理については十分に関心をもたなかった」[21]。それに対しコンドルセは、実践的な諸科学においては様々な程度の蓋然性を認めるべきであると主張する。「いかに行動するかを教えることを目的とする諸科学においては、人は日常生活の行動におけるように多少とも高い蓋然性で満足でき、それゆえ真の方法とは、厳格に証明された真理を追求することよりも、蓋然的な諸命題のなかで選択すること、とりわけそれらの蓋然性の程度を測ることができることにあるということを、おそらく彼は十分に感じなかったように思われる」[22]。

コンドルセはむしろ人間精神の領域を広く蓋然性の領域のなかに見出し、そのなかでいかに判断し行動するかを示す科学に関心を向けるのである。彼は数学的な厳密性を追求するあまり懐疑的になるダランベールの態度が、逆に無知を開き直る態度を招きかねないこと、人間の幸福にとって重要な問題を、曖昧で恣意的な諸原則に委ねることになり、結局は個人の気まぐれな見方により決定する人々が現れることを懸念する。またコンドルセによれば、こうしたダランベールの態度は必然的に、実践に対する非常に控えめな姿勢にもつながるものであった。研究を離れた私生活においては平穏を好み、公共善に対する過剰な愛にはむしろ偽装された野心を読みとり、疑いの目を向けていた、とコンドルセが描くダランベールの姿は、彼を政治の実践の世界に導いていくテュルゴの姿とは非常に対照的である。コンドルセはこうして自らを科学の世界に導いた師とは異なり、科学の実践的な応用を試みる方向へと歩むことになるのである。

三　確率論への期待

コンドルセの確率論への関心は一七六〇年代末に遡り、七〇年代にはすでに確率論に関するいくつかの小論の執筆を試みていた。しかし、彼が確率論に関する論文を初めて公表するのは一七八四年になってからである。[23]この年、コンドルセは科学アカデミーにおいて『多数決の蓋然性に対する解析の応用の試論』（以下では『試論』と略記）を発表する。[24]その冒頭で、彼は三年前に亡くなったテュルゴを偲び、テュルゴの存在こそが、彼をこの著作の執筆に向かわせたことを明らかにしている。「私がつねにその教えや実例、とりわけ友情を懐かしく想っている偉大な人物は、精神・政治科学の真理は自然科学のシステムを形成する真理と同様の確実性をもちうること、これらの科学には天文学のように数学的確実性に接近するように見える分野もあることさえ、確信していた。……私がこの著作に取り組んだのは彼のためであった。共通の有用性にとって興味深い諸問題を計算に委ねることで、少なくとも一つの例証により、彼が真理を愛するすべての人と分かち合うことを望んだこの意見を証明することを私は試みた」。[25]ここに述べられるように、コンドルセはこの著作を通じて、社会の共通の問題に確率計算を役立てるという課題を実践しようとしたのである。数ある問題のなかから具体的な主題として選ばれたのは、「多数決による意思決定の蓋然性の検証」である。以下ではその背景にあるコンドルセの問題関心について、彼の確率論の独自の視点を踏まえたうえで検討しておきたい。

十七世紀のブレーズ・パスカルとピエール・ド・フェルマーの議論以来、歴史的に確率の思考は二面性を伴って発展してきたとされる。[26] 一つは統計的な確率であり、こちらの見方は確率を偶然的な事象が生起する頻度として捉える見方である。[27] もう一つは認識論的な確率であり、確率をある命題についての主観的な評価や信念の度合いを表すものとして捉える。コンドルセはこの区別を意識しながら、確率の諸側面やそれぞれの関係をより精緻に分析したうえで、後者の認識論的な解釈、彼の表現では「信念の根拠（motif de croire）」という確率の考え方を軸に議論を展開していく。[28]

議論の出発点として示される確率の基本原理は、確率を、起こりうるすべての組み合わせを分母、そのうちある事象が生起する組み合わせを分子とする分数の形で表すものである。これは「絶対的な確率（probabilité absolue）」と呼ばれる。[29] ただしこれは単なる組み合わせ計算であり、確率の意味はこれに狭く限定されないとして、さらに次の考察が加えられる。「一、もしある出来事を起こす組み合わせの数、起こさない組み合わせの数を知っており、前者が後者を上回るならば、その出来事が起きないだろうと信じるよりも、起きるだろうと信じる方に理由がある。二、この信念の根拠は組み合わせ全体の数に対して、〔出来事を起こすのに〕有利な組み合わせの数の比率が大きくなると同時に大きくなる。三、それ〔信念の根拠〕はこの比率に比例して増える」。[30] ここでコンドルセが着目するのは、ある命題（事象の生起）を信じるに足る根拠の存在である。彼の関心は、人間が未来において様々な行動、判断、意見の中から選択を行う際の根拠に向けられるのである。人は何を根拠に選択するかが問題なのであり、この「信念の根拠」＝確率は、現実に起きた事象それ自体とは区別される。「それゆえこの信念の根拠とその対象である事実の真理との間にはいかなる直接的なつながりも存在しない。確率と事象の現実との間にはそうしたものは何も存在しない」[31]。上の三つの命題のうち、他の命題がそれに依拠するため特に検討されるのは、過去の経験を踏まえて未知の未来におけるある事象の生起を信じるとする一つ目の命題である。コンドルセによれば、人間の行動や判断を導くあらゆる知識は、自然は不変の法則に従い、人間は観察された現象からその法則を知る、という二つの原理に立脚している。例えば、太陽は必ず昇るという不変の法則が存在するが、その法則に従って明日も太陽が昇るであろうことは、日々それを観察するという恒常的な経験によってのみ信じられる。この法則を立証する事実をすべて収集することは不可能であり、計算がもたらすのは非常に大きな蓋然性に過ぎないが、信念の根拠としては問題ない。

『試論』におけるコンドルセの視点の特徴は、人間が判断を行うあらゆる場面にこの思考法を当てはめるところにある。つまり、このような「信念の根拠」にも、無意識的な感覚に近い判断から自然現象、数学的論証まで様々なものが含まれるが、いずれも過去の経験に基づいており、それゆえ蓋然的な性質であるという点で何も変わりがないとされる。[32] このようにコンドルセは確率を「信念の根拠」の見地から認識論的に解釈し、人間社会の共通の諸問題を解決し、そのための諸制度を構想するために、確率計算を用いて行動、選択の指針を得ることができると考えていく。

「信念の根拠」という視点に立つコンドルセの議論の背景には、先に述べたような人間のあらゆる知識を蓋然的なものとする見方がある。そのうえで、ダランベールの科学観に対するコンドルセの態度のところでも触れたように、懐疑論への対抗が強く意識されている。彼の考えでは、確率の基本原理として示したサイコロの目の出方のような「絶対的な確率」は極限値のようなものでしかなく、現実には不確実性を高める様々な要因が加わり、計算によっても「中程度の確率（probabilité moyenne）」しか得られない。[33] しかし人間が日常における行動や判断で依拠しうるのもこのような確率である。人間世界の不確実性を強調したのち、コンドルセは次のように述べる。「この不確実性は恐ろしいものに見えるかもしれない。だがそれを伝えることは有益である。それはピュロニズムを非難するための唯一の確固とした手段でさえある。蓋然性を計算に委ねる方法が知られない限り、ピュロニズムに対して決して有利に戦うことはできなかった。実際、われわれのあらゆる知識において、最も確実な知識、つまり最も厳格な推論に基づいた知識においてさえも、われわれの本性に結びついた不確実性が常に残っているということを示すのは容易であった。そしてこの不確実性には評価し測ることのできる様々な度合いがあることを示さない限りは、われわれは完全な懐疑にとどまるよう定められていると結論づけることが誤りであることを証明することは不可能であった」[34]。コンドルセは人間世界の不確実性を前提に、確率計算がその様々な度合いを測る手段として、人間が判断し、行動するためには有益であると主張し、「完全な懐疑」から判断停止に陥ることを批判するのである。「この結論は、古代のピュロニズムのようにわれわれを落胆や無気力に導くどころか、それとは逆の効果を生み出すはずである。なぜならそこから、われわれのあらゆる種類の知識は蓋然性に基づき、その価値をある種の正確さで確定することは可能であるということが導かれるからである。そしてそれらを確定することで、もはや漠然とした無意識の印象ではなく、計算にかけられた印象に従って判断し、行動することができる」[35]。

以上、確率という手段についてのコンドルセの理解を見てきたが、『試論』において彼はその手段を多数決による決定という主題に対して用いることで、議会など集合的な意思決定の諸制度の構想に役立てようとする。この問題こそ、社会の共通利益に最も関わる問題であり、判断と行動の公正さが求められるものとして強い関心を寄せるのである。彼は多数決による共通の意思形成において、他人の意思に従わざるを得ない少数者の存在に着目し、この少数者の視点から多数意見に従う根拠を求め、多数者の意思がいかなる信頼に値するかを、確率論を用いて表そうとする。人の意見、判断、行動の際の根拠にこだわるのは、社会において意見の及ぼす影響の大きさを自覚するためである。コンドルセによれば、人は意見によって自分の利益だけでなく、他人の利益をも決定してしまう。このとき判断と行為の公正さが保証されるには、ある意見を信じるだけでなく、その根拠を問う必要があり、蓋然性の程度を測る手段が判断と行為の公正さを保証する。これは多数者の決定に従うべき場面ではなおさら必要とされることになる。

コンドルセの多数決についての理解は、古代社会と近代社会の比較を通しても示される。それによると、最初に多数決を導入した人々は「誤謬を回避し、真理に基づく決定に従って行動するための手段」としてではなく、「平和の利点と一般的有用性のためには、力を備えた権威をおく必要があり、単一の意思によって導かれることが必要であるから、少数者の意思こそが自然と多数者の意思の犠牲になるはずである」と考えた。[36]そして「真理や正義」よりも「自由や有用性」という言葉に関心を寄せた古代人は「意思決定から真理に適う諸結果を得ることよりも、国制に含まれる様々な団体の利益や情念を均衡させることをずっと熱心に追求していた」。[37]結果として、彼らは市民の全体集会か主権的権力を握った諸団体により重要問題を決定し、その意思に理性や正義とは関係なく事実上の力を認めていた。理性に従わせる手段は、むしろその権威や独立に対する足枷と考えられたという。

ここにすでに明らかなように、コンドルセは多数決を「真理に従った決定」を行うための手段として捉えている。近代社会における「真理に適った決定」を求める制度のモデルとして念頭におかれるのは、裁判法廷での判決の形式である。彼はイギリスの陪審制における全員一致や、フランスの有罪判決において二票以上の得票差を要求したのは、いずれも「真理に適った決定」を得るためであったという。そして裁判法廷のモデルの適用対象を広げ、政治権力の行使も真理に適う決定のためになされるという。「反対にわれわれの間では、諸問題は最も多くの場合、国民あるいは君主の、代表者か官職者の意向により決定される。それゆえ公的権力をもつ人々にとって、その権力を真理に適う決定を支持するためにのみ用い、彼らのために発言することを担わせた代表者にその決定の善良さを保証する規則を与えることは、利益になる」[38]。そしてコンドルセは、理性＝真理に適う非常に高い確率を示す決定のみが、人々に服従を要求しうると考える。「一般に、全員一致によって可決されていない法律のもと、人々を自らのものではない意見あるいは彼らの利益に反すると思われる決定に従わせることが問題となるとき、この決定の非常に大きな蓋然性が、それに従って彼らにそうした服従を要求しうるところの、唯一の理性に適った正しい根拠である」[39]。法廷の例でいえば、犯罪を直接自分で検証できない人も、判決が真理に適っていると信用しうる裁判の手続きを、つまり無実の人が有罪とされない蓋然性が非常に高く、それゆえ判決を信用しうる手続きを、確率論を応用して定めることになる。またコンドルセの論理では、多数の集合的意思決定に基づく政治社会は、常に市民による信頼がその存続の条件となっているともいえる。それは常に真理である蓋然性の高い決定への信であるはずで、そのために諸制度が構築されることになる。

こうした議論は、決定が真理に適うことと、多数決を用いることは必然的に結びつくものではないと考えれば、奇妙に思われるが、コンドルセの独自の視点はむしろその点にある。コンドルセは、一個人が真理に適う決定を行うことには関心を示さず、あくまで集合的な決定が真理に適う仕組みの諸条件を探って奮闘する。繰り返し述べてきたように、彼の関心は、あらかじめ存在する絶対確実な真理などではなく、あくまで真理である蓋然性がより高い決定に向けられている。そもそも多数決が主題であることもあるが、おそらくは人間の知性の不確実性を前提とするコンドルセにとって、一人の人間の下す決定は恣意性を免れないし、全知に限りなく近い知性を探し当てることなどは、それこそ確率の非常に低い賭けに打って出ること、偶然に社会全体の未来を委ねるようなものに思われたからであろう。それよりも、集合的な決定を真理に限りなく近づけるべく、確率計算を用いて様々な変数を調整しながら、その条件を探るほうがより確かな手段であると考えるのである。

確率計算は、理性によっては漠然としか把握されない部分を、より明確にする役割を担うという意味で、理性を補完する役割をもつとされる。「計算は少なくとも理性の歩みをより確かなものにし、巧妙さや詭弁に対するより強力な武器をそれに与える。……事象の漠然とした観察しか必要としない限り、理性で十分である。真理が厳密で正確な観察に依存するようになるや否や、計算が必要となる」[40]。例えば、有罪判決を下すには多数票の加重を要求することで、無実の人が有罪とされないという市民の安全がより確保されることになるが、その場合、確率の計算によってこそ、その表決数をどの程度に定めるべきかが決まり、真犯人を逃がさないという条件と折り合いがつけられるという。法律の制定に関しても、自然権を制約する法律には、自然権の享受を保証する法律に比べて、成立にはより加重された多数票が要求される。このように、コンドルセの関心は、集合的意思決定の場面において、いかにして多数決が「真理に適った決定」に近づくかに向けられ、確率論はそのための様々な条件を探る手段として用いられるのである。

この議論で度々引証されるのが裁判での判決の事例であり、真理に適った決定のモデルは裁判法廷の判決であることが示すように、コンドルセにおいて確率論の応用という実践的課題は、司法問題に対する関心と密接なつながりをもっている。そこで次節では、コンドルセの司法問題への関心の芽生えについて見ていきたい。

第二節　司法への関心

前節ではダランベールとコンドルセの関係について、その科学観との関連で触れたが、ダランベールはコンドルセに科学を越えた広い知的世界に関心を向ける機会を与えたという意味でも、重要な役割を果たしている。コンドルセはダランベールを通してこそ、サロンを介した同時代のフィロゾーフたちとの交流の輪に加わり、ヴォルテールやテュルゴとの親交も深めていった。特にヴォルテールとの出会いは、当時の司法制度の弊害に対するコンドルセの強い関心を目覚めさせたという点で重要である。コンドルセはその生涯のうちに司法制度に関する体系的な著作を残しているわけではないが、早くから司法に対して強い問題意識を抱いていたことは、彼の一七七〇年代の著作や書簡において同時代の司法機関による圧制について度々言及されることからも窺い知ることができる。また刑法についての未完の草稿や、トス

フィロゾーフ達の会食（Jean Huber 作）

カーナ刑法典に対する注釈を執筆するなど、とりわけ刑法に対して積極的な関心を寄せていた。[41] こうした関心はコンドルセのなかで一七八〇年代を通じて持続し、新しい政治社会の構想が具体化される時期に執筆される地方議会論や革命期の憲法草案においても、司法制度についての提案は忘れられていない。そこで本節では、コンドルセの司法への関心が同時代の彼を取り巻く知的環境のなかで育まれたこと、そして特に関心を寄せていた陪審制の考察を通して、コンドルセの司法制度に対する視点を確認したい。

一七六〇年代以降、残虐な司法制度や不正裁判の問題に関心を寄せる当時のフィロゾーフの司法改革への関心を一層刺激したのは、イタリアの同時代人ベッカリーアの刑法思想や司法改革の活動であった。[42] ベッカリーアの『犯罪と刑罰』が一七六四年に匿名で出版されると、イタリアの知人を介して誰よりも先にそれを入手したダランベールは、関心を寄せる知人たちにこの著作を熱心に勧めていった。やがて一七六六年にはモルレによる仏訳が出版されることになる。当時ベッカリーアは「イタリア版『百科全書』」と評された雑誌『イル・カッフェ』の刊行を中心に活動していたミラノの知識人サークルに属しており、彼の著作はそこでの議論の成果でもあった。そしてこのミラノの知識人たちとダランベールら百科全書派の知識人たちの間には、書簡のやり取りをはじめとする活発な知的交流があった。[43]

こうした環境のなか、コンドルセもまた『犯罪と刑罰』の熱心な読者となった。彼の刑法についての未完の草稿には、ベッカリーアの著作に親しんでいる様子が記されており、その刑法思想から受けた影響も認められる。[44] また一七七〇年秋、コンドルセは病気のダランベールの療養旅行に付き添ってフェルネーを訪れ、ヴォルテールと面会しているが、二週間ほどの滞在中、彼らの話題の中心を占めたのは、ベッカリーアの司法改革に関する意見や活動であったという。[45]

一方で、コンドルセの司法制度の改革に対する熱意の源泉でありつづけ、不正に対する実際の行動を促したのは、やはりヴォルテールの存在である。プロテスタントに対するカトリックの宗教的不寛容の問題の絡んだカラス事件の真相究明を目指して、ヴォルテールが多くの文書を執筆し、その再審請求活動に邁進したことはよく知られているが、そうしたヴォルテールの著作や活動について、もちろんコンドルセはフェルネーで実際に彼に会う以前から聞き知っていた。コンドルセ自身も、ラ・バール事件ではヴォルテールに協力して再審請求のための準備を引き受け、同様のラリー＝トレンダール事件に対しても再審請求と名誉回復を求めて積極的に関わっていた。[46] 一七八〇年代半ばには三人の車刑囚事件の司法官デュパティーの訴訟趣意書についての文書も公表している。[47] このように、コンドルセにとって司法改革の問題は、フランス社会が何より取り組むべき実践的な課題として認識されていたのである。

また裁判法廷に関する諸問題は、伝統的に確率論の思考と結びつく主題であり、コンドルセの数学者としての知的関心からも身近な分野であった。彼は確率論と裁判をめぐる当時の先端の議論に通じており、前節で述べたように、法廷の構成など司法制度の問題を、確率論の適用の対象として捉えていた。

以上のようなイタリア知識人たちとの知的交流やヴォルテールの活動、実際の不正な裁判事件などに加え、一七七〇年代始めの政治状況についても触れておきたい。この頃は、王権側が高等法院に対する攻勢を強め、売官制の廃止や旧高等法院の追放、新高等法院の新設など、大法官モプーによる一連の司法改革が試みられ、その強硬な姿勢が世論の関心を集めていた時期でもあった。コンドルセもテュルゴとの書簡のなかで、この改革に対する大きな関心を示し、意見を交わしながら状況の推移を見守っていた。コンドルセの高等法院に対する姿勢は革命期に至るまで一貫して批判的なものだが、その姿勢は不正な裁判に対する憤りや司法制度の改革への問題関心と密接に結びついたものなのである。

ここでコンドルセが大きな関心を寄せていた陪審制についての議論から、彼の司法への視点を見ておきたい。ちょうどモプーの改革の直後にあたる一七七一年二月から七月にかけての時期、コンドルセとテュルゴは計六通の往復書簡を通じて、陪審制をはじめとする刑事訴訟手続きの改革をめぐる熱心な議論を交わしていた。それは体系的に整序された議論を展開して公表しようといった意図からではなく、現時点ではそのための準備もないため、あくまで互いの間で率直な意見を自由に交換したものだが、そこにはそれぞれの視点の特徴を読み取ることができる。

テュルゴとコンドルセがフランスの刑事制度について論じる際に比較の参照項とするのは、同時代イギリスの制度である。ただし、テュルゴが述べるように、両国の現行の制度の比較それ自体が目的とされるわけではない。判事の汚職や無能力、不正な告発などの現状ゆえに、彼の認識では「どちらの形態も酷い」とされ、何よりもまずは最良の政府の形態を想定した上での、最良の刑事訴訟手続きの追求が重要とされる。[48]

だがそれでも、フランスの現行の刑事手続きが、イギリスの制度よりも一層被告人にとって非人間的なものであり、改革を必要としているとの認識を、テュルゴとコンドルセは共有している。「すべてを考え合わせれば、パリで新旧の高等法院によって裁かれるよりも、イギリスで陪審員によって裁かれるほうが良い」と言われるほどに、フランスの刑事制度の残酷さについては疑問の余地のないものと思われた。[49] ただし、以下に見るように、その改革の手段としての陪審制に対するテュルゴとコンドルセの見方は異なるものであった。

テュルゴは陪審制の問題を「人類にとってこれほど重要な問題」はないとして、それについて検討する意義があることは認める。しかし彼は、陪審制が恣意的で危険な制度となる可能性が高いと見て、導入には非常に懐疑的である。「陪審員による手続きにおいて私が最も嫌悪を覚えるのは、個々の犯罪ごとに裁判役を選ぶことです。それはしばしば裁判を恣意的なものにし、支配的党派あるいは現状の民衆の意見の一声に依存させることになるように思われます。カラス一家はトゥールーズの高等法院で有罪とされましたが、もしも彼らが陪審員により裁かれたならば、こうした状況では、より一層彼らの意に反した結果となっていたと断言しましょう。それに、よく判断すること、とりわけ刑事訴訟をよく審理することは一つの職務であり、それも難しい職務です」[50]。ここに明らかなように、テュルゴは刑事訴訟を職業的法律家によって担われるべきものと考えている。

そもそも陪審制は古い身分制社会と密接に結びついた制度であることにテュルゴは着目する。つまり、陪審制は「同輩（paire）によって裁かれる権利」に基づくもので、そうした権利は封建的従属関係に由来するという。やがてそれはイギリスの法解釈の伝統において「同輩」が同業者の意味に拡張されるなかで、保持されてきた。しかしテュルゴによれば、それは「団体の精神」の支配を促し、団体の名誉を救うために犯罪を放置するような、非難すべきものである。陪審制は、もしも土地所有者と非所有者の区別に応じるものであれば無意味であるし、金持ちと貧乏人を区別するためならば恣意的に適用されかねず、平等な市民の間に屈辱的な区別を設けることになる。いずれにしろ陪審制は貴族階級やインドのカースト制などと並ぶ「人為的な制度」であり、それゆえ「社会の自然な国制」においては相応しくないとテュルゴは考える。[51]

また民衆の能力や性格という観点からも、テュルゴは陪審制に懐疑的である。それによると、心証に関する証拠の検証こそは最大限の明敏さと精神の繊細さ、経験と人間の心理についての掘り下げた研究がもたらす最大限の機転を要求する。それは教育を受けた教養ある人々こそが担うべきである。それに人間の命を尊ぶ「自然な感情」は、教育を欠き、貧窮状態にある民衆にはあまり共有されていない。テュルゴの見るところ、彼らはむしろ冷酷で、命には無関心である。そして司法の権威を金持ちや有力者の庇護者と見なし、それへの抵抗に密かな喜びすら感じている。こうした民衆感情は、法律が金持ちには過度に有利で貧乏人には抑圧的な社会の現状においては、必ずしも不当ではないが、公正であるべき事実の検証や判断において過度に影響力をもつことは望ましくない、とテュルゴは論じる。[52]

むしろ陪審制ではなく別の方法により、市民の安全の確保と、被告人の司法の圧制からの保護を両立させる必要があるというのがテュルゴの考えであった。例えば彼は、判決の公平性に対する市民の信頼を高めるために、イギリスの慣行に倣い、あらゆる刑事手続きの印刷と公表を提案している。「それは裁判官の不正と怠慢に対する最も強力な歯止めになると同時に、公衆が裁判官に新たな知識をもたらすことを可能にする」ためである。[53] これにより市民は司法による圧制の危険に対する最大の安全を得ることができるという。[54] 民衆の意見がもたらす影響力が公平性を損なうことを懸念する一方で、「公衆」は裁判に対して新たな判断材料を提供しうるものとテュルゴは考えるのである。テュルゴにとっては、人民の政府に対する不信に基づく陪審制よりもこうした手段のほうが、彼の理想とする「事物の自然」が示すシステムに適うものと考えられた。そこでは政府と人民が協調関係にあり、社会階級の間のいかなる区別も蔑視も、恣意的制度も存在しないものと想定されている。

こうしたテュルゴの見解に対して、コンドルセはむしろ陪審員による刑事訴訟手続きが自分の知る他のいかなる手続きよりも望ましいと主張する。[55] コンドルセが陪審制について考察するにあたり依拠するのは、次のような同意の論理に基づく刑罰についての原則である。すなわち、国家構成員の一人を処罰するか、その生命、自由、財産を奪うことに公権力が用いられることに、その権力を政府に託した国家構成員が同意するには、法が定める罪を彼が犯したと「信じる正しい理由（justes raisons de croire）」を各自がもつ必要があるとされる。[56] ここで公権力により刑罰が執行される条件として、その有罪判決が市民の信頼に値するか否かが極めて重視されていることに注目できる。そして信頼を得るためにはしかるべき手続きが予め必要となる。コンドルセによれば、これこそが「市民的自由」が享受されるための条件であり、「現実には市民的自由の敵でしかないのに、われわれの政治的自由の挽回の請負人であると自称する」パリ高等法院が牛耳るフランスでは実現されていないものである。犯罪を明示せずに処罰したラリー事件をはじめとする不正裁判がその例として挙げられる。

そして最良の刑事裁判手続きの問題は、コンドルセにおいては自分では検証不可能な事実についていかに確信をもてるかという、個人の「信頼の根拠（motif de confiance）」の問題として捉え直される。「各自が犯罪の証拠を検討することは不可能なので、犯罪に対して各自がもつべき確信は、それを裁く裁判所が抱かせる信頼にのみ基づきます。こうして、裁判所の可能な最良の形態という問題は、その証拠を検討することができず、他人の意見に従ってしか自分の判断を下すことのできない事実への確信を得る最良の方法の問題に帰着します」。[57] ここに前節で触れた確率の認識論的理解と同じ視点を見出すことができるだろう。世の中の様々な事実について、人はすべてを自ら検証し判断することはできず、他人の判断を信頼せざるを得ない。しかしそれは闇雲な信頼ではなく、真理に対する信頼となるはずであり、そのために信頼は何に依拠すべきか、その根拠を明示しておくことは可能であり必要だとコンドルセは考える。こうした視点から制度構想がなされることになる。

コンドルセによれば、判決に対する信頼の最大の根拠の一つは、裁判官が真理を重んじることであり、そのためには裁判官は被告人の生命や身分を重んじるべきだという。[58] そこで、身分の相違から庶民の生命が軽視されることや、金持ちへの敵対心から容易に有罪判決を下すことを避けるため、同一身分からの裁判役の選出が必要とされる。[59] つまり裁判役と被告人とを同一身分にすることで、身分的偏見の影響を極力無化することが目指される。またより個人的な偏見に対しては、被告人に裁判官の自由な忌避権を与えることで対処することなどが提案される。

さらに裁判官が「内的確信」に従った判決を下すことも望まれる。[60]「裁判官は、つねに非常に恣意的で例外が無数にある規則に従って証明されたと思われるときにある事実を真であると宣言するのではなく、彼らの内的確信（conviction intérieure）に従ってそれを判断することを私は望みます」[61]。ここでは裁判官の「内的確信」が、恣意的な規則への服従とは対比され、市民の信頼に値するものとされている。

以上が裁判官への信頼に対する障害を取り除くための条件であるのに対し、コンドルセはさらに、「私が信頼を置く人々の決定は、いかなる方法によって私に対して十分な影響力をもち、私が決して検証したことのない多くの別の事物に対してもつ確信、だが重大な問題においてはそれに従って行動を規律している確信に等しい確信を、彼らの意見について私に与えることができるかを検討する」とし、信頼に値する裁判官の個々の決定（意見）に対する確信を得るための条件を求める。[62] コンドルセによれば、それは個々の裁判官がそれぞれの「内的確信」に従って下した判断について、非常に多数の裁判官の間での全員一致、あるいは少なくとも大多数の一致があり、意見を異にする者もその反対意見に固執することがない場合であり、このとき「私にはこの意見は真理に一致すると信じる理由がある」。こうして判決の信頼性を二重に確保することで、ようやくそれが真理に一致すると信じうるとされる。このように、コンドルセは裁判の手続きの問題に関して、徹底して市民の信頼という観点から考察するのである。その結果、同一身分の者を裁判者とする陪審制を他の手段より望ましいと考えた。

一方でテュルゴの意見に対しても反論を行っている。コンドルセは党派の精神や一時的な民衆の意見が判決に及ぼす影響力への危惧に対しても、裁判官の選出母体の人数を増やし、忌避権の行使によって対処できると主張する。審理や判決に対する陪審員の知識の欠如については、法律が証明の可能な犯罪についてのみ定めている限り、大抵はそうした「無知」も被告人に有利となるし、有徳な哲学者が裁判官とならない限り、現実的に陪審制は他の手段よりも不都合が少ないとの見方を示す。

最後の書簡では、コンドルセはテュルゴの刑事手続き制度の考察に促されて、陪審制の問題からいったん離れ、司法一般について、とりわけ公共の安全と被告人の権利を両立させる方法について、さしあたりの見解をまとめる。コンドルセによれば、一般に無実の者に有罪判決を下すことと、犯罪を放置することの間で態度を決めかねる裁判官は、後者をより危惧するという。「感受性の乏しい人々は、他人のなかに、自分自身が被る恐れのある不幸のみを見て不平を述べるものです。……悪法あるいは法の悪用の犠牲者になることよりも、犯罪の対象になることを恐れる司法官は、犯罪を放置する恐れしか感じないでしょう」[63]。そして裁判官と被告人との間の距離が開くにつれ、この感情に拍車がかかるので、同一身分から裁判役を選ぶことが必要であるとする。「それゆえ、もし被告人が一般の民衆であるならば、彼らの裁判人はそれより遥かに高い身分であってはなりません」[64]。このようにコンドルセは、「民衆の性質に対する蔑視」が、民衆との身分的距離が隔たるほどに増し、無意識のうちに、あるいは意に反して心証の検証に影響力を及ぼすことを危惧する。とりわけ職業的裁判官において、人間的な感覚が麻痺し、民衆の命に対する軽視や無関心、判決を下す際の軽率さが見られるという。そして「こうした恐ろしい感覚」もまた「永続的な裁判所」の結果ではないかという。コンドルセは、刑事手続きの大半の問題点が常設の裁判所と終身の裁判官に由来するわけではないとしながらも、それに内在する問題を重視し、民衆の生命の軽視、軽率な判決、さらに「団体の精神」や「紋切型の精神(esprit de routine)」などが蔓延している現状に対して警鐘を鳴らすのである。[65]

最後に、テュルゴの陪審制に対する懐疑的見方と比較した、コンドルセの視点の特徴をいくつか指摘しておきたい。まずコンドルセは陪審制をテュルゴのように身分制社会と結び付けて捉えない。コンドルセは真理を目指した公正な裁判は、市民の信頼を支えとしており、陪審制こそが信頼を確保する有効な制度であると考える。何より現実の偏見、とりわけ身分的偏見に対して、陪審制こそが最も良くその影響を無化することができるとされた。次に、テュルゴは教育を欠いた民衆に注目し、彼らが能力において教育を受けた人々よりも劣ると見るだけではなく、置かれた悲惨な環境ゆえに「自然な感情」も乏しく、暴力的で節度を欠いた衝動的な存在と見ている。[66] これに対して、コンドルセはむしろ職業的法律家の人間的な感情の乏しさに注目し、それを永続的な制度の弊害と見る。そして彼らが恣意的な判決を下すことを危惧し、それにかえて市民的自由を守るために、市民の信頼を確保しうる陪審制を提案するのである。コンドルセの見方を特徴づけるのは、司法権力に対する警戒心である。彼は「大臣や高等法院の無知と、専制と結びついた無秩序こそが飢饉を増大させ、暴動を生むのです」と述べ、民衆の暴動が処罰されずに公共の安全が脅かされることよりも、司法権力による圧制こそが最も恐るべきものと考えるのである。[67]

第三節　政治の経験

一　商業の自由

科学アカデミーを活動の中心として科学の世界でキャリアを積んできたコンドルセにとって一つの転機となったのが、親交を結んでいたテュルゴによる王国行政の改革への協力であった。コンドルセは公共の利益に向けた実践を、この機会に初めて経験することとなった。本節では、テュルゴ改革期に執筆された商業の自由と出版の自由に関する論考を通して、この時期のコンドルセの自由観について検討する。

テュルゴが財務総監として真っ先に取り組んだ改革の一つが、商業の自由の問題、具体的には穀物取引の自由化の問題であった。焦点となったのは、人民の重要な食糧源である穀物を特殊な財と見なして政府の規制の対象とするか、それとも商品として市場における自由な取引交換に委ねるべきか、という問題である。[68]この問題をめぐっては、すでに一七五〇年代から、多くのフィロゾーフの間で、自由化論者と規制論者の陣営に分かれた活発な論戦が交わされており、自由化法も数度にわたって布告されていた。やがて六〇年代から七〇年代になると、議論は単なる穀物取引の次元を超えて、社会秩序や統治原理をめぐる論争として展開されるようになっていく。[69]こうしたなか、テュルゴは小麦の価格の格差是正の唯一の手段は自由な流通にあるとの考えに立ち、一七七四年九月の法令により、フランス国内の様々な規制措置の撤廃を再度試みることになった。すると翌年春から、ディジョンでの暴動に端を発し、各地で民衆による食糧暴動が相次いだ。前年の収穫は普通であったにもかかわらず、パンの価格の高騰により、不安に煽られた人々からは商人による独占や買占めが行われているとの非難が起きたのである。折しも一連の暴動が起きる直前の三月にジャック・ネッケルの『立法と穀物取引』が出版されていたことから、テュルゴ支持派はこの著作に事件の責任の一端があると考えた。

商業の自由に対するテュルゴの見解を支持するコンドルセにとっても、この改革の帰趨に関わる民衆の食糧暴動は、憂慮すべき事態であった。そこで彼は規制論者の主張こそが民衆の自由化に対する偏見を助長するものであると考え、公刊間もないネッケルの著書に対する批判文書を立て続けに公表した。[70] コンドルセの筆致は、普段の彼の穏やかな性格を知る周囲の者にとって、驚くほどの激しさで、常軌を逸したものに思われた。ただしコンドルセのネッケルに対する反感はこの時に始まったものではなく、すでにネッケルが『コルベール頌辞』を発表した際(一七七三年夏)にも、コンドルセはネッケルに対する敵対心をシュアール夫人宛の書簡のなかで示していた。[71]

コンドルセのネッケルに対する批判はまさに歯に衣着せぬものである。彼らは穀物取引問題の重要性の認識こそ共有していたものの、そもそも依拠する学問方法論からして対極にあった。コンドルセによれば、ネッケルは「禁止論支持の著作のなかでも最新刊」である『立法と穀物取引』において「政治学を扱う技術」を示して見せたものの、その方法論は科学史におけるあらゆる発見に寄与してきたとコンドルセが評価する「分析(l'analyse)」の手法を否定するような、全く理解不能なものでしかなかった。コンドルセはネッケルの方法論について「私は正直に言って、いかにして原理を思想で包み込むのか(on enveloppe un principe de la pensée)全く分からない。したがって政治経済学の諸原理についてネッケル氏と理解し合うことは不可能に思われる」とまで言い切っている。[72]

そのネッケルを主たる論敵として執筆された『小麦の取引についての考察』では、コンドルセは「自由は食料の流通と価格を市民の様々な階級、とりわけ人民にとって最も有利な状態に維持すること」を示し、「規制論者の諸原理と、規制が必要であると信じさせる偏見」に対する批判を展開しようと試みた。[73] ここでは争点の一つである、立法と人民の偏見の関係をめぐるコンドルセと規制論者の観点の違いに注目しておきたい。コンドルセの批判は、規制論者が人民の偏見や恐怖心のみに基づいて規制法の必要性を訴えている点に向けられた。[74] すなわちコンドルセによれば、彼らは法律を人々の意見に合わせ、実際の有用性よりも人々の習慣を重んじ、厳密な正義を偏見の犠牲にする必要があると主張している。というのも、偏見は人間の本性と不可分で矯正することはできず、したがって法律は偏見や誤謬に基づくべきだからである。「人民の偏見は矯正しえないものであり、人間の本性とは不可分である。したがって、誤謬は根拠として扱われなければならない」。[75]

こうした見方を批判するコンドルセは、次のように主張する。人民の自由に対する偏見の原因は恐怖心にある。規制法はこの恐怖心に対する対処策となるどころか、むしろその主要な原因となっている。規制論者が従う「法律を人民の意見に合わせて作る(modeler les lois sur les opinions du peuple)」という格律」こそが、人民の情念を煽り、偏見を助長することで、悲惨な結果をもたらしているのである。[76] 人民の偏見を矯正しえないものと決めつける彼らの態度こそ、人間の能力の潜在的可能性を信じるコンドルセには耐え難いものと思われた。それはたとえ教育を受けられない農民であっても変わりない。彼はピカルディーの農民の視点を借りて、ネッケルに対して次のようにも反論する。「あなたは人民の愚かさを強調しています。われわれが無知であるのは、自ら学ぶための手段を提供されなかったからです。いかなる法律家も財政専門家もすべてを理解したと胸を張ることができないような法解釈や財政政策は、考える時間も習慣もない人々には霞んで見えるだけである、という単純な理由によるのです。しかし、われわれは明確に示された単純な観念を捉え、そうした観念について正しく推論することはできます。拒絶しえない侮辱にじっと耐えることはできますが、それらを感じないほど愚鈍ではありません」[77]。コンドルセは規制論者に対して、人民の偏見の放置により、むしろ利益を得ようとしているのではないかと疑いの目さえ向けている。

人民の無知や偏見の原因は人間本性に内在したものではなく、むしろ恣意的な社会制度や悪しき法律にあるという見方を、コンドルセはテュルゴと共有していた。「人民が愚かであるのは、ただ長いこと彼らを愚かにしておくことに満足していたからである。彼らが不正を犯すのは、長いこと圧制者の玩具であったためである」[78]。そしてコンドルセは、取引の自由に基づく「最も単純で最も自然な立法のシステム」こそが、確実に「社会の真の利益」の実現を導くものであると信じ、それと同時に人民の無知や恐怖心、偏見を直すための教育に大きな期待を寄せる。[79] テュルゴと同じく、コンドルセにとっても公教育は社会の他の改革と同時に進めるべき重大な課題と認識される。「恐怖心は、人間のほぼすべての愚行、とりわけ政治における愚行の原因である。それのみで、これほど多くの穀物取引に関する愚かしい抑圧的な法律を生み出したのである。人間を恐怖から回復させることで、多くの偏見や害悪から立ち直らせるだろう。この魂の過酷な病を乗り越えさせる教育は、ポールロワイヤル論理学あるいは幾何学の勉強よりも、彼らに精神科学において正しく推論することを教えるだろう」[80]。

ただし、だからといって人民の偏見の修正が容易であるとコンドルセは楽観するわけではなかった。彼も人民の偏見、すなわち「無知で怯えた群衆、賢明で有徳な行政のもとでも、公共善のあらゆる敵対者が誘惑したくなる群衆の空想」を扱うことこそは「唯一の困難な問題」であることを認めている。[81]

ここでより具体的に、この時期コンドルセが偏見を含めた人々の意見と立法の関係をどう捉えていたかを示しておこう。コンドルセは社会における「意見」について論じるには、三種類を区別する必要があるという。まず筆頭に挙がるのは「常に公論（opinion publique）に先立ち、最終的にはそのために法を作る」「賢明な人々の意見（opinion des gens éclairés）」である。次に「その権威が人民の意見を導く意見」、最後に「最も愚かで最も悲惨な人民の部分の意見」とされる「民衆の意見（opinion populaire）」がくる。[82] このうち二番目の「意見」は、ほぼ偏見に等しい「民衆の意見」からも、少数の「賢明な人々の意見」からも区別されることから、コンドルセがやがては社会全体への普及を望んでいる公正な「公論」を形成する意見と考えられる。そしてコンドルセは政府に対して人民の偏見に阿ることをやめるべきだと主張する一方で、中間層である「公論」すなわち「公平無私な、偏見をもたない人々の意見」に対して、商業の自由やそれに基づく法のシステムの利点、所有権の尊重への支持を広めることを求めていく。それにより「民衆の意見」も、法の良き効果を経験し、良き立法により習慣づけされることで変化し、偏見は徐々に除去されるとコンドルセは期待する。[83]

このようにコンドルセの意見は、短絡的に、政府に対して食糧供給とそのための取引の規制を求める人民に迎合した行動をとるべきではなく、長期的な視点から、良き立法とその効果が人民の意見を変化させる可能性を信じるべきと主張するものであった。こうした視点は、良き法とその法への人々の信頼に支えられた制度の確立を目指すものであるといえる。ただし、それを実現するには、テュルゴのような理想的な改革者の存在を必要とするだろう。しかしながら実際にはこの食糧暴動から約一年後、テュルゴの改革の挫折により、たとえ有徳な改革者であっても、一人の手腕による改革には限界があることをコンドルセは思い知らされることになる。

二　出版の自由

この時期からコンドルセが商業の自由と同様に重視していたのが、出版の自由である。穀物取引の自由化をめぐる論争の活発化はパンフレットの応酬を生み出したが、それはコンドルセに出版の自由についての考察を促すことにもつながった。[84] 言論や出版の自由を主張する場合にも、その自由を完全に無制約なものと見なさない限り、自由の範囲をどこまで認めるかが問題となる。とりわけ他者の権利や社会秩序の維持への配慮からは、誹謗中傷文に対する何らかの統制も必要とされる。コンドルセはこの時期執筆した『出版の自由についての断章』のなかで、こうした主題について考察している。

コンドルセの基本的視点は、出版の自由を知識の普及と関連させて捉えるものである。つまり、知識の社会全体への普及、あるいは「知性の進歩に対するあらゆる障害物は悪である」という視点に立つとき、出版、印刷の自由は何よりその重要な条件の一つと考えられた。[85] コンドルセは印刷術のことを「人間理性を保存する技術」と呼び、人間社会の歴史上の画期的な発明として高く評価し、それが果たしてきた重要な役割について度々言及している。[86] また彼は、印刷に関する立法が知識の普及に絶大な影響力をもつことに注目する。「人間の幸福は、部分的には人間の知識にかかっている。知識の進歩は部分的には印刷に関する立法にかかっている。この立法はたとえ有益な真理の発見には何の影響力をもたないとしても、それらの真理が普及する方法には驚異的な影響力をもつ。それは賢明な人々の意見や公衆の意見と、残りの人々の意見の間にある相違の不可避の原因の一つである」[87]。言いかえると、印刷に関する立法次第で、先に見たような社会における人々の間の意見の格差を埋めることも可能であると期待を寄せている。

またテュルゴが刑事手続きの印刷による公表を提案したように、コンドルセも印刷とは「他人の目の前に自分の意見や思考を差し出すこと」であり、印刷出版により意見が公開され、多くの人々の検証に晒されることこそ、真理に至る一つの手段と考えた[88]。公開されて事物の透明性が高まることは、不正に対する歯止めともなりうる。「誰がその〔権威の〕受託者であろうと、一般的意見は権威を導く」というように、ここから政治権力に対して何らかの影響力を及ぼす世論の形成が展望されるが、「それ〔意見〕があらゆる力をもち、その力が十分に用いられるには、この意見は公開で発せられなければならない」[89]。つまり意見の公開性は世論の形成のためには必須の条件と考えられた。

もちろん、こうした出版を通じた意見のもつ威力が認識されるからこそ、伝統的に統治者にとって思想統制は統治に関わる重要な課題とされ、十八世紀のフランス社会においても、検閲をはじめとする綿密な出版統制が敷かれてきた。またその統制の権限をめぐる攻防が、王権と高等法院、聖職者やパリ大学神学部などの宗教的権威の間で繰り広げられていた。

コンドルセのこの著作の構成を見ると、最初に犯罪と刑罰に関する一般的原則が説明されたうえで、「司法の諸原理、人間の権利、社会の権利」の観点から、いかなる場合に著作物が犯罪と結びつくかが詳細に論じられる。全体の七節のうち一節を割いて、これとは異なる「政治の諸原理」の観点、つまり政府による規制の側面から同じ主題が考察され[90]、総括を挟んで最後に印刷人、書籍商、販売人についての考察、「書物の統制について（De la police des livres）」と題した考察が加えられている。この比重が示すように、コンドルセの関心は、出版の自由と個人あるいは社会の権利の関係を法による規律のもとで明確化することに向けられている。他方で、検閲などの政府による思想統制には批判的な姿勢が示される。

そこでまずコンドルセの検閲批判について見ておきたい。「書物の統制について――自宅で書物を読むこと、あるいは所蔵することの禁止について」と題して、コンドルセは書物の取締りについて正義、公共の有用性、目的達成の三つの観点から検討し、いずれの観点からも否定的な見方を示している。

正義の観点からすると、特定の書物しか読まないよう個人を強制する法律は、人間および市民の権利に反し不正とされる。「王国の検閲官が読むことを許す書物しか読まないよう私に強いることを目的とする禁止令は、人間および市民としての私の諸権利に反する」[91]。コンドルセにとって読書の自由は人間および市民としての権利と考えられている。

次に、書物のもつ公共の有用性とは、何より人が書物を通じて知識を獲得し、さらに思考力を養うことにあるとされる。ここで、個人が知識を獲得し知性を養うことに、単に個人的に役立つということを越えた公共的な意味合いが認められている点に注目できる。こうした視点からは、書物の検閲こそ公共の有用性に反することになる。コンドルセの考えによれば、検閲は人間の自由な思考力に枠をはめ、その活力を奪うことになる。自分の思考の明確な表現を追求すべきときに、そうした姿勢とは無縁の姑息な手段を探り、小手先の思考に甘んじてしまう。「精神は自由を失うことによりその力を失う。検閲官が承認するはずの事柄のみを表現する必要性について考慮せざるを得ないとき、思考は中途半端なものとなってしまう。考えていることを明確に説明しようと努めるかわりに、巧みにそれを伝えようと考える。きめ細かく熟慮された大著に自分の考えをまとめるかわりに、より検閲を免れやすい小冊子のなかにそれらを散りばめてしまう」[92]。また検閲は、個人の知識の獲得を妨げ、思考力を狭めるというだけでなく、社会全体への知識の普及を妨げる。ここで彼はとくに検閲による書物の価格の上昇に注目しており、その結果、大多数の人々は書物から遠ざかり、知識の普及が妨げられるという。「検閲は、書物の値段を引き上げることで、書物を大多数の人間の手に届かないものとし、知識が普及するのを妨げる」[93]。さらに検閲は商業の観点からも不利益をもたらす。つまりフランス国内での検閲は逆に、近隣諸国の書籍業者を、発禁処分になった書籍の出版という方法で利する結果となるという。

さらにコンドルセは、そもそも検閲はその制度の本来の目的さえ達成できていないと指摘する。実際には禁じられた書物の多くがフランス国内に出回っているのである。規制の網の目にも実は多くの抜け道がある。差押えを回避するために、例えば小冊子という別の媒体が選ばれる。さらに差押えられた書物も、差押人自身によって普及されることすら起きていた。

またこうした規制措置により、政府も数々の利点を失うことになる。そのなかには「公共の意見、偏見をもつ人々の意見、開明的な人々の意見を知るという利点」が含まれる。[94]コンドルセによれば、政府にとって書物には「視野に入れている変革についての国民の意向を探るという利点、それらの変革に精神を備えることと、それに反対する偏見を追い払うか、少なくとも揺るがすという利点」がある。[95]つまり諜報員などの間接的な方法に頼るよりも、社会に出回る書物を通じてこそ、社会のあらゆる階層の意見を知ることが可能となり、それにより政府は改革に備えることができるのである。

以上のように、検閲はいわば有害無益な制度に他ならないと考えるコンドルセは、次のように締めくくる。「厳格な検閲はすべての知識、精神のすべての活動、書籍業のすべての施設を破壊するだろう。弛んだ検閲は無益である。それはただ部分的に自由の利点をもたらすだけである。それが自由に近づけば近づくほど、それはより一層無益なものとなる」[96]。

ところで、知識の普及に対する妨害という観点からコンドルセが批判の目を向けるのは、検閲に限られない。彼は著作権についても「人は、彼自身が最初に書いた事柄と同じ事柄について他人が書くことを妨げる権利をもつか?」と問いかけ、個人による知の独占という角度から問題を考察している[97]。それによると、例えば畑や調度品などに対してある人がもつ排他的な権利は、その事物の性質に基づくものである。つまりそれらの所有は「自然の秩序」に由来し、社会の制度により守られるべきである。これに対し著作権とは「社会自身によって設けられた所有」であり「真の権利ではなく、特権である」。そして「すべての特権は自由に対して課された障害物であり、他の市民の権利に対する制約である」との考えから、著作権も他の市民の権利に対する制約として理解される[98]。つまり著作権という特権は、複製を望む人の権利や、その複製の入手を望む人の権利に対して有害であるとされる。

ここで、公共の利益の観点からこうした他者の権利に対する制約は正当化されるかを論じることはできる。つまり著作権という特権の確保が知識の進歩に必要か、有益か、あるいは有害かが検討されることになる。このうち著作権の有益性については、コンドルセは特に認めていない。科学史上の著名人は、たとえ特権が付与されなくとも、劣らず各々の研究上の功績を残しただろうというのが彼の見方である[99]。それは科学の分野での発見に限られない。『百科全書』、モンテスキュー、ヴォルテール、ルソーの著作などの「知識の進歩に最も貢献した著作」は、特権の利点を享受しているわけではないし、そもそも天才は金銭報酬を目当てに本を執筆するわけではない。[100]

このようなコンドルセの見方は、書物の自由な流通に対する信頼に支えられたものである。彼によれば、そもそも偽造が企てられるのは特権により書物に法外な値がつくためであり、自由な流通が保証されれば、価格も維持され、偽造されることはない。商業の自由の発想と同様に、書物の流通における自由は「あらゆる事物をその自然な価格に、それぞれをその自然権に引き戻すという効果をもつ」とされる。[101]

また真理は個人の独占の対象とすべきではないという見方も、コンドルセに特徴的な見方である。それによれば、ある書物が有益であるのは、そこに示される真理のためであり、著者に与えられる特権は、他人による同じ真理の提示、その序列や証明の完成、それらの発展を妨害するには及ばない。著者に特権が残されるとすれば、それは表現や文章についてだけであり、事物や観念についてではない。その特権についても、目的は有益な発見に対する報酬ではなく、心地良い言い回しをより高値で売ることを可能にすることにあると皮肉るように、コンドルセは正当なものと認めていない。彼が重視するのは書物に含まれる知識であり、それを伝える文章表現、レトリックへの関心は極めて低いこともここに窺える。

このようにコンドルセにとって著作権は知の共有を拒む特権であり、それは「活動を減退させ、それを少数の人々の手に集中させ、それに途方もない課税をかけ、国の産業を諸外国のそれに比べて劣ったものとするという不都合」をもつため、必要でも有益でもなく、不正であると結論づけられる。[102]

続いて「政治の諸原理」の観点からの政府による統制についてのコンドルセの視点にも触れておこう。政府が自らの利益に反する政治や宗教の諸原理を普及しうる書物の著者に対して、処罰のための刑法を作るべきかが検討され、彼はそれに反対する。[103] それは端的に不正であるという理由の他にも、いくつかの観察がその理由として挙げられる。例えば人間本性の観点からは、人間には危険を冒そうとする「自然な傾向」があり、権威に挑むことを好むのも「自然な感情」であるという。それゆえ禁じられた事柄をあえて試みることで、権威への抵抗を企てるという。それは書物についても同様で、「本を禁じることは、それを読み、買う欲望を呼び起こす」[104]。こうして、コンドルセは刑法による処罰や迫害などは、逆説的な帰結を生むことにしかならないと指摘する。つまり当の目的とは逆に、著者の知名度や権威を高め、その書物を世に知らしめることにつながる。また人々の信頼という観点から、こうした刑法が政府に対する人民の信頼と敬意を損なうことになるとして、コンドルセは反対する。

以上のように、コンドルセは出版の自由を重視するのであるが、とはいえそれは意見を表明する無制約の自由を認めるわけではない。彼はいかなる場合に書物の出版が罪に問われるか、詳細な場合分けをしながらその条件を確定することで、個人の意見表明の自由と他者の権利、社会の秩序維持との両立可能性を探っている。書物による違法行為は、社会全般に対するもの（公共の罪）と個別的なものとに分けられ、後者はさらに個人、政府の構成員、団体という対象に分けて検討されている。

コンドルセの基本的主張によれば、人はあらゆる意見を検証し、それに対する自らの意見を公表する権利をもつ。「各人が、それがいかなるものであれ、あらゆる意見を検証する権利は、圧制なしに侵されえない。各人がこの意見について思うことを公に発言するのを妨げることは、その権利を侵害することである」[105]。というのは、主権者や人民全体が真であり有益であると判断する意見が必ずしもそうであるとは限らず、異なる意見をつき合わせることは、真の知識を得るために欠かせないからである。このことは立法や国制、政治経済の諸原理や人権などを論じる政治的著作についても同様である。公共の利益のためにも政治制度の弊害について議論がなされるべきであり、市民はそうした問題に関わる権利をもつ。コンドルセの考えでは、書物が公的な罪に問われるとすれば、その内容ではなく、その出版が公共の平穏を乱した場合、すなわち「公共の平和の攪乱者」として罪に問われうる。「しかじかの意見のためにある書物の著者が罪に問われるわけでは決してない。だが、彼は公共の平和の攪乱者として罪に問われうる。もし彼が処罰に値しうるならば、それは著者としてではなく、扇動者としてである」[106]。ここから書物の出版と人民の蜂起との関係、著者の意図などの観点から、扇動罪に問われる場合が検討される。伝統的には、宗教や道徳に反する思想は統制の主要な対象であったが、コンドルセは宗教、道徳、習俗に反するあらゆる書物は犯罪とはならないと主張する。書物の出版が罪に問われるには、出版の必然的な帰結としての意図的な過失が条件だが、そうした書物は過失とはならないためである[107]。

書物による個別的な犯罪に関しては、中傷（calomnie）、名誉棄損（diffamation）、侮辱（injure）が区別され、それぞれが定義される[108]。ここで特に注目したいのは、公人に対する罪である。コンドルセは政府の構成員の公的行為を検証する権利は、市民の権利であると同時に、社会の権利でもあると主張する。「すべての人はあらゆる公人の行為を検証する権利をもつ。なぜなら、彼はその行為に利害をもつからであり、公人は市民の利益のためにのみ権威をもつからである。各市民が地位の高い人々の公的な行為について検証する権利をもつだけではなく、社会はその各構成員によって啓発される権利をもつ」[109]。この観点から、公人は中傷されない権利しか認められず、名誉棄損の場合は、その検証にすべての市民が加わることができ、犯罪を認めるにはより厳しい条件が課せられる。コンドルセによれば、あらゆる市民は私生活において平穏に暮らす権利をもち、平穏を乱す名誉棄損はこうした権利の侵害と見なされるが、公人の行動は人民のためのものであり市民はその過失を非難する権利がある。それは抑圧から人民を守る手段である。「市民が、秘密裏にでも、会話においてでもなく、印刷され出版された著作において、地位の高い人々の行為を判断する権利は、人々を抑圧から守るための、国王を裏切り行為や、彼らの大臣の誤りや弱点が引き起こす不幸から守るための、最も確かな救済措置の一つである」[110]。

また侮辱の場合も、対象が公人であるか私人であるかにより扱いが大きく異なる。私人に対する侮辱は他人の信頼や期待の喪失をもたらすだけであり、名誉棄損や中傷よりも軽微な罪とされる。しかしその同じ理由が公人には異なる意味をもつ。すなわち公的行為に対する侮辱は、公人に対する社会の信頼や敬意を動揺させ、社会を害するものと見なされ、侮辱した側が挙証責任を負うとされる。「侮辱については、それが公的行為に対して向けられるとき、それを述べた本人は、事実を示すよう求められ、さもなければ彼は有罪である。実際、個々の市民は国民に雇われた者の公的行為について判断する権利をもつ。しかし、誰も彼らの休息を乱し、曖昧な嫌疑によって公的敬意を奪う権利をもたない。そうした嫌疑によって正しい信頼を揺るがすことは、社会を害することになるだろう」[111]。ここに、コンドルセが社会の信頼を非常に重視し、それを損なう行為の危険性を認識していることが窺われる。

公人と書物の著者の間には、自らの意見を公衆の判断に委ね、私人と比べてその権利侵害が認められる場合が限定されるという共通性が認められる。「著者とは、その資格において、その意見を公衆の判断に服させた人である。彼は、地位の高い人々と同様、中傷されたときのみ、あるいは侮辱が全く事実に基づかないとき、あるいは今説明したような意味において、不十分な事実に基づくときにのみ、文句を言う権利がある」[112]。

以上に見てきたように、コンドルセは個人の意見の公表を重視する一方で、それが社会秩序を混乱させる場合や、社会の信頼を揺るがす場合には、慎重な態度をとっていることが分かる。コンドルセは意見表明の自由と信頼に基づく秩序の安定の両立を重視するのである。

本節では、コンドルセがテュルゴと共有した社会制度の改革の視点、そして商業の自由と出版の自由についてのコンドルセの考察を通じて、この時期の彼の抱く自由観の一端について見てきた。そこには知識の普及や世論の形成、社会の信頼や秩序の重視などの視点が見受けられた。しかしながらこの時期、テュルゴに見出された理想統治者の位置づけも含めて、政治社会全体を視野に収めた秩序構想が示されるまでには至っていない。次章において検討する、新生のアメリカ社会こそが、コンドルセに新しい政治社会への具体的ヴィジョンを示すことになるのである。

第二章　コンドルセとアメリカの経験

第一節　アメリカへの眼差し

本章では、コンドルセとアメリカ革命の接点を、伝統的な思想潮流と同時代の問題関心の交錯するなかに探ることで、コンドルセの思想形成において新しいアメリカ社会のもつ意味を明らかにしていきたい。それはまた、革命へと定められた道を歩むかのように捉えられがちな一七八〇年代のフランスにおける、社会の変革の一つの可能性を示すものともなるだろう。独立を遂げたアメリカという実例こそは、コンドルセの改革構想を直接、間接にも支えるものであり、それはまた彼自身をそうした構想に着手するよう奮い立たせる経験として取り込まれていくのである。

議論の舞台は、主に一七八〇年代のフランスとなるが、この時期を一七六三年に終結する七年戦争後の時代という視野のもとに捉えることで、フランス国内の問題状況を整理しておこう。フランスはこの戦争により多くの海外植民地を失い、競合国イギリスを前に国際的地位の凋落という大きな痛手を負ったわけだが、それだけでなく、国内では戦費による深刻な財政問題を抱え込むことになった。以降、新たな課税による財政再建をはじめとする諸改革を試みていく政府に対し、聖職者や貴族など特権階級は反発を強め、高等法院は法令登録権を武器に度々抵抗を見せることになる。ここに十八世紀後半のフランス王政を規定することになる王権と高等法院の対抗関係という図式ができあがる。[1] とりわけ一七七〇年代以降には、大法官モプーによる売官制の廃止や高等法院の追放、改組などの司法改革、財務総監テュルゴによる穀物取引の自由化、賦役や同業組合の廃止などの諸改革の試みは、いずれも高等法院をはじめとする特権階級の抵抗により挫折を余儀なくされ、王権と高等法院の間の緊張関係はますます激化していった。

そしてこの対立関係は、誰が公共の利益の担い手たるべきか、誰が「国民」を代表するかという問いとともに、フランス国制をめぐる構想にも反映されることになった。[2] 伝統的に、王国基本法の担い手として、国王と国民の間に立つ中間権力として王権の専制化を抑制する役割を自任してきた高等法院側にとって、モプーの一連の強硬措置こそは、王権側の恣意的な権力行使であり、専制に他ならないものと映った。それに対し、王権側にとっては高等法院の主張こそが、単一不可分の主権を脅かし、無秩序を招くものであった。社会の無秩序と権力の専制化のどちらに脅威を見るか、という政治思想史において繰り返されてきた主題の変奏をここに見ることもできるだろう。

十八世紀思想史の伝統を念頭におくとき、貴族身分を中心とする中間権力の存在意義を王権の専制化の阻止に認めるこうした高等法院側の主張が、モンテスキューの『法の精神』の議論に支えられた部分は大きいだろう。周知のとおり、モンテスキューの議論は、国制における政治的自由の実現した例として、国王、貴族院、庶民院から構成されたイングランドの混合政体的な国制に注目するものであった。そこでは諸身分集団の間の権力の均衡が重視され、そのため何よりも貴族身分が政治的自由の担い手として重要な位置を占めていた。[3]

こうしたモンテスキュー思想の批判・継承を考えた場合にも、様々な着眼点がありうるが、本章に特に関わるのは、そのイングランド国制論である。[4] フランスにとってイギリスは最大の競合国であったが、そのイギリスの国制に政体の理想を見出し、賞賛する態度は、フランスでも依然として根強く、革命期の穏健派パトリオットや王党派にまで受け継がれていった。[5] 彼らにとってフランスが模範とすべきは諸権力の均衡に基づくイングランド国制であり、そうした観点から国王の絶対的拒否権、立法府の二院制などが主張されることになる。

また一七七〇年代以降のイングランド・モデルの普及には、モンテスキューの書物が直接参照されたという以上に、ジュネーヴ出身の法律家ジャン・ルイ・ド・ロルムによる『イングランド国制論』の影響が大きい。[6] 諸権力の均衡に基づく安定したイングランド国制を古代ローマの共和政と比較して高く評価したこの著作は、一七七一年の出版以来、版を重ねて広く普及し、イングランド国制支持派の拠り所となっていった。[7]

さてこれに対して、特権的身分集団によって編成された既存の秩序の抜本的な改革を志していたテュルゴやコンドルセといった人々は、イングランド国制を称揚する声を苦い思いで耳にしていた。彼らにとって、特権身分が重要な位置を占めるイングランド国制は、もはや模範とするには時代遅れなものと映った。しかし、それに替わる新しい政体のモデルを何に見出すべきか。経済発展や植民地経営を背景とする人、物、情報のネットワークの拡大という現実を生きる彼らにとって、狭い空間を前提とする古代の政治モデルはあまりに現実味に欠けていた。戦争や征服、党派対立の絶えない共和政ローマも、十八世紀の列強間の悪しき権力政治のイメージに重なり合うものであった。

そうしたなか届けられた十三のイギリス植民地の独立宣言の報せを、改革と挫折を繰り返すフランス社会の混迷状況のなかに射し込む希望の光として彼らが受け取ったとしても、不思議はないだろう。それはまさにイングランド国制に替わる新たな模範の出現を意味していた。統治機構という狭い意味に限定された政体の模範というよりも、自由や平等、自然権などの諸原理に依って立つアメリカの人民、社会、諸制度の存在が、自分たちの進むべき方向性を照らし出すものと考えられたのである。

それはまた、現実が理論を乗り越える可能性を示した瞬間でもあった。共和政は専ら小規模な国家でのみ実現されるものとしてきた伝統的思考に対して、アメリカは広大な領域における「大きな共和国」、「連邦共和国」の実現可能性を示していたのである。すでにモンテスキューが古代ギリシア・ローマ、ゲルマンなどからの例を引き、共和政の利点と君主政の利点を兼ね備えた「連邦共和国」について言及していたが、それが遠い過去の歴史におけるエピソードではなく、現に同時代のアメリカ人により実現されつつあるという事態は、フランス社会の変革を望む人々にとって目を見張るものであり、自分たちの社会の変革の可能性についても期待を抱かせることになった。

テュルゴの改革で共に挫折を味わったコンドルセに新たな原動力を与えたのも、独立宣言以来、現在進行形のアメリカの連邦国家建設の過程であった。アメリカがコンドルセにとって常に重要な参照項となり続けたことは、革命期前後の多数の論考において、たとえアメリカを直接の主題としない場合にもアメリカ市民の視点からフランス社会に向けて書くなど、アメリカが影を落としていることから窺える。そしてテュルゴらの世代と比べた場合、コンドルセは彼らが目にすることのなかったアメリカ社会の展開とフランス社会の変化を同時に目撃することになるのである。当然ながら、そうした社会の現実に目を向ければ、両国の歴史的条件をはじめとする様々な相違についても意識せざるを得ない。コンドルセはアメリカの知識人との親交を深めるなかで、単にアメリカ社会の観察者であるにとどまらず、両国の比較を通して人間社会の未来について考察し、フランス社会の変革の具体的な構想を固めていくことになった。

ここでコンドルセとアメリカの関わりについて、フランスにおけるアメリカ・イメージの形成という主題との関連からも見ておきたい。[8]

事物のイメージは、多かれ少なかれ、そのイメージを抱く側の問題関心、置かれた政治・社会的状況などに由来する様々な視点が投影され、形成されるものである。十八世紀フランスの啓蒙思想家をはじめとする知識人の間で形成されたアメリカ・イメージについても、このことは当てはまる。例えば、ヨーロッパの文明・文明人と対比された自然・未開人の社会、クエーカー教徒に代表される信仰の自由、宗教的寛容の社会、農本的社会、圧制や身分制に対して自由や平等などの普遍的価値が体現された社会など、その着眼点は多岐にわたり、時代が移り変わるなかで変容も見られた。

そのなかで、やはり一つの転機となるのが、七年戦争後の一七六〇年代後半の時期、すなわちイギリスによる印紙条例をはじめとする植民地への課税措置に対して、植民地側の強い抗議活動が開始される時期である。植民地への人々の関心が高まるこの頃より、アメリカとフランス両国の市民の直接の交流が始まり、アメリカの書物がフランスに紹介されるなど、現地に関する情報は確実に増えていった。またそこには、国力の回復を目指すショワズール内閣による、植民地における諜報活動の展開などの外交戦略もあった。

こうした状況のなか、この時期のフランクリンの二度の来仏が、直接間接に及ぼした影響も無視し得ない。ヨーロッパ中に広まった科学者としての名声に加え、彼はアメリカを象徴する人物として、フランス人の間で大変な人気を誇っていた。初来仏の際にはケネー、ミラボー、テュルゴらと知り合い、テュルゴを通じてエルヴェシウス夫人のサロンに紹介されたという。[9] 後にこのサロンを介してこそ、アメリカ支持の知識人の交流が育まれることになる。[10] フランクリンは科学アカデミーの数少ない外国人会員でもあり、コンドルセも彼とはアカデミーを通じて知り合ったが、このサロンという空間で、より親密な交流をもつことになった。

こうして、それまではヨーロッパとの異質性において捉えられた植民地人、未開社会、宗教的寛容の社会といったイメージが混在していたのに対し、一七七〇年代以降になると、アメリカ社会はより明確に政治的、市民的自由と結びつけて捉えられるようになる。そこには、アメリカの政治情勢に関する具体的な情報や政治文書がフランスに伝えられたことも大きく作用している。独立宣言、連合規約、諸邦憲法や権利章典、連邦憲法草案などはいずれも、本国で公布されてから僅かの間に仏訳され、フランスの知識人の間に普及していった。アメリカの実例は、それをどのように生かすかは別として、フランス革命期の政治においても、国民議会での討論のなかで重要な役割を果たすなど、無視しえない存在感を示していた。[11]

コンドルセは同時代人のジャック・ピエール・ブリッソのように直接現地を訪れた経験に基づいてアメリカ論を残したわけではない。しかし、彼のもとには、サロンを介した同時代の知識人との交流を通じて、アメリカの近況に関する様々な情報が届けられており、彼は同時代人のなかで最もアメリカの事情に通じていた一人とされる。[12] ラファイエット、フィリッポ・マッツェ、ブリッソといったアメリカ滞在経験のある友人には、現地についての必要な情報を求めることもできた。交友関係としてはフランクリンの他に、さらに親しい関係にあったとされるジェファソン、ペインらの存在も忘れてはならない。[13] また文書による主要な情報源には、フランス語で書かれた旅行記をはじめ、イギリスやアメリカから届けられる書物や雑誌、先に挙げた様々な政治文書などが含まれていた。

以上の背景を念頭に、次節以降では、コンドルセの政治構想の形成において新しいアメリカの実例がもった意味について、いくつかのテキストを素材としながら具体的に検討していく。その最初のアメリカ論である『アメリカ革命のヨーロッパに対する影響について』では、彼のアメリカに対する基本的視角が示されている。やがて、アメリカ社会の政治状況の変化を受けてその『補遺』を執筆し、同じ一七八八年には、連邦憲法に対する註釈も残している。革命期には『フランクリン氏頌辞』においてフランクリン像を通じてアメリカ革命について振り返り、『人間精神の進歩の歴史表』では、アメリカ革命とフランス革命の比較の視点を提示することになる。扱う時期は一七八〇年代半ばから一七九〇年頃までと限定されるが、この時期はまさにコンドルセが地方議会をはじめとする具体的な制度構想に取り組んでいく重要な時期にも重なる。

コンドルセにとって、アメリカという「模範」がフランス社会の改革のヴィジョンを支えたとすれば、最も身近で最初にそうした視角を彼に示していた人物が、テュルゴである。そこで、コンドルセのアメリカ論について見ていく前に、次節では、テュルゴのアメリカ観について検討しておきたい。

第二節　テュルゴのアメリカ観

コンドルセは『テュルゴ氏の人生』のなかで、アメリカ独立戦争が終結する以前に亡くなったテュルゴが、生前、理想の共和政体の実現を一度も目にしたことがないと述べていたことを振り返っている。「テュルゴ氏はしばしば次のように言っていた。真に共和政の政体を私は一度も見たことがない。すなわち、すべての土地所有者が法律の作成に協力し、それらの法律を起草し公布する議会の構成を定め、投票によってそれらを批准し、定期的な討議によってあらゆる公的制度の形態を変更する等しい権利をもつような国のことである」[14]。

テュルゴの視点を代弁するコンドルセによれば、テュルゴが理想とする「真に共和政の政体」の本質的な条件とは、すべての土地所有者が「法律の作成に平等に寄与する権利」を有することであった。ただし社会の現状では、大半の人民にとってそうした権利の行使は幻想に過ぎず、現実にそのような共和政体が実現することなど、テュルゴも経験しなかったという。

しかし、コンドルセによれば、テュルゴは後のアメリカ連邦国家の建設を目にする機会は逸したものの、「連邦共和国（les républiques fédératives）」が小国の独立と安全を図るための最良の手段であると考え、その政体について長年、関心を抱いていた。さらに、諸邦連合の形成という同時代のアメリカの状況は、今後のヨーロッパにおける同様の政体の実現の可能性についても、テュルゴに希望を抱かせるものであった。「連邦共和国はテュルゴ氏にとって、外国の侵略に対する国家の安全、自衛のための国力と、国内の平穏を両立させ、広大な領域をもたない国家の独立を保証する最良の手段の一つに思われた。彼は同じ言語、同じ生活様式、同じ慣習をもつ隣合う人民は、自然にこの結合を形成するはずであると信じていた。そして彼は、この同盟に堅固で持続的な政体を与え、定まった諸原理の上にこれらを確立する手段について、長い間考察を続けていた。ヨーロッパに存在する政体は、偶然に、状況に応じて形成されたものであった。だが今世紀に行き渡る光明と精神のおかげで、アメリカはより規則正しく、より単純で、より良く配合された政体のシステムを創設することができた。そしてこの希望から、テュルゴ氏は、政治においてほとんど新しいこの課題に、さらなる関心を抱いて取り組むことになった」[15]。

テュルゴの同時代のアメリカは、諸邦間の対立、統合の脆弱さなどの問題を抱え、未だ国家として統合の過程にあったが、それは偶然と状況の産物であるヨーロッパの政体と比べれば、基本的な原理に基づき、よく組み立てられた政体であるとして好意的な評価がなされている。

連邦共和国の建設という「政治においてほとんど新しいこの課題」について、コンドルセはここではこれ以上の具体的な説明を加えないが、彼はテュルゴが構想していたフランスの市町村行政改革のことを示唆している。そして「連邦共和国」の外交、軍事、財政、税制などに関するテュルゴの主な見解を紹介したうえで、それらはテュルゴが日頃から依拠する諸原理と一体をなし、さらに「大きな共和政国家（grand État républicain）」の原理にも通じるものであると指摘する。テュルゴの市町村行政の計画について紹介した箇所の参照を促しつつ、次のように述べている。「それらが彼〔テュルゴ〕の他の諸原理といかに関連していたか、いかに大きな共和政国家の政体が、連邦共和国のそれとほとんど違わないはずであったか、最高参議会の権力の制限を目指したこの行政は、その形態を除けば、すべての大きな国家に相応しい行政にいかに類似していたか、分かることだろう」[16]。

コンドルセの説明から分かるのは、「連邦共和国」の政体がヨーロッパの大国における「共和政国家」の政体とほぼ同様のものと想定されており、それをテュルゴは具体的に市町村行政の設立によるフランス社会全体の「政体」の改革構想として示していたということである。ここには中央政府の行政権力の制限が、それらに共通する原理として示されている。

このように『テュルゴ氏の人生』において、コンドルセはテュルゴの同時代のアメリカ合衆国に対する見方を紹介しながら、理想的な「連邦共和国」について長年考察していたテュルゴの関心がアメリカの新しい「政体」に向かい、そうした関心が同時にフランス社会全体の彼の改革の構想を支えていたことを明らかにしている。[17]

ただし、テュルゴにとっても、テュルゴとアメリカの関係を振り返っていた一七八〇年代半ばのコンドルセにとっても、アメリカ合衆国の将来を正確に予測するのは未だ困難な状況にあった。[18] コンドルセによれば、アメリカ社会に希望を見出したテュルゴも、アメリカの諸邦憲法や税制、商業などにおける「イングランドの偏見」の影響を危惧していた。

コンドルセはさらに、テュルゴのアメリカ社会に対する懸念について、読者にテュルゴのプライス宛の書簡を参照するよう促している。[19] アメリカ革命に対して好意的であったテュルゴも、そこではアメリカの独立宣言以降の政治状況に対して、期待と不満の入り混じる両義的な見方を示すのである。以下ではこの書簡に現れたテュルゴのアメリカ観を見ておきたい。

その書簡とは、一七七八年三月二十二日に、テュルゴがリチャード・プライスに宛てた書簡（『アメリカの諸邦憲法に関するプライス博士宛の書簡（*Lettre au docteur Price sur les constitutions américaines*）』）のことを指している。[20] 後にこれは単なる私信に留まらず、テュルゴ本人の死後、一七八五年に再びプライスがアメリカ革命を賞賛する小冊子『アメリカ革命の重要性についての所見』をロンドンで出版した際に、補遺として公刊され、アメリカの事情に関心を寄せる人々の間で論議を呼ぶことになった。[21]

当時、テュルゴは親交のあったフランクリンを通じて、一七七六年に出版されたプライスの著書『市民的自由についての考察』を受け取っていた。そこでこの書簡では、彼はそれに対する謝辞を述べたのち、アメリカ諸邦の憲法制定をめぐる現在の状況に対する自らの見解を示していく。

テュルゴは一方で、イギリスから新たに独立を宣言した「新しい人民」であるアメリカ人が、理想的な政体を実現し、世界に対する「模範」を示すために、他のどの人民よりも非常に有利な条件に恵まれていることを認め、彼らに期待を寄せている。しかし同時に、そうした政体を実際に彼ら自身が堅固な基盤の上に築くことができるか否かについては、現状では判断を留保する。「この新しい人民は、人が自分のすべての権利を享受し、すべての諸能力を自由に発揮し、自然と理性と正義によってしか統治されることのないような政体の模範を世界に対して示すのに、これほど有利な立場に置かれているわけですが、そのような政体を作り上げることができるでしょうか！　永遠の基盤の上にそれを築き、少しずつそれを蝕み、破壊してしまう分裂と腐敗の諸原因を未然に防ぐことができるでしょうか？」[22]。そしてテュルゴは「現在までアメリカの各邦によって作成されてきた諸憲法について、私は全く満足していません」と続け、信仰の宣誓、聖職者の扱い、行政、税制、商業の規制などについて、諸邦憲法が抱える問題点を指摘していく[23]。

なかでも声高に批判されるのが「イングランドの慣例」のもたらす影響についてである。テュルゴは、アメリカ人が諸邦の憲法を起草する際に、本国イギリスの政体、すなわち諸権力の均衡に基づく政体を模倣しようとすることを批判する。それは単なる「根拠なき模倣」に過ぎないとして、次のように述べる。「その大多数のうちに、私はイングランドの慣例の根拠なき模倣を見ています。すべての権威を、唯一の、国民の権威のもとに集める代わりに、イングランドが庶民院、貴族院、国王を有するからといって、下院（un corps de représentants）、上院（un conseil）、総督（un gouverneur）という異なる諸団体を設立しているのです。これら異なる諸権力を均衡させる（balancer）ことに専念しているのです。あたかも、王権の巨大な優越性を均衡させるために必要だと信じられたこの諸力の均衡が、すべての市民の平等に基づいた共和国において何らかの使い道があるかのように、そして異なる諸団体を設立するものすべては分裂の源泉でないかのように！　架空の危険を未然に防ぎたいがため、現実の危険を生み出したのです」。[24]

ここに示されているように、テュルゴの考えでは、君主、貴族院、庶民院という諸権力の均衡に基づく政体の仕組みは、強力な王権と身分制秩序を前提とする社会にはたとえ必要であったとしても、均衡させるべき強力な権力を欠き、平等な市民からなるアメリカでは、そもそも無用なのである。[25] それどころか、単一の国民の権威のもとへ統合すべき権力を、諸団体に分割することは、むしろ国家の分裂をもたらす危険すら有する。そもそも条件が異なる社会に、他の国家の政体を単に模倣して持ち込むことは、それが有効に機能する前提を無視することに他ならず、百害あって一利なし、とテュルゴは判断するのである。

イギリスとは異なる新しいアメリカ社会の課題は、強力な中央の権力を制限することではなく、先の引用にもあるように、国民という唯一の権威のもとに社会の統合を進めることにある。テュルゴの見るところ、現状のアメリカ社会はいわば「オランダ共和国の複製」に過ぎない。すなわち、それは未だ国家としての統一性を欠き、諸地方の間の結びつきのなかに「一つの均一な団体しか為さないような、すべての諸部分の団結（coalition）、融合（fusion）」が見られず、多様な法律や習俗、意見により、常に分裂する傾向を有する「常に過度に分離された諸部分の寄せ集め」に過ぎないとされる。[26]

こうして、社会の分裂をもたらす手段は退け、国家としての統合を進めるために行政、税制、商業などの諸制度を整える必要があるとテュルゴは考える。そうした国家統合の観点から、現状の諸邦憲法に対して、例えば行政と立法、さらに局地的な行政の管轄事項を分離し、各邦政府が担う実務を最小限に止め、行政の詳細な役割を担う下位の行政議会を設立することなどへ十分な配慮が為されていないとの批判がなされる。また交易については、食糧輸出の禁止措置など、商業を規制する権利がいたるところで想定されるなど、商業の完全な自由が所有権の当然の帰結として理解されないアメリカは、「ヨーロッパの幻想の霧のなかに未だに沈んでいる」とされる。[27]

さらに、寛容の原理の不徹底についても手厳しい批判がなされる。テュルゴは聖職者から被選挙権を奪い彼らを排除することは、かえって「国家における異質な団体」を形成することになり、危険を招くと考える。つまり個別の団体に特殊な権利や利益を認めるのではなく、聖職者も他の人民と同じく、自由と財産の共通の擁護に対して利益を有する一市民として同等に扱うべきだと考えるのである。「寛容、すなわち諸個人の良心についての政府の絶対的な無権限が確立されているところでは、国民議会において、聖職者はそこに迎え入れられた時には、一市民に過ぎず、そこから締め出されたときに聖職者に戻る」。[28]

またテュルゴのアメリカ諸邦憲法に対する批判に表れた、古いヨーロッパと新しいアメリカという対立軸に注目することもできる。君主の政治的野心から領土の拡張政策や国際交易における覇権競争に固執するヨーロッパ諸国に対して、そこから地理的に遠く隔てられたアメリカは、自国が分裂しない限り、恐れるべき外敵も存在しない。だからこそヨーロッパの姿に戻ることはないのだと、アメリカ社会の様子を歯がゆい思いで見つめるテュルゴは主張する。「アメリカは、もし自らが分裂することがなければ、今から当分の間は心配するに及ぶ外敵がいないという幸運を授かっています。それゆえ、アメリカは、自らの自由のために唯一危惧すべき、そのいわゆる諸利益、不和の諸原因を正しく評価することができるし、そうすべきでしょう」。[29]

しかし、アメリカはイギリスあるいはヨーロッパの古くからの「偏見」を未だに脱していない。テュルゴによれば、諸々の国民や地方ではなく、土地所有者である自由な諸個人こそが社会の基本的な構成単位であり、個人の財産こそが守るべき利益である。土地所有者と非所有者の区別のみが「自然に基づいた重要な区別」となる。そうした視点から、テュルゴは次のように述べる。「領土は全く国民には属しておらず、土地の所有者である諸個人に属しています。ある郡、ある村が、ある地方、ある国家に帰属するべきかという問題は、その地方や国家の主張する利益によって決定されるべきではなく、その郡や村の住民が、その仕事のために最も足を運びやすい場所に集まれるという利益により、決定されるべきです」[30]。土地を所有する個人に立脚したこのような観点からは、アメリカが依然として「団体」ごとの利益を追求する古い「偏見」を有していると批判される。「この建物全体はこれまで、非常に古く、非常に凡庸な政治の誤った基盤、諸個人が自由であり自らの財産を強盗や征服者に対して守るという利益とは別の利益を諸地方や諸国民という団体において有するという偏見に基づいています」[31]。

とはいえ、テュルゴがアメリカ社会に対して厳しい批判を向けるのも、それだけアメリカ社会の秘めた可能性に大きな期待を寄せるからであった。現状のアメリカ社会が抱える様々な問題点や課題にもかかわらず、彼はアメリカ社会を「人類の希望」であるとして、その将来への期待を躊躇うことなく表明する。「この人民が、彼らには可能であるような繁栄を達成することを、願わずにはいられません。彼らは人類の希望なのです。彼らは模範となりうるのです。彼らは、人間は自由かつ平穏でありうること、圧制者やあらゆる法衣を纏ったペテン師が公共の利益を口実に押し付けようとした、あらゆる種類の鎖なしでいられることを、事実によって世界に向けて証明するべきです。彼らは政治的自由、宗教的自由、商業と産業の自由の例を示すべきです」[32]。

このようにテュルゴは、「人類の希望」であるアメリカが、世界に対して理想の政体の模範を示す大きな可能性を見込み、期待を寄せていた。だがそれは現段階ではあくまで可能性にとどまり、実現されるかは今後のアメリカ人の行動次第である。だからこそ、テュルゴは当時のアメリカの現状に対しては、ヨーロッパに逆戻りしてはならないと考え、「われわれヨーロッパのイメージ、領土や商業の利益をめぐって争い、人民という奴隷を彼ら自身の血によって塗り固め続けるような、分裂した諸権力の寄せ集めに戻ってはならない」と強調するのである。[33]

第三節　『アメリカ革命のヨーロッパに対する影響について』

一　基本的視点——「公共の幸福」

コンドルセはアメリカ革命をどのような観点から捉えていたのか。本節では、コンドルセの最初のアメリカ論である『アメリカ革命のヨーロッパに対する影響について』に表明される彼のアメリカ観を検討したい。コンドルセが執筆の経緯を説明するところによれば、彼がこの著作を執筆する直接の契機となったのは「新世界の発見から生じたヨーロッパにとっての善と悪に関する、レナル師によって提起された賞」、すなわち一七八一年にギヨーム＝トマ・レナルがリヨンのアカデミーにおいて提案した懸賞論文であったという。[34]それは『アメリカの発見は人類にとって有害であったか有益であったか？　もしそこから善が生じるとすれば、それを保存し増大させる手段は何か？　もし害悪をもたらすとすれば、それを直す手段は何か？』という論題を掲げたものであった。[35]コンドルセはその内容に興味を覚えたものの、自らの力量を考えて主題をより限定し、結局「アメリカ独立が人類、ヨーロッパ、とりわけフランスに対して及ぼすであろう影響と、公共の幸福の異なる度合いを測る方法を見つけようとした際に従った諸原理の分析」を検討することにしたという。[36] 本論全体は四章から構成され、各章はそれぞれ「アメリカ革命のヨーロッパの意見と立法への影響」(第一章)、「ヨーロッパにおける平和の保持に関するアメリカ革命の諸利点」(第二章)、「人類の完成能力に関するアメリカ革命の諸利点」(第三章)、「アメリカ革命が商業によってヨーロッパ、とりわけフランスにもたらす利点」(第四章)と題されている。

アメリカ革命という「幸運な革命」に際して将来のフランスの繁栄とイギリスの没落をいち早く見込んでいた政治家たちでさえ、当初のほとぼりが冷め、先行きに対する懐疑が芽生え、世論もそれに追随し始めたこの時期にこそ、この「偉大な出来事」の諸々の帰結について改めて冷静な検討に付すことが有益であるとの思いから、コンドルセは自らその役割を引き受けようと筆を執った。

ここで注目したいのは、アメリカ革命のヨーロッパに対する影響を考察するにあたり、コンドルセが「公共の幸福(bonheur public)」という視点を加えたことである。彼はアメリカ革命がヨーロッパ諸国民の「公共の幸福」にいかに資するかという観点から、アメリカ革命の影響の諸側面について考察しようとするのである。

「幸福」の観念といえば、十八世紀の文学、思想において最も好まれ、繰り返し探求された主題の一つである。その背景には宗教的、道徳的規範の衰退、さらに社会の経済的発展などが指摘されるが、伝統的なキリスト教道徳との関係、古代の哲学思想、とりわけプラトン、エピキュロス、ストア派などの影響もあり、「幸福」にはいくつかの特徴的視点が加えられた。[37] 一つの見方では、幸福は個人が私的に享受するものとして、自己の内面のうちに見出された。例えばルソーにおいては、幸福は社会の成立以前の自然状態における人間の自由で孤独な状態と不可分な関係にあるとされる。ただそうした自然状態を脱した人間が、社会という他者との関係のなかでいかに幸福を取り戻せるか、公共の幸福とは何かについてはさらに問うこともできるだろう。また別の見方には、より正面から公共の幸福への関心を示すものがある。エルヴェシウスやベンサムらの功利主義の議論をそのような例として挙げられよう。それによれば、快を求め苦痛を避けるのが人間の生得的な行動原理であり、人間は自己の幸福のみを求める存在である。そして個人的利益を全体の利益に結びつける必要から、賞罰を巧みに操ることでそれを実現する立法者の役割が重要とされる。「最大多数の最大幸福」という言葉が示すように、「公共の幸福」は個人の幸福の総和として捉えられる。

ここでコンドルセも「公共の幸福」(あるいは「国民の幸福」)に視点を定めているが、彼は功利主義的に捉えられた私的幸福の追求を起点として議論を進めるわけではない。コンドルセは「公共の幸福」を諸個人の幸福と不幸のある種の平均値としてではなく、「幸福への全般的な手段、すなわち土地、法律、産業、諸外国との関係が市民全体にもたらしうる平穏と充足(bien-être)への全般的な手段」として理解すべきだとする。[38] 彼もまた「社会に集まった人間の幸福はほとんどもっぱら良き法律に依存する」とし、良き法律とそのための立法者の役割を重視するが、それは人間の利己的行動原理に立脚する功利主義の見方とは異なるものである。[39] コンドルセは個人的利害の観点からではなく、むしろ社会全体の秩序と充足のための多様な手段に目を向けながら、とりわけ諸国民相互の関係性というレベルで議論を行う。各章の表題も示すように、アメリカ革命の影響を、フランス一国に対するものと狭く限定せずに、ヨーロッパ社会全体、さらには人間社会全般という重層的な観点で捉えようとするところに、彼の議論の一つの特徴がある。

また「公共の幸福」の観点は、少数者が多数者の犠牲となることを正当化する、数の優劣という「力の支配」によって物事を決する仕方とは対置される点にも特徴がある。そうした仕方は社会に「永続的戦争状態」をもたらす「古今の共和主義者の間に過度に広まった格律」であるとして退けられる。[40]

さらにもう一つ議論の特徴として加わるのは、諸個人の自然権の保証という観点である。[41] この観点から、コンドルセは「幸福への全般的手段」が二つの部類に分けられるとする。その一つ目には「自然権の自由な享受を保証し、拡大するものすべて」が含まれる。そして自然権が社会のより多くの構成員に保証されるほどに、その社会の幸福も増すとされる。「社会の幸福は、これらの自然権がより広範に国家の構成員に属すればするほど、大きいものとなる」。[42] その二つ目は「人間がその本性ゆえにとらわれている諸悪の数を減らし、われわれの根本的な欲求をより確実に、より少ない労力で満たし、われわれの能力を用い、器用さを正しく用いることで、より多くの充足をもたらす手段」を含むとする。[43] すなわち人間が本性上抱える諸困難の除去、欲求の充足、諸能力の発揮による充足の増大に関わる手段である。コンドルセはこれらも大半が自然権のより広範で自由な行使に依存すると考えるが（その点で一つ目の部類と重なる）、とくに諸外国との持続的で平和な関係の保証と知性や勤勉さの推進、諸外国の人民レベルでの関係の拡大、そしてとりわけ社会の構成員間での手段の平等な分配に注目し、それを通じたより多くの充足を得るための手段の増加が望まれている。[44] ここには、ある国民全体の充足の増大には諸国家同士の平和な関係に加え、その国民一人ひとりの知性や能力の向上、国民同士の交流の増大、国民の間の平等のための法制度の整備が必要となるという、コンドルセの基本的な視点が示されている。

以上の諸原理から導かれるコンドルセの中心的な視点は次の文章によく表れている。

「ある人民の幸福は、隣国の不幸や衰退によって増大するどころではなく、逆に、他の人民の繁栄によって増大するはずである。なぜなら、彼らは良き法律や悪弊の廃棄、産業の新たな手段の模範、そして知の交流（communication des lumières）から生じるすべての利点を受け取るからである。多大な共通の充足とそれらのより一層の平等な分配が容易であることは、あらゆる人民にとって、各人民の進歩の必然的な結果であるということも、同時にはっきりと感じられる」[45]。

「公共の幸福」という観点に立つコンドルセは、諸国家の関係を、ある国民の諸能力（富、国力、価値などを含む）の増大が他の国民のそれらの減少に基づくというゼロ・サム関係では捉えない。それは国家間の関係を永続的な戦争状態と見る「マキァヴェリズムの格律」による見方とされる。[46]そうではなく彼は、ある国家の繁栄は他の国家にも様々な媒体を通して波及するというように、諸国家間をプラス・サムの関係で捉える。同時に、国境を越えて国民同士も互いの良き実践を知り、相互に知性の向上を図ることが期待される。コンドルセが関心を寄せるのは、国際交易における物質的利益の問題だけでなく、政治的実践や自由や平等などの原理の普及にも及ぶ。それは例えば、他の人民を圧制下におくことで自らの自由も失うという見方、あるいは自由な人民がより多く存在すればするほど各人の自由も保証される、とするコンドルセの基本的な見方につながるものである。

二　自然権、意見の自由、完成能力

以上の観点から、コンドルセはアメリカ人民が人類の「模範」としてヨーロッパの「公共の幸福」に資する影響を及ぼしていることを検証していく。まず第一章「アメリカ革命のヨーロッパの意見と立法への影響」で彼が注目するのは、人間の自然権の尊重と意見の自由である。

人類の諸権利は、学者が書物に書き記すか、有徳な人物の心に刻まれるだけでは十分ではない。無知な人間や弱者も含めた「偉大な人民の実例」のなかにこそ、それらを読み取ることができなければならない。このように考えるコンドルセは、独立宣言を掲げたアメリカ人こそが、その模範を示したとする。「アメリカはこの模範をわれわれに示した。独立を宣言した行為は、これほど神聖で、これほど長いこと忘却されていた諸権利の、簡潔で崇高な表明である。これらは、いかなる国民においても、これほど良く知られ、これほどの完全さを備えて保全されたことはなかった」[47]。

実際には黒人奴隷制がいくつかの邦では存続していることをコンドルセも認めてはいる。しかし開明的な人々はすでにこの制度の維持を恥じていると、人々の認識の変化に注目するコンドルセは、黒人奴隷制が今後長くは存続しないと考え、アメリカの法律のこのような「汚点」にも一旦目をつぶる。

そうしてまず高く評価されるのは、アメリカの独立宣言および法律における人間の自然権の尊重であり、コンドルセはこうしたアメリカの実例がヨーロッパ人民の認識に多大な影響を及ぼすことを期待する。[48] ここで議論の相手として強く意識されるのがモンテスキューである。

コンドルセにとってもモンテスキューは、人間精神の進歩の歴史においてデカルトやヴォルテールなど、世紀の知性を代表する哲学者と肩を並べる重要な位置を占めている。[49] しかしながら、客観的事物の観察、比較から一般原理を抽出するという学問方法、あるいは政体論などの重要な主題に関して、コンドルセの視点はモンテスキューのそれとは異なる。コンドルセはしばしば直接モンテスキューの名に言及することなく、その議論、あるいはそれに依拠する意見に対抗する形で議論を進めることがあるが、例えば『法の精神の第二十九編についての諸考察』（一七八〇年）には両者の視点の違いが最も先鋭な形で現れている。ここでコンドルセは「法律の作り方について」と題された『法の精神』第二十九編に対する批判を通じて、モンテスキューとは異なる立法者のあり方を示そうとする。モンテスキューが「中庸の精神」を立法者の精神とするのに反論し、コンドルセは「正義の精神」こそが立法者の精神であり、特にそれは法律における自然権の遵守にあるとする。モンテスキューの視点が、多様な事物の観察からそれらの間の関係性に着目し、そこに正義を見出すことにあるとすれば、コンドルセの視点はそれらの事物の間の共通性、その点における平等性に向けられる。例えば多様な人民、地方、国家の間に共通する権利、規則などを認めることは、様々な相違を超えてそれらの間に平等性を認めることだとコンドルセは考える。自然権もまたそうした多様な事物の間の共通性を意味するのである。そして立法者の「正義の精神」とは、諸事物の間に共通する何らかの正しさを見出し、それに適った法律を制定することにある。コンドルセには、事物の共通性に基づいた良き法律の普遍妥当性を認めないモンテスキューの立法者の態度は理解しがたいものであった。「真理、理性、正義、人間の諸権利、財産と自由と安全の利益は、いたる所で同じであるのだから、一国のすべての地方、あるいはすべての国家でさえ、同じ刑法、市民法、商法等をなぜもたないのか分からない。真の命題はすべての人にとって真であるように、良き法はすべての人間にとって良いはずである」[50]。コンドルセが諸事物の「統一性（uniformité）」を重視するのも、それが同時に諸事物の間の平等の確立を意味するからである。「統一性という考えは、取るに足らない視点ではない。それはある国のすべての住民に、重要な事物についての正確な観念、彼らの利益についてのより明瞭な知識を与え、生活や実務における行動に関して、人々の間の不平等を減じるであろう」[51]。コンドルセは統一性を、事物の正確な観念、自分の利益の明確な知識を与えることにより、人々の間の平等性への認識に寄与するものと理解するのである。

アメリカ革命の影響という文脈に戻ると、コンドルセはここでも明らかにモンテスキューを意識し、アメリカ独立宣言や法律における自然権の尊重という事実が、環境や伝統、政治制度など様々に異なる条件下におかれた人民に対して、そうした相違を超えて訴えかける力をもつことを強調する。「人間の諸権利が尊重された偉大な人民の光景は、気候、習俗、政体の相違にもかかわらず、他のすべての人民にとって有益である」[52]。さらに外的条件の相違だけでなく、自然権の尊重は、宗教、意見、信条などの人間の内面に関わる相違を超えて、すべての人を平等に扱い、受け入れうることを意味している。「アメリカの法律がもつ人間の自然権に対する尊重の必然的な帰結によって、すべての人は、その宗教、意見、行動原理がいかなるものであろうと、そこに避難所を確かに見つけることができる」[53]。このようにコンドルセは人間の自然権の尊重を、人間の外的条件、内面の信仰や価値観の多様性を前提に、それらの共存を図る条件として捉えるのである。

続いてコンドルセが注目するのは、アメリカにおける出版の自由の確立である。これによりアメリカでは「有益であると思う真理について発言し、耳にする権利」が「人類の最も神聖な権利の一つ」とされているとし、誰もが有益な真理について自由な発言の権利を保証される点を高く評価する。[54]そしてイギリスにおいては出版の自由が果たす利点よりも、その弊害が危惧されるのに対し、アメリカの例はそうした不安を払拭できると考える。ここでアメリカにおける出版の自由の利点として注目されるのが、アメリカ人の法や公権力に対する態度である。コンドルセによれば、彼らは法律の諸原理や効力を熱心に非難しながらも、その法律に静かに従うという。その一方で、公権力の受託者に敬意をもって従うときにも、彼らの啓発に努め、彼らの欠陥や誤謬について国民に対して告発する権利を諦めることはない。コンドルセがこのようなアメリカ人の態度のうちに見出すのは、法や公権力への服従と、それらに対する批判的議論はつねに両立し、不可分の関係にあるという点である。「公共の議論が偏見を破壊し、生まれて間もない立法の賢明な観点に、一般的意見という支えを用意しているのを見た」といわれるように、自由な開かれた議論があってこそ、偏見は解かれ、同時に法に対する支持は生まれる。[55]法律への服従、政治家に対する敬意とは決して盲目的信奉ではありえず、自由な意見や批判的議論に支えられるべきである、というコンドルセの視点がここに示されている。

さらにコンドルセは、出版の自由がもたらす弊害を危惧する声を意識して、意見の自由は、個別的利益による部分集団の形成を妨げるという見方も提示している。「この自由が、陰謀を助長するどころか、特殊な結社を分散させ、個人的視点によって導かれていた人々が党派を形成するのを妨げているのを見た。ここから大げさな熱弁や中傷文は、厳格な法律によって暗闇のなかで流通を強いられる限りにおいて危険となる、と結論づけることができた」。[56]コンドルセによれば、出版の自由による意見の自由な交換は、むしろ個人的視点への執着を解き、個別的な利益の集結を防ぐのであり、逆に法律による厳格な取締りこそが、誹謗、中傷行為などの言論の自由の濫用を助長するのである。

こうした意見の自由を側面で支えるのが印刷術であり、この手段により、広大な国家においても意見は容易に、迅速に広まることが可能となる。コンドルセは広く共有された意見が、しばしば法律よりも強力な威力を発揮することに注目し、「困難な状況においては、法律よりもしばしばより強力な武器を政府に提供する」と述べる。[57]その一例として、民兵における脱走兵の問題が挙げられる。コンドルセの考えでは、この問題に対処するには、抜け道が探られる厳格な罰則によるよりも、本人の名前を新聞に掲載して公表するという、公共の意見に訴える方法がより効果的であるという。公共の意見の果たす役割の重要性への認識をここに見て取ることができる。

ところで、人類の「完成能力（perfectibilité）」という観点から見たアメリカ革命の利点についても触れておきたい。この時代、人間に固有の能力として「完成能力」に注目したのはもちろんコンドルセに限られない。まず思い起こされるのは、「幸福」という主題に関しても言及したルソーにおける「完成能力」であろう。それは人間を自然状態から逸脱させ、社会状態における悲惨をもたらした原因であった。だが同時に、失われた自由を社会において取り戻すには人間はこの能力に頼るほかない。こうしたルソーにおける「完成能力」は、常に両義性を帯びたものである。[58]

これに対し、確かにコンドルセも人間の本性における善性を信じ、人為的な社会の諸制度によってもたらされる弊害にも目を向けるが、「完成能力」がその原因として直接結び付けて考えられるわけではない。彼の場合、「完成能力」は社会における諸悪の原因ではなく、むしろ人間が自らそれを乗り越えるための原動力となるものである。長期的な視点に立てば究極のところ「知識の進歩の加速」こそが「人類の境遇を改善するための手段」であると信じるコンドルセは、物質的欲求の充足ではなく、精神の活力、好奇心、勤勉さなどを含む、知性の鍛錬や知識の獲得とその活用を「完成能力」の重要な要素とみる。そしてこの点でもアメリカが人類にとっての重要な貢献を為していると考えるのである。[59]

コンドルセによれば、広大な領土に暮らすアメリカ人は、教育を受けることで偏見を免れ、学習や思考訓練に向いているとされる。彼らの間にはいかなる身分的区別もなく、自分自身の能力を向上させ、それを有益な研究や事業、発見のために生かし、そのことを誇りとするという「自然な欲望」に従っている。また、一部の人間が愚かで悲惨な状態に留め置かれることもない。ここからコンドルセは今後数世代のうちにアメリカが学問と技芸の両面において、現在のヨーロッパにおけるのとほぼ同じ数の知識人を輩出することを期待できるとする。「アメリカは、今から数世代の間に、社会全体に知識をもたらすことに従事する人間をヨーロッパ全体とほぼ同じ数生み出し、その進歩を少なくとも倍増させ、少なくとも二倍の速さにするだろうと期待するに十分な理由がある」[60]。

こうしたアメリカの知識人への期待は、実際にコンドルセが身近でそうした人物と接していたことも大きいだろう。イギリスへの依存にもかかわらず、アメリカ人のうちに「生まれながらの天才」が消滅することはなかった証拠として挙がるのは、フランクリンの例である[61]。

さて、以上のような「偉大な人民」の国アメリカに対して、それとは全く対照的に描かれるのがイギリスである。全体を通して、コンドルセのイギリスに対する評価は非常に低い。その理由としてはコンドルセのモンテスキュー評価、そして特にフランス国制をめぐりモンテスキューに依拠する高等法院側の議論への対抗意識が考えられるだろう。長年、政体の模範として圧倒的な影響力を誇ってきたが、今や「その失墜」によって政体は解体の危機に瀕している、というのがコンドルセのイギリスに対する認識である。イギリスはもはや「法律は人民に対して一時的な支配力しかもちえないし、政治体は幾らかの間多少とも輝かしい生命を保った後には解体を余儀なくされるという、これほど普及し、危険で誤った意見」の裏付け、つまり政治体の儚さを立証するものとしてしか役立たないとさえ言われる[62]。ただし、イギリスにおいても出版の自由のおかげで法律が守られ、人間の諸権利への尊重が見られる点はコンドルセも認めている。問題は著述家の買収、中傷文による喧騒、法律の巧みな回避など出版の自由に関わる弊害のために、その恩恵が正しく評価されず、むしろそれがイギリスの政体による利点と勘違いされることにある。[63]

コンドルセは「合衆国を支配し、その平和と繁栄を保証する平等の光景」もまたヨーロッパにとって有益であるとして、平等もアメリカ社会の重要な条件であることに注目する。[64] ヨーロッパでは、貴族が銀行家や大商人などの富裕層を同輩と見なし始めたことが、商業や交易の発達の利点とされるが、考えはそれ以上に及ばない。ところがアメリカでは人間は本性から平等であるとされ、すべての人々に平等に備わる「良識」に基づく単純、素朴な原理がアメリカの諸制度を特徴づけている。それに対してイギリスの諸制度は、複雑さや技巧によって特徴づけられる。それは巧妙な仕掛けにもかかわらず、かえって人民の圧制という皮肉な結果をもたらす。こうした対比を通じてコンドルセが論駁しようとするのは、イギリス国制を諸権力の均衡に基づく政体として理解し、賞賛する人々である。「アメリカ人がいかに自分たちの平安と幸福を、良識がすべての人々に命じたであろう事柄の素朴な表現のように思われる、少数の格律に基づけたかを見るならば、多数のバネが動きを乱暴で不規則で困難なものとし、均衡を生み出すといわれるたくさんの錘が集まって、実際には人民を圧迫している、そうした複雑な機械を自慢することはやめるだろう」。[65]

このように、コンドルセはアメリカの諸制度が、イギリスの「複雑な機械」を賞賛する人々に対して示しうる、絶好の対抗モデルとなる可能性に期待を寄せるのである。

三　アメリカ革命と国際平和

次に、アメリカ革命を諸国家の平和の構築という主題との関連から捉える、第二章「ヨーロッパにおける平和の保持に関するアメリカ革命の諸利点」の議論を見ていきたい。コンドルセがここで念頭に置くのは、十八世紀前半以来この主題については常に参照されてきた、アベ・ド・サン＝ピエールの永久平和論である。サン＝ピエールによるヨーロッパ諸国の連合構想について、コンドルセはその基本的発想については同意を示しつつも、現状での実現可能性は低いと見ている。コンドルセによれば、「人間がいつの日か十分に理性的となり、諸国家が共通の協定により戦争への野蛮な権利を放棄し、彼らの要求や利益、不満に関する論議を穏和な仲裁者の判断に委ねることに合意する」というサン＝ピエールの考えは空想ではなく、真面目に論じるに値する主題である。コンドルセの認識によれば、戦争が国民の大半によって支持されることはもはや考えにくい。「国民の多数にとって戦争が決して良いものではありえないことは、これほど明らかに証明されている！」。だが、主権者の選択は必ずしも国民の意向に沿うものではない。君主が自発的に戦争への権利を放棄するとは現実には考えにくく、ヨーロッパ諸国の現状を見れば、サン＝ピエール師の「この望みが実現されるにはまだ程遠い」状況にあることもまた認めざるを得ない。[66]

そこでコンドルセは、諸国家に交戦権を保持させたまま、紛争解決のための国際法廷を設立するという代替案を提示する。「もしも主権者（諸君主、元老院あるいは人民）に戦争を行う権利を放棄するよう提案する代わりに、彼らにこの権利の保持を提案しながらも、同時に、すべての諸国家の名において、犯罪人の引き渡しや商業の法の執行、外国船舶の拿捕、領土の侵攻、条約の解釈、王位の継承などをめぐる諸国家間に生じうる紛争を裁く法廷の設立を提案していれば、サン＝ピエール師はより役立っていたであろう」。[67]

さらに、国際法廷の判事が、諸国家が平時に遵守すべき公法典や戦争法規を起草することも提案される。コンドルセがこうした法廷に期待するのは、野心を抱く君主同士の関係に直接介入せずとも、諸国民の相互の交流を深めることで、間接的に戦争の諸原因を取り除く役割である。国際法廷の判決を執行するか武力に訴えるかの最終的な決定権は各国が留保するが、人民の支持が期待できなければ、あえて戦争に訴えないのではないか。戦争も「より残酷なものではなくなるだろう」とし、平和を志向する人民の意見は無視できない重みをもつようになるとコンドルセは期待を寄せる。「こうした法廷は、平時に諸人民の間により多くの結びつきを確立することで戦争の火種を摘み取り、戦争を促しそのためのあらゆる口実を考えつかせる、ある国民の他の国民に対する憎悪の萌芽や苛立ちを消し去ることだろう。しばしば、戦争を勧める野心家も、人民の意見を味方につけることを期待できず、その血と身体を酷使することになる人々の賛同を得なければ、あえて戦争を提案しないだろう」[68]。

ではこうして国際平和の構築が望まれるときに、戦争を伴ったアメリカ革命が果たして良い帰結をもたらしたと言えるのか。この点、フランスの国際的地位の凋落とイギリスの制海権掌握という七年戦争以来のフランスを取り巻く国際関係、特にアメリカの西インド諸島をめぐり繰り広げられる各国の覇権競争を念頭に、アメリカ独立戦争はそれ以上の諸悪を防いだという点から許容されるとコンドルセは主張する。というのも、もしもイギリスがアメリカ植民地と和解した場合、制海権を握ったイギリスが、やがては「独占の精神」のもとに国際交易を独占する可能性が懸念されるためである。この「マキァヴェリズムの体制」こそは、諸外国にとって最も破滅的な結果をもたらすことになるとして、コンドルセが危惧する状況であった[69]。コンドルセによれば、フランスの直接の経済的利害のみを考えた場合、砂糖の生産地であるアンティーユ諸島の喪失それ自体は、大した痛手ではない。その生産収益は諸経費を差し引けば僅かなうえに、島の維持管理はフランスの国力にとって負担となるためである。それでも諸島の喪失がフランスに損害となるのは、それがフランスの食糧供給地の喪失、他国への依存をもたらす一方、イギリスはこれを皮切りにインド、アフリカ、アメリカへと勢力を拡大し、この「ブリテン帝国」が存続する限り、ヨーロッパでの圧制や戦争が長く続くことが懸念されるからである。

最後に、ヨーロッパにおける平和の保持に関しても、アメリカ人民が模範となりヨーロッパ人民の意見に対して影響を及ぼすことにコンドルセは期待を寄せている。それによれば、アメリカでは「平和を望む意見」がヨーロッパにおけるように一部の学者のものではなく、人民全体に共有されており、彼らは冷静な判断力により野心や征服欲に基づく戦争を非難するという。祖国防衛の名誉は最も重んじられるが、軍人身分が市民を制圧することはない。「そこでは野心や征服への欲望から企てられる戦争という考えすべては、人間的で穏和な国民の冷静な判断によって非難される。人間性や正義という言葉は、国王の好戦的な追従者や共和国の野心的な首長たちの嘲笑の対象にはなりえない。祖国を守る名誉はすべてのなかで最上のものだが、軍人身分が高慢にも市民を制圧することはない」[70]。

一方で、平和なアメリカに対比される「古い世界」であるヨーロッパでは、ヴォルテールら一部の学者の戦争反対の意見にもかかわらず、人々の「戦争への熱狂」は衰えを見せず、祖国愛も徳も戦争による流血なくしてはありえないという考えが根強い。コンドルセの視点から明快に描かれるのは、新しい平和を志向するアメリカと、戦争、征服と結びついた古いヨーロッパという対比である。アメリカ人こそは、戦争や征服とは必ずしも結びつかない祖国愛や徳の新たなあり方を示しているとコンドルセは考えるのである。

四　アメリカ革命と交易

最後に扱われる論点が、アメリカ革命と国際交易の関係である（第四章「アメリカ革命が商業によってヨーロッパ、とりわけフランスにもたらす利点」）。すでにアメリカ革命のヨーロッパ全体に対する利点として、国際交易におけるイギリスによる独占の阻止については触れられたが、ここではよりフランスにとってのアメリカ交易の利点が着目されている。コンドルセは、フランスが「所有権と自然的自由の権利についてのアメリカ人の健全な観念」から、他のいかなるヨーロッパ人民よりも多くの有用性を引き出すだろうと主張する。[71] またすべての自由な交易の拡大は利益となる、という基本的な考えが示される。

まず、コンドルセによれば、広大な未開拓の領土を保有するアメリカ人は、当面の間、開拓に従事することになる。したがってその貿易は原材料の輸出と加工製品の輸入が中心となる。そしてヨーロッパからの輸入品のなかでも今後継続的な有利な取引が見込めるのはワインである。こうした予測から、コンドルセはアメリカを相手とするワイン交易の国際競争がフランスに非常に有利に働くと見ている。またワインの他にも、アメリカは他の加工製品の重要な輸出先であり、飢饉の際の食糧供給地としての役割も果たすことから、フランスにとってアメリカ交易は最も重要だとされる。

ここでもまた、イギリスはフランスの最大の競合国として意識されている。コンドルセは、イギリスが言語、宗教、生活習慣、英国製品を使う習慣などの点で、フランスに対して優位に立つとの意見に対して、そうした影響はあるとしても初期に限られるし、イギリスに対する反感や独立戦争中に新たに築いた他国との関係が、その効果を削ぐだろうと考える。その間、フランス人はアメリカ人の好みと需要を知り、それに見合った製品を提供できるだろうと、やや強引に持論を展開する。言語に関しては、英語とフランス語の交流を促すためのコレージュの設立が提案される。またアメリカ人は宗教的寛容（宗教的自由）の原理に愛着を抱いており、アメリカとの交易において宗教が長く障害になる可能性はないと見ている。[72]

このようにアメリカ交易に関して非常に楽観的な見通しを示すコンドルセも、アメリカの税制と商業に対しては唯一批判的であり、アメリカ人は税制と商業に関してイギリス国民の偏見の残滓を保持しているという。そしてアメリカのいくつかの諸邦における間接税は、商業の完全な自由を妨害するとし、土地所有者が多数を占め、所有が平等に分配されているアメリカでは、土地生産物への直接税が望ましいと主張する。また、独立宣言以来のアメリカの行政の歴史を振り返れば、すべての諸邦の憲法が等しく良く作られているわけではないとする。特に財政と商業に関しては、ほぼすべての諸邦憲法に「ヨーロッパの古い偏見と、この尊敬すべき国民にこれほど大切な正義と自由の諸原理の間の絶え間ない闘い」が見られ、「しばしば偏見が勝利を得た」と見ている。[73] しかしながら、これらの欠陥を認めても、「アメリカ人の平等への愛、自由と財産への敬意、彼らの憲法の形態」が、商業における規制措置や排他的特権、独占が確立するのを防ぎ、アメリカの実例は、少なくともそれらがいかに無益で不正かを教えてくれるだろうと、期待を寄せるのである。[74]

第四節　連合規約から連邦憲法へ

一　連邦憲法批判

前節で見てきたように、コンドルセの最初のアメリカ論である『アメリカ革命のヨーロッパに対する影響について』は、商業と税制の面で「イギリス国民の偏見」が未だ残るとされるものの、全体の論調としては、アメリカ革命が将来ヨーロッパ諸国にもたらしうる好影響への大きな期待に満ちたものであった。

だが刻々と移り変わるアメリカ、フランス両国の政治状況や世論の変化を前に、コンドルセ自身も目前のフランス社会の改革の具体的構想へと次第に関心を傾けるようになる。ここでいよいよアメリカの理想と現実を精査し、フランス社会が歩むべき道を見定める必要が生じることとなった。

言うまでもなく一七八〇年代後半の注目すべき変化は、連合規約下のアメリカ諸邦連合から連邦国家への移行である。独立性の高い諸邦間の連合から、より国家としての統合を強化した連邦制への移行という、アメリカの政体の根幹に関わるこの重大な変化は、コンドルセにとって非常に大きな関心の的であると同時に、注意深く見守るべき事態でもあった。

連邦憲法草案が連邦会議において代表者による署名がなされてから二カ月後の一七八七年十一月、早くもフランス人の間にアメリカ連邦憲法草案の写しが届けられた。コンドルセは一七八八年七月八日、フランクリンに宛てた書簡のなかで、アメリカ連邦憲法草案のなかに「貴族的精神」を見出したとして、次のように懸念を表明している。「わが親愛なる高名な同胞よ、あなたがたの新しい連邦憲法と、あなたがその折に行われた演説を拝見しました。それを直ちに作成する必要があり、別様に組み立てることが不可能であったとしたら、それは必要悪の数のうちに入れるべきでしょう。そして今から数年のうちに、新たな憲法制定会議を必要とするに十分なほど反対論が強くなることを期待すべきでしょう。あれほど多くの賢明な予防策にもかかわらず、貴族的精神が貴国に忍び込もうとしているのを私は辛い思いで見ています。こちらではちょうど今、それはすべてを混乱に陥れています。聖職者、役人、貴族が、全く無力な貧しい市民たちに対して結集したのです」[75]。

コンドルセはフランクリンが連邦会議の最終日に署名の際に行った演説に大変な感銘を受け、後に執筆する『フランクリン氏頌辞』でも、その演説について触れている[76]。それによれば、フランクリンにとって連邦憲法の内容は「社会の本性と市民の権利の深められた諸原理」よりも「有用性という漠然とした考えと凡庸な政治の見方」に従ったもので、決して満足できるものではなかった。だが、諸邦連合をより堅固なものとする現時点での必要性に鑑み、欠陥を改善する手段が残され、より完全なものとすることが期待できる限り、自分の個人的意見を犠牲にして連邦憲法草案を受け入れたとされる。そして、良き連邦政体の設立のためには、現在の利害という視点ではなく、常に未来の世代の利益を考慮すべきと考えるコンドルセもまた、今回起草された連邦憲法は状況に譲歩した「必要悪」だと受け入れるにしても、今後さらなる修正が不可欠であると考えていた。

アメリカ社会に忍び込む「貴族的精神」の危険を察知したという先のフランクリン宛書簡を送った一七八八年には、合衆国に関する近況を受けて必要になったとして、コンドルセはマッツェの『北アメリカ合衆国についての歴史的、政治的研究』に先の『アメリカ革命のヨーロッパに対する影響について』を載せて公刊する際、それに『補遺』を加えることになった。そのなかで彼は連邦憲法草案の仏訳を紹介し、簡潔な註釈を加えている。[77] また、マッツェを通じてジェイムズ・マディソンからジョン・スティーヴンスなる人物による『政府についての考察』の写しも受け取り、その仏訳が出版される際に、デュポン・ド・ヌムールら他の数名と共に、長大な註釈を加えることになった。[78] そのなかのコンドルセによるとされる註釈二十八「連邦憲法についてのニュージャージーの農民の考察の検討」（以下では『註釈』と略）でも、連邦憲法を修正する必要性が強調されており、いくつかの論点についての批判的コメントが加えられた。[79] そこでこの二つのテキストを中心に、この時期いかなる理由でコンドルセは連邦憲法に批判的であったのかを見ておきたい。

『補遺』を執筆する動機となったアメリカの「近況」としてまずコンドルセが言及するのは、一七八六年から一七八七年にかけてマサチューセッツで起きたシェイズの蜂起である。重い債務の負担に苦しんでいた西部の農民を中心に起こされたこの事件は、当時の保守的な世論を中心に社会の無秩序化に対する危機感を募らせ、諸邦間の統合をより強化するための連合規約の改正を推し進める流れに拍車をかける大きな要因となるものであった。この事件に対してコンドルセは、「一連の不幸な状況」が積み重なり、膨大な債務という危機が生じたとして同情を寄せている。その一方で、当時のヨーロッパで起きた騒乱などと比べれば、ずっと被害は少なかったにもかかわらず、実際以上に大げさな報道がなされたことを指摘する。[80] コンドルセの見るところ、アメリカではこうした蜂起自体はむしろ稀であり、連合規約下のアメリカ諸邦は、フランスやイギリスなどヨーロッパ諸国と比較すれば平穏な状況にあったという。こうした説明をするコンドルセの意図は、これを機に当時ヨーロッパで高まっていた「人民政府（les gouvernements populaires）」に対する反対論を払拭することにあった。「マサチューセッツの蜂起は、ヨーロッパにおける人民政府に反対する仰々しい演説のための素材を提供することになった。演説と言い、論証と言わないのは、もしもよく考慮していれば、その演者たちは、この蜂起が人民政府の善良さを証明していることが、それをいかなる観点から想定しようとも、分かったであろうからである」[81]。

ここでは、コンドルセがシェイズの蜂起をめぐる一連の出来事を、社会の無秩序化と結び付けて捉えていないことに注目したい。彼はむしろ、事件の鎮静化にあたって地元住民のとった驚くべき行動を念頭におきながら、この出来事は「人民政府の善良さ」を示す例であるとさえ考える。そして「政治家と称する人たちがこれほど愚かな仕方で話題にするこの騒乱は、ある国に良き秩序を保持するには、国民自身にその管理を委ねるべきであることの、おそらく最も説得力のある証拠の一つであろう」と述べるように、社会の秩序を守るための人民の行動力が新しいアメリカ社会で根付きつつあることに期待を寄せるのである。[82]

連合規約下のアメリカ社会では比較的安定した秩序が保たれ、市民がその一端を担っているとするこのような見方は、新たに起草された連邦憲法に対する批判的見方につながるものであった。まずコンドルセは連合規約に対して、欠陥も少なく、あるとしても容易に修正が可能なものと考え、非常に高い評価を与えていた。ところが連邦憲法草案は連合規約を全く無視したものとなったという。「それが僅かしか欠陥を含んでいないことは、賞賛すべき慎重さの結果である。もっとも、それも修正は容易である。尊敬に値する記念碑として、われわれの統合の根本的基盤として、到達可能な完成の段階にまで仕上げるために欠けているものを加えながら、それを保持することはできたように思われる。提案された憲法は、それを全く無視しており、その結果、それを知らない者は誰しも、真理に全く反する考えをそこから抱きうるだろう」[83]。コンドルセはこのように述べて、連合規約の修正すべき点と連邦憲法草案に対して批判すべき点を具体的に指摘していく。その主要な論点は、過大な立法権力と執行権力、およびそれらの形態に関するものである。

まずコンドルセは「最初の憲法においては、連合会議の権力はある場合には十分に広範なものでなく、別の場合には十分に表明されていなかった」として、連合規約においては連合会議の権力が不十分であったことは認める。[84] そこで必要な修正としては、単一の連合会議に集中して担われていた立法権と執行権を分離したうえで、戦費などの政府の財源を各邦の供出により確保する点を定めた連合規約第八条を修正し、連合会議に課税権や貿易統制権などの権限を付与すれば十分であったと主張する。[85] ところが、コンドルセの見るところ、連邦憲法草案においては、連邦議会は連邦制における権力の限度を越えた過度の権力を与えられているという。「提案された憲法においては、様々な状況において、議会は純粋な連邦政府の限界を越えたものとなっている」[86]。

コンドルセの考えでは、連邦政府の権力が不十分な場合には、市民が協力してそれを補完することが可能であり、現にアメリカの市民はそれを期待できるだけの行動力を備えている。だが、逆に過大な権力が連邦政府に与えられた場合、個別利益により結束した少数の個人によって権力が簒奪される危険がある。しかも数の上では優位に立つ市民も、統一性を欠くため有効な抵抗ができずに無力な状態であり、この危険性はより一層大きなものとなってしまう。「もし連邦政体が必要な権力をもたないとしても、市民は常に、共通の利点のために、この欠陥から生じうる不都合を解消する用意はできている。だが、もしその権力が過大であれば、個別の利益のためにそれを保持し、増強さえすることのみに努める少数の個人が必ず現れるだろう。彼らは緊密に結ばれた同盟を結成するだろう。市民の団体は散り散りに分裂し、中心となる権力を欠くので、いかなる抵抗も為しえないだろう。経験が教えるところによれば、このような場合に数の優位は非力な手段である」[87]。

コンドルセが懸念するのは、一度過大な権力を備えた連邦政府が確立されると、連邦政府は各邦政府の管轄事項にまで介入し、やがてそれらを奪いかねないことである。たとえそうした事態がすぐに起こるわけでなくとも、人民の側が連邦政府の介入に慣れてその状態に安住してしまうと、ますます野心的な少数者によって連邦政府の権力が簒奪され、市民の自由を脅かす危険が迫るという。「野心家は、人民が安全の影で眠り込み、新しい政府に馴染むのを待つ慎重さをもつだろう。しかし、有無を言わせぬ習慣の力が根付き始めるや否や、休息への愛と不安は最高権力の簒奪を限りなく容易にするだろう。同盟はわけもなく形成されるだろう。百人にも満たない個人が、下院、上院、大統領と副大統領を構成してしまう。軍隊と国庫は彼らの意のままである」[88]。

コンドルセによれば、政府の権力を簒奪する国内の少数派の同盟は、外国のそれに比べて、見つけるのも解体するのも容易ではない。何より人民がその危険性を感じ取り、それに対抗しようと決意すること自体が困難である。決意できた場合でも、合法的な対抗の手段を欠くために、人民に唯一残された手段は蜂起しかない。だが実際には、内戦への恐れから、勇敢な人でさえそれを躊躇し、反対してしまう。

このような事態に陥らないためには、日頃から人民が「安全の影」で連邦政府に対する警戒心を失うことがないようにする必要がある。そこでコンドルセは市民による公共の事柄の監視という考えを重視し、次のように述べる。「自由な国のすべての市民が、公共の事柄の管理を頻繁に、定められた時期に監視する（veiller）よう、憲法自体によって義務づけられていることは、最も重要なことである。これらの事柄が扱われる場所が離れていると、公共の利益への熱意は冷めてしまうし、時間的間隔が開きすぎると、それを消滅させてしまう。反対に、常に全般的に注意が維持されると、平等の精神が育まれ、知性は増し、普及し、人に名誉をもたらす野心は満たされ、あえて言うとすれば、国民全体が警戒心をもつ。その結果、自由にとって有害な芽は最初から容易に摘み取られうる」[89]。

コンドルセはこのように、市民の自由を守るための重要な条件として、市民が何らかの仕方で連邦政府の活動を頻繁に、定期的に監視することを求めている。また公共の利益に対する市民の関心を繋ぎとめるには、それに関わることのできる適度な時間（頻度）と空間を維持することも必要となる。こうして共通の利益への関心が市民の間に共有されてこそ、互いの平等への意識も高まり、各人の知性も増すとコンドルセは考えるのである。さらにここで中央政府の権力に対する市民の監視活動を、憲法自体が市民の義務として定めるべきだとしていることにも注目できる。アメリカの連邦制をめぐる考察から得られたこうしたアイディアは、後にコンドルセがフランスの新たな政体を構想する際にも、大いに生かされることになるだろう。

以上は過大な連邦政府の権力に対する批判として、特に連邦議会の立法権力が念頭におかれているが、過大な大統領権限に対しても同様の批判は向けられる。すなわち大統領の任期が長く、権限が過度に広範なものであること、とりわけその拒否権の付与は一人の個人に過大な権力を与えるものとして危惧されている。

続いて、立法府の分割に対する批判を見ていきたい。この批判の根幹にあるのは、政治システムの「複雑化」に対する批判である。ここで複雑な政体として第一にイメージされるのは、諸権力の均衡に基づくとされるイングランド国制である。ただしまずは事物の複雑性のもつ含意についても確認しておこう。コンドルセにとって事物の複雑性とは、その事物がそれに関する特別な専門的知識を有する一部の人々の専有物となることを意味する。つまり、そうした専門的知識をもたない多数の人民の視点に立てば、それは事物へのアクセスの拒絶、あるいは秘匿というネガティヴな含みをもつ。これに対して、コンドルセは単純さこそが物事の最良の表現であると考える。つまり、単純な事物は専門的知識の有無にかかわらず、あらゆる人が理解可能であり、万人にそのアクセスが開かれている。コンドルセは常にこの点にこだわりをもっており、論文執筆の際にも単純な表現を用いることで、できる限り多くの読者が理解できるよう配慮を怠らない。政体に関しても同じく、複雑な政体が狡猾な少数者に専有される可能性があるのに対して、単純な政体は万人に開かれており、透明性が高く、そうした少数者による奸計を容易に見逃さないものと捉えられる。

こうしたコンドルセの見方を念頭におくとき、彼が「すべてのシステムの複雑化、すべての区別は、その本性上悪いものであり、必要性によってしか正当化されえない」と考える理由は明らかである。[90] コンドルセの考えでは、立法権力の分割とは政治システムの複雑化に他ならず、それが仮に正当化されるとすれば特別に必要とされる場合に限られるが、連邦国家においてそうした必要性はそもそも認められない。彼は「必要な立法権力はいかなる危険もなく一院に置かれうることを示すのが容易であるのと同じく、システムの複雑化が十分な防壁となることを証明するのは難しいだろう」として、明らかに一院制を支持しているが、ここでは持論の展開よりも、立法権力の集中を危惧する二院制支持者に向けた反論を述べる。[91] その一つは、権力集中の危険性についてである。コンドルセは連邦政府の議会の権力がその性質上、単一国家における立法府の権力よりも大きく制約されており、権力集中の危険性はより小さいと指摘する。さらに連邦国家における権力集中への対抗策としての二院制の有効性も疑問視し、次のように述べる。「この連邦議会のすべての部分の結集はより容易であり、それは市民からずっと離れた団体を形成するので、その方策はあまり効果的ではない」[92]。つまりコンドルセの見るところ、たとえ立法府を分割したとしても、連邦議会の各部門が集結するのは容易である。そのうえ市民から大きく隔てられた連邦政府には市民からの監視が及ばず、少数者による権力簒奪の危険を予防するには二院制では十分ではない。このようにコンドルセは、二院制という選択は根拠に乏しいだけではなく、危険に対する有効な対策ともなり得ないと見るのである[93]。

以上に見てきたコンドルセの連合規約に対する評価と連邦憲法に対する批判的意見に通底するのは、「古い国制」とされるイングランド国制に対する批判である。コンドルセにとって、連合規約はイングランド国制の欠陥を免れている点で高く評価すべきであるのに対して、連合規約を換骨奪胎した連邦憲法起草者はその「危険な誤謬」にとらわれているのである。「古い国制への思い入れ、昔から根付いているこの思い入れは、ついにはその完成と称される考えを格律にまで仕立て上げた。その結果、この誤った原理を現在の諸悪の原因と見るかわりに、それを退けた連合規約の条項のなかに諸悪を見つけたと信じた」[94]。

二　アメリカ革命とフランス革命

一七八七年から八八年にかけての時期、諸邦間のより緊密な統合の必要性から新たな連邦国家の建設へと向かうアメリカに対して、フランスでは司法制度をはじめとする改革案を打ち出す王権側に対して高等法院が反発を強め、両者はますます緊張の度合いを増していた。そうしたなか、アメリカの情勢に関心を向けながらフランスの改革の行方を注意深く見守るコンドルセは、改めて両国の状況の相異を認識し、フランスが歩むべき方向性について確信を深めていった。アメリカ社会を参照しつつフランスの状況について考察するという方法は、合衆国市民の視点を借りてフランス社会の改革について提言するというスタイルに表れている。例えば一七八八年夏、翌年の全国三部会の開催が決定された時期に執筆された『合衆国の一市民からあるフランス人へ現在の事情についての書簡』では、アメリカの「共和国の市民」の視点から、当時の国璽尚書ラモワニョンが同年六月に提出した司法改革案に対する批判的意見を述べている。ここで注目したいのは、その批判の内容自体よりも、アメリカとフランスの状況の相違への認識である。[95]

コンドルセ扮するアメリカ「共和国の市民」は、フランス人民の自由への無関心から政府の側に与する態度を取っているとの批判に反論するべく、両国の状況が様々な点において異なることを強調する。とりわけ各々の直面する課題が異なっていたという。すなわち、アメリカ人にとってはイングランドの議会の権威という「異国の貴族政」への服従が問題とされたのに対し、フランス人にとっては何より「高等法院の貴族政」からの解放が問題であった。市民の安全を考慮した刑事訴訟手続きを有するアメリカ人はその利点をイングランド政府の攻撃から守ることが問題であったのに対し、フランス人は市民を危険に晒す恣意的な司法制度からの解放が問題であった。またアメリカ人には広大な距離を隔てて為される恣意的な課税が問題であったのに対し、フランス人には貧民に重い負担となる税制の破壊が問題であった。

要するに、アメリカ人が敵対したのが距離を隔てた外国の政府であったのに比べ、フランス人は市民の権利を脅かす社会の構造的な問題に直面していた。アメリカ人はすでに確立された独立宣言や権利宣言、諸法律における自然権の保証という前提のうえで、連邦政体の確立を課題としていた。それに対してフランスの現状に鑑みれば、まずはそうした前提を確実にすべく、「市民にその諸権利を回復させ、危険な権威と自然権に反する不平等の破壊を目指す政策をとる側」の肩をもつのは驚くべきではないとされる。[96]

こうしてアメリカ市民の視点から、コンドルセはフランスの国制の改革は自然権を保証する法律の確立を伴う必要があることを強調する。「すべての真の愛国者がフランスにおいて望むべきは、それゆえ、あなた方の古い法律が市民から奪ってきた安全、自由、所有、平等を市民に回復させる法律の確立である。この法律の改革を保証するか加速しうる限りにおいて、政体の変革に取り組むべきである」[97]。

すでにコンドルセの目指す道を妨げる相手は明確であった。「私は専制を全く好まないが、複数による専制である貴族政をより一層嫌悪する。それが無秩序になったときには、さらに一層それを嫌悪する」[98]。彼はこのように述べて、フランス全土に三十存在する高等法院が無秩序な「複数による専制」を敷いているとし、高等法院に対する明確な対決の姿勢を示すことになる。それによれば、高等法院は法案の登録権という「拒否権」を握るうえに広範な司法権力も行使し、立法権力と司法権力の双方の掌握という「あらゆる種類の自由と両立不可能な結集」をもたらしている。さらに法の恣意的な解釈をし、互選という手法により、ほぼ世襲的な組織となっており、フランス社会の脅威であるという。ここに、高等法院こそが公共の利益に敵対するという見方が示される。「主人が多くいればいるほど、彼らは公共の利益に反するより一層多くの個別的利益をもつ。彼らの権力が最大多数の意見と意志から独立すればするほど、彼らを啓発し、人民の利益を望むように仕向けることは、より一層困難となる」[99]。

このように、同時代のアメリカにおける連邦国家の確立の過程を観察しつつ、コンドルセはフランス社会の直面する課題を市民の諸権利の回復に定め、それなくして政体の変革はありえないと考えたのである。それがアメリカ革命に比べてどのような道筋を辿ることになるのか、ここでそれ以上の予測はなされない。

後にフランス革命の最中、おそらく一七九三年から九四年にかけての頃、コンドルセは『人間精神の進歩の歴史表への案内書』の第九期「デカルトからフランス共和国の形成まで」を執筆するなか、アメリカ革命とフランス革命の相違、フランス革命との関係について再び振り返ることとなった。

コンドルセは両者を比較する前に革命一般について、「私が素描した精神の傾向と政府の政治システムとを比べてみれば、大革命は必至であったことは容易に予測できた」と述べている。[100] ここには人間の知性のレヴェルに現実の政治制度が見合わず、齟齬をきたしていたという見方から、革命は必至であったとの判断が示されている。こうした革命に対する明確な言明には、革命前からの態度の変化を読み取ることもできるが、おそらくすでに革命が勃発してから、その過程について自らのそれまでの確信を深めた上で改めて表明された見方と思われる。

続いてアメリカとフランスの革命を念頭に、二通りの革命の起こり方が示される。一方は「哲学のおかげで人民にとって貴重なものとなった理性と自然の諸原理を、人民が自分自身で確立する」もので、これは「より完全で、より迅速だが、より激しいもの」となる。それは一時的な災いという代償により、自由と幸福を手にすることを可能とする。それに対し他方は「政府がそれ〔大革命〕を急いで予防し、その歩みを彼らの意見の歩みに合わせる」もので、進行は「より遅く、より不完全だが、より平穏なもの」となる。こちらは前者のような災いは回避されるが、得られるはずの成果の一部を享受するまでには長い時間がかかる。[101] 言うまでもなく、前者はフランス革命を、後者はアメリカ革命を指している。ここには、独立宣言以降のアメリカ革命の方向性をヨーロッパ諸国は見習うべきとしながらも、依然としてイングランドの偏見を抜け出せないアメリカの、コンドルセから見れば、一進一退の状況に対する歯がゆい思いを読み取ることができるだろう。

またアメリカ革命とフランス革命はその性質も異なる。前者がより穏健であったのは、そこでは悪しき税制を改革する必要も、封建的圧制や世襲的区別、特権的組合、不寛容な宗教制度などを取り壊す必要もなかったためである。それゆえ、彼らはそれまでイングランドの政府が行使してきた諸権力に替えて、新たな諸権力を確立するだけに限られた。この「改革（innovation）」では、それまで諸個人間に形成されてきた諸関係を何も変えなかった。それに対してフランスの場合、政府の「不器用さ」が引き金となり、哲学が諸原理を導き、民衆の力が障害物を破壊し、社会全体に及び、あらゆる階層の人々を巻き込むものとなった。「革命は社会の全体系をも包み込み、すべての社会関係を変え、政治的連鎖の最後尾の個人にまで、自分の財産と生業をもとに平穏に暮らし、意見や職業、財産や野心、栄誉などの関心からも社会の動きに関わりをもたない人々にまで、及ぶものとなった」[102]。

さらに諸外国との関係においても、アメリカとフランスは対照的な状況に置かれた。母国の横暴な偏見のみを相手に闘うように見えたアメリカに対しては、イギリスの競合国だけでなく、イギリスの富や慢心を妬む諸外国も味方し、「ヨーロッパ全体が圧制者に対して結束したように思われた」。逆に、国王の専制だけでなく、ヨーロッパのほぼ全土に依然として見られる政治的不平等、貴族の慢心、独占、不寛容、聖職者の富、封建制の弊害を同時に攻撃したフランスに対して、ヨーロッパの列強は圧制者の側に結束することになった。

このように、アメリカとフランスでは置かれた状況も直面する課題も異なり、そこから革命の性質にも大きな相違が生じた。だがコンドルセはこの二つの革命の継起をどのような関係で捉えているのか。その点に関して、最後にコンドルセの視点に寄り添って見ておこう。

革命の渦中で、コンドルセはいま一度、アメリカ人民が示した革命の鮮烈な印象を振り返る。すなわちアメリカ人自らが憲法と法律を形成し、自然権に基礎をおいた連邦共和国を確立したことが確認される。「すべての鎖から解放された偉大な人民が、自分たちの幸福に最も相応しいと思う憲法と法律を自らに穏やかに与えるのを、われわれは初めて目にした。地理的配置や古くからの政治状況により連邦共和国を形成することになり、そこには自然権の正式な承認を基礎とし、それらの保存を第一の目的とする十三の共和政体が同時に準備されているのを目にした」[103]。それは依然として「諸権力の均衡のシステム」などの偏見を残してはいるが、「理論上でもほとんど知られていない原理」である憲法制定権力に基づく憲法改正のための手段を実現したことなど、目を見張るべき成果ももたらした。さらにこうした人間の自然権に依拠するアメリカ人の「偉大な大義」は全ヨーロッパの目の前でその「意見の法廷」において擁護され、世論に対して非常に訴えかける力をもった。それについての文書や議論はヨーロッパの隅々まで流通し、浸透していったという。こうした状況を前にコンドルセは「アメリカ革命はヨーロッパに間もなく広がるはずであった」と考える。

ではなぜ革命が起きたのがヨーロッパのなかでもフランスだったのか。なぜ革命は「フランスから始められるはずであった」とコンドルセは考えるのか。彼はその理由を、フランスにはアメリカの大義への関心から彼らの書物や諸原理が他国よりも普及していたこと、さらにフランスは最も開明的な国でありながら、最も自由でない国の一つであったこと、すなわち人民の知性と政府の無知、制度の腐敗の落差が最も甚だしい国であったことに求める。そのため、フランス人は「この革命に最初の衝動を与える」のに相応しかったという。[104]コンドルセにとって、アメリカ革命において実現された諸原理は、すでにフランス人民にも自分自身のものと受け入れられていたのである。現実の政体はその理想からは最も遠く、その実現にも多大な障壁があるように見えるフランスだが、だからこそ逆に、アメリカから引き継いだ革命の流れに新たな活力を与えることが可能であり、それをヨーロッパ諸国に対して示す大きな意味をもつのだと、彼は確信する。

そしてコンドルセの考えはそこからさらに一歩踏み出す。フランス人民はアメリカの大義を引き継ぎつつも、革命をより完全なものとすることが可能であったとの思いを、おそらく彼は抱いていた。フランスの憲法や法律がアメリカ人のそれよりも「より純粋で、正確で、深遠なもの」となったこと。フランス人は「あらゆる種類の偏見の影響をより完璧に払いのけ」、「長年にわたり賞賛されてきた無益な均衡」の替わりに「諸権力の制限」を配置したこと。そして孤立した無数の小集団からなる広大な国家において、人民に主権を保持させたこと。コンドルセはフランス革命が可能にしたこれらの点を展望したうえで、続く「第九期　デカルトからフランス共和国の形成まで」ではそれを示していこうとするのである。[105]

第五節　コンドルセのフランクリン像

一　「教育者」フランクリン

『フランクリン氏頌辞』は一七九〇年、フランクリンの死去に際して、科学アカデミーを代表してコンドルセが行った追悼演説である。コンドルセはそれまでもアカデミーの職務として、物故会員の業績などを称える頌辞（Éloge）を数多く執筆していたが、それらはいずれも単なる業績の紹介にはとどまらず、特に思い入れのある人物に関しては、彼自身のフィルターを通した人物紹介となっている場合が多い。この著作もまたそうした彩りが強く、いわばコンドルセ最後のアメリカ論といえるものである。そこにはフランクリン個人に対するコンドルセの敬意が表れているのみならず、アメリカとフランス両国の様々な比較の視点、革命が起きて間もないフランスの状況に対する彼自身の視点などを見てとることができる。

全体としては、フランクリンの生涯をその生い立ちから順に辿るなかで、フィラデルフィアの住民をはじめとするアメリカ人民に対するフランクリンの功績が、彼の性格、資質、信念、行動原理、学問方法論などの多様な観点と重ね合わせながら取り上げられている。科学アカデミーを代表しての追悼演説でありながら、アカデミー会員でもあったフランクリンの科学分野における功績についてはほとんど言及されないことも興味深い。コンドルセにとってフランクリンの貢献は、到底科学の分野に狭く限定されるものではなく、さらにはアメリカ人民に対するものと限定されることもなく、フランスとアメリカの両国民に広く及ぶものなのであった。

フランクリン

ボストン生まれのフランクリンが、ニューヨークを経て無一文でフィラデルフィアに到着する場面で、「彼はそこの立法者となるべく運命づけられており、五十年後には二つの世界の運命を担ってそこを旅立つことになっていた」と述べるように、コンドルセはフランクリンをアメリカの「立法者」、あるいはアメリカ、フランスの間で両国の将来を担う立役者として位置づける。[106] ここにはもちろん、一七七六年から十年近くに及びフランスに滞在し、駐仏全権公使として両国の外交関係において活躍する姿が重ねられている。ただし「立法者」とは単なる政治社会の制度設計者と狭く捉えられるものではなく、同時に「教育者」も兼ねていたことが明らかにされていく。フランクリンはコンドルセにとって理想的な「教育者」なのである。

そこでまず注目されるのは、一七七六年以降、外交関係における大役を引き受ける以前に、地元フィラデルフィア住民のコミュニティ形成のためにフランクリンが行った数々の事業についてである。フランクリンがイギリス滞在中にクラブなどの結社や新聞といった地域住民のコミュニケーションの媒体、自発的な寄付の制度などを見聞し、それらを故郷に戻ってから実践したことをコンドルセは紹介する。

特にクラブ設立について、コンドルセはおそらくフランクリンの設立したジャントークラブ（Junto Club）のことを念頭におき、興味深い説明を行う。『自伝』によれば、このクラブは一七二七年秋、フランクリンが知人を集めてジャントーと名づけて結成したもので、週に一度金曜の夜に開催されたという。[107] このクラブは「真理の探求」という誠実な精神に基づき、メンバー相互の知的向上を図ることを目的としていた。具体的には各メンバーが道徳、政治、自然科学に関する問題を順に提起し、全員の討論を行い、三カ月に一度、関心ある主題について論文を執筆し発表するという活動を基本とした。また公共の問題に関して、クラブを超えて広く住民に働きかけるなど、実践的な活動も展開されていった。コンドルセによれば、フランクリンはまず十二人の少数からなるクラブを一つ設立したが、その後、彼の助言のもとに、各メンバーが同様の結社をそれぞれ形成するよう促したという。そうすることで、これらはいずれも皆「真理の探求」という共通の精神を拠り所とするものとなった。こうして目指されたのは、それらの結社の間で緊密な交流を保ちながら、互いに共通の目的のために自発的に協力関係を築くことであり、それはフランクリンの個人的な意見の普及や利害関係とは明確に区別されていた。コンドルセはこう述べている。「彼は、市民たちの間に知性や感情のより緊密な交流を立ち上げること、彼らに共通の利益のために協力しあう習慣を身につけさせることを望んでおり、彼の意見を普及させることや党派を作ることを望んでいたのではなかった」[108]。とりわけ、これらの結社同士が「仰々しい同盟」や「初期の社会にある依存」の関係に陥らないようにとの配慮がなされた。つまり、それらは自閉的な組織同士の他人行儀な関係ではなく、かといって未分化の社会における情緒的な結合による依存状態にあるわけでもなかった。

こうした孤立と依存のどちらでもない、複数の独立した結社のネットワークは、自由で独立した個人と集団から成る国家の理想的な秩序イメージをコンドルセに与えることになった。コンドルセはフランクリンの見解を伝えながら、私的な結社と国家の関係について、次のように述べる。「彼は、もし私的な結社が決して隠れるべきではないとしても、それが目立つべきではなおさらないと考えていた。そして、メンバー各自の別々の影響力によって、それぞれの意図の協調を通じて、それぞれの徳と才能が意見に与える重みによって結社が活動するときは、それは有益だが、もしもひと塊となって活動し、いわば国家のなかの国家を形成することで、人民の意志ではない公的意志を創り出し、諸個人と国家との間に、野心的な奸計に導かれて自由と法律のどちらをも脅かすような見知らぬ権力をおくことになるなら、それは危険なものとなるだろうと考えた」[109]。

フランクリンの結社のなかにコンドルセが見出すのは、個々のメンバーが、その資質や能力を自由に発揮しながら互いの意思疎通による協調を通じて行動する結社であり、そうしたメンバー個々の活動に先立って存在し、それらの自由な活動を上から統制するような結社ではない。結社の内部規則に背いた場合に罰金を課すのがイギリスの慣行であったのに対し、フィラデルフィアの結社では、言語によるコミュニケーションを重視し、「断定的な表現」を用いた場合に軽い罰金を課したという。すなわち内部の意見対立の際にも、他者の意見を一方的に攻撃することで対話を断ち切るべきでなく、相手の意見に対する疑念の表明という謙虚な方法をとることが推奨された。そうすれば他人の自尊心を傷つけることなく、言葉のもつ力により他人の意見に上手く影響を及ぼすことができるという。こうして「国家のなかに国家を形成する」ような、閉鎖的で凝り固まった結社ではなく、より多様な意見を取り込んだ柔軟な結社が構想されることになった。[110]

さらに結社や新聞にとどまらず、フランクリンは同胞市民の信頼に励まされ、実現はより困難だが、より直接的に役立つ計画も実行することになった。自由な寄付を募って、フィラデルフィアの街の公共図書館、病院、保険組合、学院やアカデミーの建設が目指された。このような公共事業の例を挙げながらコンドルセが賞賛してやまないのは、フランクリンの「公共善への熱意」である。彼は「公共善への熱意」の横に「自尊心という度量の狭さ」を並べないことが肝要であることを経験から心得ており、たとえ計画の主導権を握っていても、個人的手腕を驕らず、自分一人の功績と思われないよう気を配ったという。

またこのような無私の態度と公共の事業への献身に加えて注目されるのは、「節制」「規律ある労働」「簡素な生活」など、より日常の行動規範である。「魂は知性と同様、継続的な鍛錬によって完成され、補強され、純化される」というフランクリンの考えに共鳴するコンドルセは、彼の道徳教育への取り組みにも注目する。知性は広大な世の中で常に新たな事物と出会い、自由にその能力を発展しうるのに対し、道徳的能力の鍛錬は日々の状況や慣習に委ねられるため、その能力を発展させるには、ある種の技術が必要とされる。[111]このような考えから、フランクリンは「人類の道徳的完成」を目指す若者の教育機関を設立した。それに関してコンドルセは特に彼の教育方法、すなわち自然に逆らって人間を作り変えるのではなく、人間本来の自然な能力を引き出し、それを純化し補強する手法が、時間はかかるものの持続的な完成をもたらすとして高く評価する。そしてフランクリンがそうした教育を、身分の区別なく、すべての人を対象に考えていたとして、コンドルセは次のように述べる。「彼は、いかなる階層の市民も教育を受けずにいることがないこと、いかなる者も、信じやすさにつけ込み、偏見を助長するために用意された書物により、誤った考えしか受け取らないことを余儀なくされないことを望んでいた」[112]。

さらにコンドルセは、教育者としてのフランクリンに、哲学者という一面も重ね合わせている。彼はフランクリンの学問的素養として哲学に着目し、哲学においても模範的な人物として彼を描き出す。「より高貴でより真なる哲学が人類の運命を主宰する時代になったのであり、フランクリンがその最初の模範を示すにふさわしかった」[113]。コンドルセによれば、アメリカ人は当初、哲学とは無縁の人民であり、ヨーロッパ人植民者の第一世代も「未開の国」の宗教や必要な設備の建設に従事していた。そのなかでフランクリンこそは、アメリカ人の「哲学の光明」の必要性に気づいた人物であった。その場合も、フランクリンは彼らに対して一方的に優越的な態度で臨むことなく、常に彼らの自発性を重んじたという。先のクラブの設立もそのような実践の一つに数えられている。

では、フランクリンの学問方法論はいかなるものであったか。コンドルセは、フランクリンが政治に関する体系的著作を残しておらず、具体的な状況のなかで、解決すべき諸問題が浮上するごとにそれらを検討するという姿勢をとっていたことに触れる。そして、そのなかにフランクリンの一貫した行動原理を読み取って評価する。「大抵、彼は人間の諸制度に対して、一度に最大の完成度を与えようとはしないように思われた。彼はそれを時間の経過に期待することがより確かであると信じていた。彼は悪弊に対して正面から挑むことに執着しなかった。彼はまずそれらの源泉である誤謬に立ち向かうことが、より慎重であると考えた。道徳と同様に政治においても、彼はこの種の寛大さを持ち合わせていた。それは多くを期待するため要求はほとんどせず、将来のために現在を大目に見るものである。彼はつねに平和を保持するために最も相応しい手段を提示した。なぜならそれは人間の幸福を偶然の出来事に、真理を党派の利益に委ねないからである。彼は熱狂から期待される利益よりも理性から得られる利益を好んだ。なぜなら、それはより良く、より確実に手に入り、より長く持続するからである」[114]。

一度に完璧な制度の確立を目指すのではなく、時間をかけて徐々に完成させること。除去すべき弊害に対しては、その根源的要因に遡って解決を探ること。それにより、偶発的な出来事や党派的な利益に左右されることなく、より確実で、持続的な成果がもたらされるという。コンドルセはフランクリンのこうした慎重な姿勢を「寛大さ（indulgence）」という資質とも結びつけて理解する。「将来のために現在を大目に見る」とあるように、「寛大さ」とは、現時点での何らかの欠陥によって物事すべてを厳格に裁くのではなく、将来の改善の可能性に期待することである。ここには、人間の判断の可謬性に対する意識、つまり自らの判断も絶対視すべきではないという考えがある。フランクリンが、憲法草案があらゆる点において自分の意見と一致しないにもかかわらず、その批准のための署名を行った際の演説のなかに、コンドルセは彼のこうした態度を見出している[115]。フランクリンは、一度確信をもった意見でも後にその誤りに気づくという経験から、自分の判断を過信すべきでないことを学び、それ以来、自分の意見に固執する態度を改め、他の意見に対しても柔軟に接するようになったという。ここに、人間のあらゆる変化、改善の可能性を信じ、当事者が自ら物事を解決する道を見つけるのを介入せずに見守る教育者としての態度が生まれる。そもそもコンドルセによれば、フランクリンが目指していたのは、最も教育を受ける機会のない人々に対して向き合うことであった。「彼は常に諸問題を最も単純な諸要素に引き戻し、それらを最も教育を受けていない人々でも理解し、解決することができるように提示することに努めた。彼が常に話しかけるのは、彼らに対してである」[116]。ここでも、複雑な事柄を単純な要素に分解することが、あらゆる人の理解の可能性を開く方法であることが強調されている。

コンドルセは「教育者」フランクリンの政治（学）についてこう締めくくる。「一言でいえば、彼の政治は、理性の力と徳の現実性を信じ、立法者となるべく呼び出される以前に、同胞市民の教師となることを望んでいた人の政治であった」[117]。

二　フランクリンと建国の政治

以上は「教育者」フランクリン像に焦点を当てて見てきたが、政治家、外交官としてのフランクリンのアメリカ、イギリス、フランスの三国を股にかけた幅広い活動の様子についても、時代を追う形で詳細に伝えられる。その際、コンドルセは自らの視点をフランクリンのそれと重ね合わせる形で叙述している。フランクリンの主張として紹介されるものの多くは、コンドルセ自身の主張でもあり、彼のフランスの秩序構想の不可欠な要素となるものである。

植民地政治に関わるフランクリンの政治活動については、ペンシルヴェニア邦議会のメンバーとして植民地防衛や本国イギリスとの交渉などに携わる時期から辿られる。コンドルセは、英仏戦争後のいわゆる印紙条例危機の時期、植民地において独立の気運が高まるなかでのフランクリンの冷静沈着な行動を、イギリス、アメリカ両国民が利益を共有する以上、アメリカの立場の擁護によってこそイギリスに奉仕しうるという自らの信念に支えられたものであると説明する。[118] イギリス議会に向けて植民地が被る不正義の申し立てを行うフランクリンの態度に、コンドルセは「開明的な愛国心」を見出していく。

生まれたてのアメリカ国民が、その社会形成の最初の試みにおいてすでに「ヨーロッパに対して教訓を与えるだろう」としてコンドルセが注目するのが、諸邦の憲法作成の試みであった。[119] 諸邦の憲法について、コンドルセはまず全体的な特徴として、立法府とは区別された会議（Convention）において憲法が起草されること、そして一定の期間の後に国民により明示された代表によって修正が可能であることに注目する。コンドルセによれば、諸邦の憲法のこうした仕組みによって初めて、権力者の利益に仕える不確かな憲法と「永続的な憲法」の双方を回避することが可能となった。後者は人間の知性の進歩や変化を考慮に入れないもので、すべての諸悪の萌芽を含むものとされる。

他に注目されるのは、宗教的自由の尊重、人権宣言、世襲的不平等の撤廃である。アメリカにおいて宗教はその自然な尊厳を取り戻し、もはやフランスにおけるように単なる政治階級に貶められてはいない。また多数の諸邦憲法において、人権宣言が社会の諸権力に制約を課していることは、「崇高な考え」として高く評価される。そして世襲的不平等の撤廃は自然権として認められたとする。

これら諸邦憲法のなかでも、特にコンドルセが愛着を寄せるのは、フランクリンが起草者の一人として関わった、ペンシルヴェニア邦憲法である。[120] この邦憲法が他の邦憲法と異なる点として、コンドルセはより大きな平等の保証と一院制の立法府という二点を挙げ、特に一院制立法府がフランクリンの提案によることを強調する。「この邦の憲法は部分的に彼の著作である。より大きな平等によって、他の大半の邦とは区別され、立法権が代表者からなる一院に委ねられている点で、すべての邦と区別される。フランクリンの声がこの後者の規定を決定した」[121]。フランクリンは、二院制が新たな過ちを避けるとしても、既存の誤謬を存続させながらであるのに対し、一院制は時間をかけて成熟した決定を行うのに必要なすべてを備えていると考えた。また彼は、とりわけ革命によって新たな関係性が築かれる国では、知性が急速な進歩を遂げると信じ、法律をより完全なものとする手段の重要性も忘れなかった。さらに「複雑な政体」と「単純な政体」とを比べ、自ら自由を求める市民には後者が相応しいと考えていた。コンドルセによれば、「彼は、一時的な状況により自由へと引きずられた人民には、複雑な政体が適することもあるが、自由への愛がすべての市民の最初の感情であり、それらの原理の研究が理性の最初の使用となる人民には、単純な政体が唯一相応しいものであることを知っていた」[122]。こうして、フランクリンの意見が反映されたペンシルヴェニア邦憲法こそは、良き憲法に必要な諸条件を備えたものとコンドルセは考えるのである。

一七七六年頃から長期にわたりフランスに滞在したフランクリンの目を通しては、革命前のフランス社会の状況が描かれる。フランクリンの関心を引き寄せた光景とは、行動の次元では大人しく恣意的な権力に服従して見せる人民が、内面ではアメリカの革命に魅了され、書物や政治文書において共和主義の原理や人権を公然と表明するような状況であった。[123] 恣意的な政治制度のもとでも、フランス人はそれに隷従することなく、精神の独立を保っていた。「当時、フランスは自由な政体をもっていなかったが、フランス人は奴隷ではなかった。恣意的な圧制のもと、そして悪法の軛のもとではより一層苦しんでいたとしても、魂は全く隷属状態になく、精神は独立を保っていた」[124]。こうして、自由を求める人民の精神と政治制度が修復不可能なほど乖離した状況を目の当たりにすれば、フランスがアメリカと同様の道を歩むことは容易に予測しうることであったという。「すでにこれほどまで自由に値する人民が、間もなくそれを勝ち取るであろうということ、フランスの革命は、アメリカのそれのように、人間の理性が偶然と情念の支配から免れさせた出来事の一つであることを予測するのは、彼にとっては容易なことであった」[125]。

フィラデルフィアに帰国後のフランクリンにとって「祖国への最後の奉仕」となったのは、連邦憲法会議のメンバーとしての連邦憲法起草の任務であった。十三の独立共和国の統合の中心となる議会の形態、権威をいかに定めるか。すでに述べた通り、この課題に対する憲法会議の多数派の意見は、フランクリンの賛同しかねるものであった。にもかかわらず、国家としての統合の強化の必要性と、将来の憲法の改善可能性を考慮に入れて、自分の意見を犠牲に連邦憲法草案の受け入れを決意したフランクリンの「開明的な愛国心」にコンドルセは共鳴し、その演説内容を紹介する。

フランクリンの反対した議会の複雑な形態、権力の均衡、大統領の拒否権の三点は、いずれもコンドルセ自身が連邦憲法に対して批判する点と重なる[126]。議会はその役割の性質上、単純な形態が望ましいこと、錘が必要とされるほどに強力な中央の権威は行使されえないこと、拒否権をすでに強力な一個人に与えることの危険性など、フランクリンの意見をコンドルセは代弁する。そしてこれらは「アメリカが知らずに母国の偏見に捧げた最後の敬意《オマージュ》であった」という[127]。

このようにコンドルセはフランクリンを、自らの信念に従ってフィラデルフィア住民をはじめ、アメリカ国民を導きつつも、常に自らの意見を相対化する視線をもつことで、変化する状況や必要性にも柔軟に応じ、複数の可能性のなかから最良と思われる道を選びとる才能に長けた、理想的な愛国者として描いたのである。

第三章　新しい秩序構想――地方議会から国民議会へ

第一節　地方議会の設置の試み

十八世紀後半のフランスでは、その錯綜を極めた行政機構に対して様々な改革の提案がなされていた。そのなかで特に意識された問題の一つは、フランス王国全体を通じて徴税制度において統一的な体系が存在せず、諸地方、諸都市が非常に不平等な状態に置かれていたことであった。そこには複雑な諸特権の問題も絡み、単なる徴税制度の改革という問題にとどまらず、行政機構全体の改革、さらには新たな原理に基づいた新しい国制の創設が目指されていくことになる。独立宣言以来、新しい政治社会のモデルとして意識されてきたアメリカ社会が、一七八〇年代後半になると連邦国家の創設に向けて動き出す様子を注意深く観察していたコンドルセは、そこにフランス社会の問題状況を重ね合わせながら、フランスの新しい国制の構想を温めていた。ただし、アメリカ社会における政治実践から様々な着想を得たとしても、フランス固有の歴史的、社会的条件に向き合わざるを得ない。そこで目指されたのは、フランス社会の伝統的枠組みをなしてきた身分的特権に基づく秩序を、その諸原理に遡って根底から再編することであった。そのためには社会の基盤をなす地域の共同体に目を向け、そこから代表制の原理に基づいた諸議会を構築していく必要があった。コンドルセは、フランス社会の将来という長期的な視点に立てば、この地方議会の確立こそが、国民議会の創設に先立ってまず取り組むべき課題であるとの確信をもっていた。本章ではこの地方議会論を中心に、彼の新しい秩序構想を明らかにしていきたい。

そこで本節では、本章の議論の前提となるこの時期のフランス王政の地方行政組織とその改革について、問題状況の整理を兼ねて確認したうえで、コンドルセの地方議会論に一つの指針を与えたと思われるテュルゴの市町村改革案とそれに対するコンドルセの評価について、その要点を見ておきたい。[1]

フランスの近代国家の形成に関して、一つの有力な見方としてしばしば注目されるのは、絶対王政期以来、官僚機構を伴う中央集権的国家体制が、その確立に向けて連続的に進展してきたとする見方である。そうした見方に立てば、十八世紀後半における王権側の改革も、行政の合理化を目指す上からの改革として、その過程の一環に収められる。しかし、中央と地方の関係をめぐる複雑な状況を過度に単純化しては、地方における諸議会の設立という問題が、政体の変更にもつながりうる重大な問題であり、それゆえ王権の存立との緊張関係すら孕むものであったことを見過ごすことになるだろう。フランスの広大な国土のうちには自然条件や習俗、方言などの独自性、慣習法の存在など、古くから社会的・文化的に一体性を保持してきた領域が含まれており、それらといかにして折り合いをつけながら改革を進めるかという実践的な判断が問われることになった点も無視しえない。

租税制度の観点から見た場合、フランス全体は主に二つの地域、エレクション地域（pays d'élection）と地方三部会地域（pays d'États）に区分される。エレクション地域とは、北フランスを中心とし、早くから王領に併合された地方である。エレクションと呼ばれる徴税機構を有し、早くから国王が派遣する財務官僚によって税の直接徴収が行われていた。これに対し、地方三部会地域とは、革命まで地方三部会が維持された地域で、ブルターニュ、ラングドック、プロヴァンスなど、王国の周辺に位置し、最も遅くに王領へ併合された地域である。ここでは地方三部会が課税に対する同意権をもち、自治的に租税の配分・徴収の権限を握っていた。長い間、王権の直接的支配を免れていたことから、様々な面で特権が維持された、独立性の高い地域である。王権側の視点に立てば、この地方三部会地域をいかなる形でその支配下に組み込んでいくか、王権の権威をいかに維持し、国家としての統合を確立していくかが問題となった。コンドルセの地方議会論では、このエレクション地域への新しい地方議会の設置と、地方三部会地域の統合が提案されることになる。

もちろん、フランス王政における地方行政改革と一口に言っても、その視点により内容は異なるものとなる。その源については、すでにルイ十四世の治世末期より、税制の腐敗をめぐって貴族層を中心に表明されていた王権の直轄官僚である地方長官に対する反感にまで遡りうるともされる。[2] サン＝シモン（地方長官にかわる地方三部会の計画）、フェヌロン（ラングドック地方三部会をモデルとした構想）らは、いずれも地方長官の役割を代替するものを求めて改革を構想していた。他にダルジャンソン侯爵による自治体再編の構想、ミラボー侯爵（革命期に政治家として活躍するミラボーの父親）による地方議会に関する覚書なども存在した。ミラボーの場合は、とくにラングドック地方をモデルに、地方三部会の再建と普及を求めたものであった。身分的区別の維持、地方における貴族の社会的地位の回復を目指したとされる。また各地の地方高等法院からも一七六〇年代より地方三部会の再建の要求がなされていくが、その見方によれば、地方三部会は人民と国王の間に立つ中間団体として、国王に対しては地方の実情に関する助言を与える役割を担う存在とされた。

一方で、高等法院とは異なる見地から、農村の土地所有者を中心とした地方議会の役割に注目するフィジオクラットらの思想もまた、地方における行政改革に対する理論的支柱を提供することになる。[3] 先のミラボー、デュポン・ド・ヌムール、ル・トローヌ、そして本節で取り上げるテュルゴらが、多かれ少なかれこの潮流に位置づけられる。

このような状況のもと、世論の改革の要求の高まりを背景に、政府側もいよいよ錯綜した地方行政の改革に着手することになる。パリ租税法院は地方三部会の再建を、全国三部会召集に向けての前段階として求めており、こうした動向に対して王権側も危惧の念を募らせていた。そこで改革の主導権を握ったのは、テュルゴの後を継いだ財務総監ネッケルであった。ネッケルは、ルイ十六世の同意のもと一七七八年に実験的にベリー地方に初の地方議会を導入し、以降、一七八〇年までにエレクション地域（オート・ギュイエンヌ、ドーフィネ、ブルボネ）を中心に、地方議会の設置が試みられた。これらは地方三部会のように王権からの独立性を志向するものではなく、王権による課税の安定化を目指したものであった。しかし高等法院はこの動きに反対し、結局、国王もそれに譲歩する形で地方議会を閉鎖した。これを機に人々の支持を失ったネッケルは辞職を余儀なくされることになった。

コンドルセの『地方議会の構成と役割についての試論（*Essai sur la constitution et les fonctions des Assemblées provinciales*）』（一七八八年）は、こうした王権と高等法院の攻防を背景に、政府の改革に向けた取り組みに触発されて書かれたものである。[4] ただしそれは地方三部会の復興という高等法院側の見方にも、行政機構の合理化による王権の安定という政府の見方にも与するものではなかった点に注目したい。コンドルセは、市民による選出に基づく多層的な地方議会を創設したうえで、やがては国民議会を設置するという展望のもとに、新しい国制を構想していたのである。そしてこの構想にとって、同時代のアメリカ社会の存在が大きな影を落としていることも無視しえない。

コンドルセがこの課題に取り組むにあたっては、やはり身近に先例が存在した。それは一七七〇年代後半のテュルゴによる市町村議会設置の構想である。この未完の試みは、後にデュポン・ド・ヌムールの協力を得て『市町村についての覚書（*Mémoire sur les municipalités*）』（一七八七年）として残されることになった。テュルゴはここで過度に中央主権的な行政機構の改革を目指し、市町村と地方の行政議会の組織化を試みていた。当時、ルイ十六世のもと財務総監の任務についていた彼は、当初、一七七五年十月にこの改革を達成することを目指していた。ところが当時の穀物取引をめぐる論争の影響で計画は遅れ、一七七六年秋を目処とすることとなる。しかし、その年の五月に彼は財務総監の職務を解任され、それに伴い計画も頓挫してしまう。結局、テュルゴ自身に委託されたデュポンが執筆することになったのがこの覚書である。[5]

テュルゴ

ではテュルゴはいかなる視点のもとに、地方の行政機構の改革が必要だと考えたのか。彼はまず、目下のところフランス国民の抱える問題を「国民が国制（constitution）を全くもたないこと」に見出している。すなわちテュルゴは、フランス王政の諸困難が国制の欠如、さらに統合の欠如に由来すると認識していた。彼によれば、人々の間に社会的紐帯が欠け、各自が公的利益や義務を省みずに、もっぱら個人的利益の追求に勤しんでいる状態が、フランス社会の現状である。「この社会は、統合の不十分な異なる諸身分と、互いの間に非常に僅かな社会的紐帯しかもたない人民から構成されている。その結果、各人は排他的な個別利益にのみ専心し、ほとんど誰も自分の義務を果たすことや、他人との関係を知ることを気遣うことがない」[6]。

そしてこの状態では、個々人を社会の公的な義務に向かわせる「公共精神」も全く欠如しているという。「そこには公共精神が全く存在しない。なぜなら共通の利益が全く目に見えず、知られていないからである。村や町は、構成員がそのように分離状態にあるから、それらが帰属する郡においても互いの間に関係をもたない。彼らに必要となるであろういかなる公共事業のためにも、彼らは互いに分かり合えない」[7]。この状況は地方と王国全体の関係についても同様であるとされる。

国家に対する義務についての自覚を諸個人に促すには、公共の利益と私的利益の間の具体的な関係に気づかせる必要がある。そのためには、よりローカルな共同体において人々の間の紐帯を築き、そこから地域、地方へと、多段階の階層秩序を形成し統合を進める必要がある。このような問題意識からテュルゴは地方行政機構の改革を構想していく。その特徴の一つは、身分的区別に基づく三部会地域を模範としないことにあった。この点で例えばミラボーの『地方三部会についての覚書』における提案とは異なる。ミラボーの構想は地方三部会（特にラングドック地方三部会）を一般化しようとするフランス王政の行政機構の再編であり、そこでは身分的区別、特権階級の優位は維持されていた。一方、テュルゴも三部会地域には「ある種の国制、諸議会、公の意向（vœu public）」が存在することは認める。しかしそれらは「身分により構成されており、それらの要求は非常に多様で、それらの利益は互いにも国民の利益からも非常に離れており、これらの三部会は、その行政を分担するところの地方に望まれる利点すべてをもたらすには未だほど遠い」[8]。

テュルゴの見るところ、身分別に構成される地方三部会では、種々多様な利益が個別に主張され、国民の利益とは分離する傾向にある。しかも中途半端な形で地域の利益（demi-biens locaux）を享受するだけに、改革への必要性を十分に感じることがない。そこで、全く「国制をもたない」その他の地方に三部会地域よりも優れた国制を与えることで、三部会地域の改革をも促そうとテュルゴは考える。

こうして地方の「分離の精神（esprit de désunion）」に替えて「秩序と統合の精神（esprit d'ordre et d'union）」を浸透させることが主張される。王権の視点に立てば、「分離の精神」は、中央政府の負担を著しく増大させ、王権の甚だしい弱体化をもたらす。それに対して「秩序と統合の精神」は、「共通の利益のために陛下の国民の諸力と諸手段を協力させる」[9]。王国全体の統合を強めることが、国力の増強につながるという視点から、テュルゴは諸個人を家族、市町村、地方、国家へと段階的に統合することを目指していく。「諸個人を家族に、家族をそれらが属する村や都市に、都市や村をそれらが含まれる郡に、郡をそれらが属する地方に、地方を国家に結びつける」[10]。

このような展望のもと、テュルゴが市町村の設置という行政機構改革と同時に重視したのは、市民の習俗の涵養を基盤に据えた、新しい公教育制度の確立である。ここで宗教教育は現世を超越した価値を重んじるため、相応しくないとして退けられる。提案されるのは、市民を育成するための「道徳的社会的教育」である。「国民の第一の絆は習俗である。習俗の第一の基礎は、幼少期から始められる、社会における人間のすべての義務についての教育である」[11]。テュルゴはこう述べて、習俗の涵養を重視した市民の育成を目指そうとする。家族の一員、国家の一員としての「市民の義務」についての学習が他のすべての基礎に位置づけられる。具体的な制度としては「国民教育院（Conseil de l'instruction nationale）」を創設し、その指揮下にアカデミー、大学、コレージュ、学校を設置することが提案される。

新しい行政機構は、第一段階に教区を単位とする村や都市行政、第二段階にエレクションの議会、第三段階に地方議会がおかれる階層構造を成している。市町村行政の内容としては、租税の割当ての他、公共事業、貧民対策、より大規模な事業に関して上級の機関に意向を伝えることなどが含まれる。これらの市町村行政は、共同体の事業は中央から派遣される役人ではなく、それに直接の利害を有する人々（例えば村民）により自発的に行われるという基本原理に基づく。「村の行政のためにとる労力は、各人が自ら自発的に自分の利益を扱うためにとる労力とほぼ同じ性質である」[12]。

ところで当時、地方における議会は、王権に対する障壁になりうると認識されていた。ヴェッリ師の日記によれば、地方の諸議会が力を増せば、君主政体の変更すらもたらされる可能性もあることをテュルゴは十分に認識しており、次のように述べたという。「これらの諸議会に対して最初に何らかの歯止めをかけることができても、時間と共にそれらは、各地方への設置と、それらの間での共謀の可能性によって、今存在している君主政体を確実に変えることになる、ある程度の力を獲得するでしょう」[13]。だがテュルゴは政体の変更の可能性を認識しつつも、市民としての立場と国王を支える大臣としての立場を両立させることに腐心する。「私は、彼〔国王〕にそのような犠牲を払わせることで、彼の若さと無経験を濫用したという評判が立つことを全く望まなかった。社会にとって有益でありながら、王権を全く損なわないすべての新しい試みを行った。だが、目下の新事業は、もしそれが続けられるなら、君主政体を変更するに到る可能性がある。三十の地方議会は、困難が生じるか、弱体であるか、少数派である時には、容易に通じ合うことができる。それらは瞬時にして、アメリカにおけるような、国民全体の力をもつ会議を形成することができる。そして少しでも軍隊が君主に嫌悪感を抱くなら、内戦は正当化され、共和主義の諸原理が君主政体の場所を占めることになるだろう」[14]。

たとえそれ自体は強力な権限をもたない地方議会でも、複数集まれば互いの連帯が生まれ、いずれは君主政という現状の秩序の変更につながる可能性に、テュルゴは気づかないはずがなかった。ここで彼の脳裏に浮かぶのは、アメリカの諸植民地の独立から連合形成の過程である。王国内における地方議会の創設という問題は、君主政秩序のもとに共和主義の諸原理を導入する問題とも捉えられたのである。

では、コンドルセはこのテュルゴの提案をどのように評価していたのか。彼は『テュルゴ氏の人生』のなかで、それをテュルゴの最初の偉大な業績として紹介している。コンドルセは代表者の議会が有益なものとなるには、議会の意向が被代表者の意思と意見に全般的に合致するような形態であること、代表者が国民の真の利益を知ること、そして「団体の精神」に惑わされないことが必要であるとする。そしてテュルゴの計画は、この議会の形態、代表者の資質、議会を支える精神という代表制の主要な三条件を満たすことを目指すものであったという。テュルゴが様々な村落を一つの共同体に結集するところから始めたこと、一定の土地所有者に投票権を与えたことなどを確認し、こうした手段により、それまでになく平等な代表が可能になり、社会にとって有益な人物が代表から排除されることがなかったとする。[15]

特にコンドルセが注目するのは、身分的区別の撤廃である。身分別による代表制は、社会的信用などにおける現実の不平等を強化するものでしかない。「もし代表者が異なる身分に分割されていれば、彼らの間に残っている不平等に新たな承認を与えることになる。民衆階級の代表者は、信用においてすでに劣っているのに、彼らに割当てられた地位によってさらに劣ってしまう」[16]。身分別の代表制は、各身分がそれぞれ異なる利益を有するという考えに基づくが、コンドルセはそのような見方をとらない。それは一般的利益に反する誤謬を増幅させることにしかならない。彼らの間には思われるほどの利益の相違はなく、むしろ目指すべきは「国民の利益」の観点に基づく統合である。そのためにテュルゴは一地方に試験的に議会を導入するだけでは無意味であると考え、同時にすべてのエレクション地域を改革の対象とした。この手法も有益であるとコンドルセは高く評価する。

また当時のフランス社会における都市と農村の格差という観点から、コンドルセは農村の共同体に注目し、この代表政体の大きな利点を見出す。領主や聖職者が土地所有者として投票権をもつか代表者となることで、農民は自らの利益のためにより開明的で信用できる擁護者を得ることができること、そして聖職者や貴族による簒奪、下級役人の権威などに対抗しうることを、コンドルセは評価する。

以上の視点から、コンドルセはテュルゴの改革案の諸原理に共鳴する。だが同時に、その限界についての指摘があることにも注目したい。例えば、テュルゴが市町村の設立から始め、エレクションの議会の設立までで計画を中断したことについて、コンドルセはその理由をいくつか挙げている。まず彼の意図を実現するにはそれで十分であった。つまりテュルゴの改革はより上級の地方の段階まで進めることを目指すものではなかったとコンドルセは見ている。そして広範な役割を議会に担わせるには、公共精神が育ち、市民の知性の向上を待つ必要があった。制度の設立は容易であっても、実際にそれをいかに運用しうるかはその人間の能力に依存する。「議会を設立するのは容易である。だが、その有益性はただその構成員の教育、彼らを動かす精神にかかっている。フランスでは、人民すべてに新しい教育を与え、彼らを新しい職務に呼び集めると同時に、新しい観念を彼らのために創ることが問題であった」[17]。公教育の必要性を前に、テュルゴの計画はこの段階で中断せざるを得なかったが、それは後の世代の課題であることをコンドルセが痛感しなかったはずはない。彼もまた同じ考えから、地方議会と公教育の問題を引き継ぐことになるのである。

これとも関連するが、コンドルセはもう一点、テュルゴの計画では諸議会に委ねられたのは行政機能のみであり、君主が握る立法権力にまでは及ばないことにも触れている。「これらの議会を召集すべきだとテュルゴ氏が考えたのは、行政的職務のためのみであった。これらの職務が、一般的規則や主権から発せられた法律の執行を越えて広がるべきであるとは考えていなかった。彼は、複雑で増加した弊害の破壊、行政システムの改革や立法の改定は、規則的な計画、よく練られ結び付いたシステムにしたがってのみ為されうること、それらすべては唯一人の人間の作品となるはずと信じていた」[18]。改革が君主ただ一人の手腕に依存すると考えているように、テュルゴにとって国王の存在は非常に重みをもつものであった。そしてこの点においてこそ、改革はより多くの人民の協力があってこそ達成されると考えるコンドルセはテュルゴと意見を異にした。コンドルセによれば、先見の明をもって大臣就任のはるか以前からこの計画に取り組んでいたテュルゴは、最初から高い完成度を求める一徹な面をもち、周囲の意見や一時的な目先の利益、自らの栄誉などに惑わされず、より長期的に社会全体に有益となるものを目指していた。だが公共善への献身へ情熱を傾ける一方で、大臣として国王の信頼に応じるという責務も抱えていた。正義を重んじるテュルゴにとっては、いかに国民のために有益であろうと、国王の信頼の濫用は許しがたいものであった。自らの改革案は王権の権威を一部犠牲にせざるを得ないこと、国民全体の意向が権威に対する唯一の障害となること、もしそうした犠牲が避けがたい状況ならば、国王自らが率先して決断すべきこと。テュルゴはこのように考えて、計画を保留することになった。コンドルセはもしこの計画が採用されていれば、やがて同じ原理に基づく地方議会も設立されていたであろうと考える。しかし、地方議会の形成にまで到ったとしても、次の段階となる国民議会の形成にはより多くの時間がかかり、公論の支持を得る必要がある。「国民議会を形成するには、より多くの時間が必要であった。個別の諸議会の成功、それらが実施するはずの活動の成功が公論を魅了し、偏見を破壊し、諸地方に同じ制度を与える必要があった」[19]。しかし地方の行政組織はその弊害にもかかわらず一般庶民に賞賛され、その犠牲になる人民もその仕組みに慣れ親しんでいる。地方議会から国民議会への一歩を踏み出すには、乗り越えるべきいくつもの壁が存在することを自覚しながら、コンドルセはそれを展望していた。次節からは、そのコンドルセの新しい国制の構想について検討していく。

第二節　「代表民主政」の構想

一　二院制立法府への批判

コンドルセの地方議会論について検討する前に、本節では同時期に執筆された『ニューヘイヴンのブルジョワからヴァージニアの市民への書簡』（一七八八年）について見ておきたい。この論考もまた、アメリカ共和国の市民による書簡という形式で執筆されたもので、全体は四通の書簡から成る。[20] 副題「立法権力を複数の団体に分割する無益さについて」が示すように、コンドルセはここで立法府分割論（権力均衡論）に対抗して、一院制立法府の擁護論を展開している。本章の主題との関連で興味深いのは、コンドルセがこの論考を通じて、アメリカ市民の視点から、権力均衡論に対抗させる形で「代表民主政（démocratie représentative)」を構想し、その素描を試みている点である。[21] 地方議会論に比べれば内容、議論ともに粗削りではあるものの、地方議会論と共通する諸原理がより単純な形で示されていることに注目したい。ただし、ここでは立法権力および立法の問題に焦点が当てられる点が、地方議会論とは異なる。これらを考え合わせると、コンドルセが地方議会を構想するにあたっても、租税の配分・割当てという狭い行政機能の問題にとどまらず、より広く立法全般に関わる改革の可能性も、遠くない将来の課題としてすでに視野に入れていたと考えることは不自然ではないだろう。[22]

地方議会論との関係については先を急がずに、本節ではこの書簡を通じて提示されるコンドルセの「代表民主政」の構想について検討しておきたい。書簡全体の「主題」は「立法権力を異なる団体に分割する無益さと危険性」にあるとされ、第四の書簡で扱われる。そこで、彼の中心的主張である立法権力の分割による権力均衡に対する批判から見ていきたい。

コンドルセによれば、権力均衡論が普及している理由は複数考えられる。その一つに言葉の濫用の問題がある。「対立する力(forces opposées)」「釣り合い(contre-poids)」「均衡(équilibres)」といった言葉は、いずれもその意味を十分解さない人々には、だからこそ一層強い影響力をもってしまう。言葉の曖昧さを嫌い、明晰さを重視するコンドルセらしい指摘である。

また職業政治家の一般の人々に対する影響力も無視し得ない。彼らは学問を一部の信奉者に向けた、ある種の秘義にしようとする傾向があり、複雑な政体はそうした政治家の詭弁の手段、陰謀の温床となりうる。「政体が複雑であればあるほど、それは陰謀や詭弁に手段を与えるものである」。[23] 政治家の意見は、政治について決して考えたことのない人々、治療のために医者に頼るように、統治のために政治家の意見に頼る人々に多大な影響力をもってしまうし、社会的地位の高い人々の意見をただ繰り返す政治家気取りの著述家にも影響を及ぼす。その原因の一端は、単純な真実よりも複雑で巧妙なものを好む人間本性に探ることもできる。「一般に、人間は真の事柄よりも巧妙な事柄をより好み、複雑な事柄よりも単純な事柄をあまり賞賛せず、皆が理解する事柄よりも少数の人々が理解を誇る事柄をより自発的に信じるものである」[24]。

だが、何よりも圧倒的な影響力をもつのがイギリスの例である。コンドルセの見るところ、同時代のイギリス人が享受する自由は、国制よりもむしろ出版の自由、個別的結社を結成する自由、人身保護令、陪審制や予審の公開性などの司法制度に負っている。にもかかわらず、イングランドの国制が賞賛され、その諸原理は一般的格律と見なされている。

もちろんコンドルセは、立法権力の分割を支持する最も強力な理由が、一院制立法府による主権の奪取への怖れ、そして議員が公共の利益ではなく、自らの権威や富のために統治を行うことへの危惧にあることを知らないわけはない。彼はむしろ一院制立法府を中心とする代表政体こそが、こうした危険を十分に回避しうると考えるのである。

そもそもコンドルセによれば、一院制立法府から生じうる弊害よりも、立法府の分割という「複雑な形態」から生じる弊害こそ懸念すべきである。その弊害は何よりも「党派の精神」である。なぜなら第一に「党派の精神」は有害な分裂を生じさせる。市民が重要な事案について相対立する意見をもつこと自体は決して問題ではない。自分の意見に執着し、一時的にある種の党派を生じたとしても構わない。しかし、コンドルセは党派が国家の重要な機関である団体と結びつくことを警戒する。それにより必然的に、党派は形成された当初の熱意とは無関係の、持続的なものとなるからである。その例として再び注目されるのはイギリスである。コンドルセによれば、常に党派対立が起きているのが同時代イギリスの状況であり、それは互いの主義主張を戦わせるものではなく、特定の人物の友か敵かという個人的な人間関係に由来する。ゆえに、彼らは公共の利益への関心どころか、党派的意見の支持調達に奔走する事態に陥っている。詭弁や美辞麗句、大袈裟な演説が繰り広げられ、それが政治的才覚などともてはやされる議会の様子を、コンドルセは痛烈に批判する。また、党派の精神は「詭弁の精神」に導き、それは危険な偏見に導くという。ここでも例はイギリスに求められ、複雑な租税制度などは、そうした偏見に由来するものとされる。最後に、党派の精神は「腐敗」をもたらす。それは金銭的腐敗に限られず、特定の党派への帰属が昇進を促し、名声や敬意をもたらすという事態や、共通の利益に反する人間関係に忠誠を誓うといった道徳原理の退廃をもたらすという。

では、「党派の精神」と不可分の立法権力の分割を回避しながら、立法権力の集中がもたらしうる危険にはどう対処すべきか。この課題に対してコンドルセが与える解決が、立法府の議員の選出方法、立法権力の制約、重要な事案を市民の判断に委ねる制度などを取り入れた代表政体の構想である。

コンドルセによれば、立法権力が分割される場合、一方は他方の「監視役」となり、拒否権を行使するか、一般の意見を喚起し、対抗させることによって、権力の簒奪に対抗しうる。しかし同時に、両者の間にある種の競争心が働き、結果的に決定の善良さや迅速さが損なわれる。それに対し立法権力が単一の場合、立法府よりも「より上位の権威」をもつ地区の個別議会がその「監視役」となる。つまり、立法府のメンバーの選出母体である全国の地区議会こそが上位の権威をもっており、それらは立法府による権力簒奪に対して「分裂した市民のしばしばかなり不確かな意見ではなく、合法的な形態のもとに表明された集合した国民の意見」を対置しうるとされる。[25] コンドルセの発想では、立法権力の歯止めは、その分割によるのではなく、全国の地区議会の役割とされ、それを通して、集合的な国民の意見が立法議会に対抗して表明されると見るのである。この仕組みこそが「代表民主政」として構想されるものである。

ここで権力均衡論に対置された代表民主政について、コンドルセが古代の共和国の例を引きながら、興味深い見方を示していることに注目したい。例えば、古代ギリシアやイタリアの共和国が衰退した原因について、彼は次のように見ている。貴族と平民の間の絶え間ない闘争は、共和国を混乱させた。そうした無益な紛争によって血が流された後には、征服者と被征服者のどちらも恥ずべき奴隷制によって抑圧された。共和国が滅びたのは権力均衡を欠いたためではなく、代表民主政を知らなかったためである。「古代の共和国は三権力の間の均衡を確立する技術を知らなかったために存続しなかった、と結論される。しかしそれらは、平和と平等が同時に存在する代表民主政を組み合わせる手段を知らなかったために滅びた、と結論づけることもできるだろう」[26]。このように「平和」と「平等」が、貴族と平民の間の絶え間ない闘争と対比される代表民主政の特徴とされるのである。

二　一院制立法府と権力の制限

では二院制立法府に替えて、一院制立法府を中心とするいかなる国制が具体的に提示されるのか。これについては第二の書簡において、一院制立法府の構成、立法権力の範囲と限界、決議の方法などが論じられる。コンドルセの中心的主張は、一院制立法府こそが権力均衡論よりも有効に制度の弊害に対処できるという点にある。

その概要を見ていくと、まず立法府を構成する議員の選出母体を定める必要性から、国土全体は人口と領土においてほぼ等しい地区（district）に区分される。地区の規模は、討議と選挙を行うのが困難でない範囲に限定される。可能な限り最大限に平等な代表制を維持するために、その均衡が崩れた場合に平等を回復するための合法的手段も想定されている。[27] ここでは基本的に地区と立法府の二段階が想定されており、地区議会こそが、立法権力に対する様々な制約として機能すべく非常に重要な役割を与えられることになる。

具体的には立法議会は各地区議会からの二名の代表者によって構成される。議員の任期は二年とされ、再選は可能だが、二度目以降には条件が加重され、より多数の支持を必要とする。[28]

選挙権の行使には一定の土地所有という条件が課される。[29] ここで、コンドルセもテュルゴと同様に、所有を介して土地と結びついている土地所有者を唯一の市民とする見方を示している。[30] この見方はコンドルセ独自のものではないが、彼は人間の共通の権利、自然の平等原理に依拠してこの見方になされる反論を想定して、あえて平等という視点から擁護しようとする。それによれば、すべての人に平等な投票権を与えるという見かけ上の平等を維持する場合よりも、一定の土地所有という条件下においてこそより実質的な平等が可能となるという。なぜなら、この方法は土地所有の基準を低く定めており、貧困層よりもむしろ「裕福な非土地所有者」を排除することになり、有権者全体における富裕層の影響力は相対的に抑えられると考えるのである。コンドルセがあえてこの条件にこだわる理由は、おそらく市民権の行使を貧富の差に基づけないため、そして富裕層の影響力を抑えるためであると思われる。彼はこの条件は他の基準に比べ最も恣意的でないという。そもそも土地所有の条件とは僅かな土地の所有でも認められるので、実際には排除は問題とならない。つまり極度の貧困状態にない人はすべて、大小の土地を所有しうるし、その結果、少なくとも一票の選挙権と被選挙権をもちうるので、実際にはいかなる排除もなされない。この原則から生じる実際の不平等は、財産の不均衡を法律が助長しないかぎり、重大なものではなく、利益における不平等をもたらすことはない。金持ちに限らず、僅かな土地をもつ者すべてに投票権を与えるので、富裕層を過度に優遇するものではない。またこの論理は、土地所有者が非土地所有者の利益を代弁しうるという見方にも支えられている。「土地所有者は立法のあらゆる分野において、非土地所有者と同じ利害を有する。彼らはただ民事法と租税に関する法律に関してより大きな利害を有する。それゆえ、彼らを社会の残りの人々の利害の受託者で保管者とすることにいかなる危険も存在しない」[31]。ただし、あくまで彼の強調点は、より実質的な平等の実現にあり、それが保証される代表制の確立が目指されている。[32]

次に、立法が扱うべき問題として、立法権力の制限について論じられる。コンドルセによれば、立法権力に制約を課す法律は、いわば人権宣言として捉えることができる。[33] この法律に新たな条項を加えるには、つまりそれにより立法権力への制約を増やすには、三分の一か四分の一の地区の要求が必要とされる。逆に、この撤回には、自然権の放棄を意味するため、地区の全会一致の賛成票を必要とするという厳しい条件が課せられる。このように、立法権力の制限にあたり、常に「人間の諸権利の宣言」に依拠することになる。

立法権力の行使に対しては、さらに様々な形で地区議会による制約がかかる。例えば、法律の発効には二通りの方法がある。まず一つ目は、立法府の非常に多数の賛成票の獲得による。賛成の多数票がより少ない場合には、二つ目の方法として、法律の公布の後、地区により代表者の再選挙を行い、新たな立法議会のもとで法律に対する承認を得ることを、法律の発効の条件とする。地区議会はさらに、立法府が提示する目的のために法律を作ることが相応しいか、いかなる条項も市民の権利を害しないか、それらの諸原理、諸条項は真であると思われるか、などについて賛否を宣言するとされる。[34] そして立法府はこうして決定されたすべての点について、地区議会の多数の意見に従うことが求められる。さらに法律発効の後、地区議会のすべてのメンバーは、二年後に、法律の特定の条項が市民の権利に反するか否かを判断するよう求める権利を有する。

様々な種類の法律についても具体的に論じられるが、最初に扱われるのは刑法、民事法、治安統制の法である。自由の維持という観点から重要な条件として、立法府が法の執行に関していかなる影響力も及ぼさないこと、執行府が広範な権威をもたないこと、そのために複数の管轄の異なる裁判所が各地区、あるいは各地方におかれること。そして首都に置かれる最高法院の構成員は、地区によって選出されることが提案される。その最高法院の構成員の任期は限定され、頻繁な入れ替えが行われ、立法府の構成員から選出されないことなど、立法府からの独立が主張される。

その他の立法の主要な対象として財政（税制）、国制、国防（外交関係、戦争、軍隊）などが取り上げられる。[35] 国制の改革について見ておくと、コンドルセはそれを二種類に分けて論じる。その一つは立法権力の拡大・縮小に関する改革である。この場合、地区議会のすべてのメンバーが発議権をもつ。二年後の地区議会において提案が認められれば、地区議会の多数票に従って、立法府により公布される。二つ目は、国制における諸変更である。これについては、地区議会による発議から二年後、地区議会において多数意見が国制のある部分の変更を求めた場合、立法府は新たに法案を提出し、地区議会による承認を経て発効される。またこの場合は、立法府も法案を提議できるが、その場合は、地区議会による批准が必要とされる。地区議会は常に特定の条項が市民の権利に反しているか判断する権利をもつのである。「立法府が固有に担うのは法律の討議と作成、執筆のみであり、人民全体が常に彼らの諸権利に適うか否かについて決定することが望まれた。なぜなら、諸問題の解決はそれ自体明白で全般的に承認されるか、人民全体によってのみ正統に与えられるかのどちらかであるからだ」[36]。ここに立法府による法律を、人民全体による検証にかけるという発想が示されていることに注目できる。

三 一院制立法府の諸利点

第三の書簡では、このような一院制立法府と地区議会から構成される国制が、立法府に要求される活動を維持しながらも、「立法府が圧制的な法律あるいは悪法を作成するのを妨げるという利点」を有することの証明がなされる[37]。

第一に、この国制は二つの相反する不都合を回避できるという。二つの不都合とは「いわゆる王国基本法を有すること」と「国家の一団体に絶対的で無制約な権威を与えること」である。コンドルセにとってこの二つは同一の事柄の二側面に過ぎないことは明らかである。彼が暗に批判を向けるのは、王国基本法を盾に王権の専制を防ぐ役割を自任してきた高等法院に対してである。コンドルセによれば、市民の明白な権利の宣言に限るものを除けば、永遠の有用性が厳密に証明される法律など存在せず、全く撤回不可能な基本法などは有害極まりない。そしていかなる形態をとろうと、団体に無制約な法律作成の権限を与えることほど危険なことはない。そもそも存在するのは「立法権力の諸制約についての一般的宣言」のみである。これは「社会において人間が独立した行使を保持すべき諸権利」とも言い換えられており、人間の自然権のことを指す。

つまり、人間の自然権による制約内での立法権力の行使を、この国制は制度化できているという。すでに見たように、地区議会が法案の承認などを通じて、その重要な機能を担うとされていた。

第二に、コンドルセはこの国制の利点は、圧制的な法律の原因となる誤謬を排除し、しかるべき法律が作成されることにあると主張する。[38] ここで圧制的法律の諸原因としてあがるのは利益、情念、腐敗、誤謬などである。それぞれ個人的なもの、職業あるいは公職に固有なもの、あるいは立法府自体が有するものがあるが、コンドルセは自身の提案した代表政体がいかにそれらを回避しうるかを示していく。

ここで一つ注目したいのは、コンドルセが「平和」と「平等」によって特徴づけていた代表民主政の利点を、民主的な形態でありながら民衆（populace）の影響力というその最大の欠陥を補い、同時にすべての市民に自然権を保証することに見出している点である。コンドルセは次のように述べる。「この形態は他のいかなる形態よりも、民衆からあらゆる影響力を奪うという利点をもつ。この影響力は民主的国家（Etats démocratiques）の最大の不都合の一つである。しかしながら、それは他のいかなる形態よりも、市民の最下層から彼らの自然権を奪うことはさらに少ない[39]」。このようにコンドルセは民主政における民衆の影響力を危惧しながら、市民全般の意見のもつ活力には期待をする。制度的な工夫により、その間の微妙なバランスを保つことを考えるのである。「われわれは分散した市民の一般的な熟慮された意見（l'opinion générale et réfléchie des citoyens dispersés）に大きな力を認めて、民衆や都市の裕福な市民のありふれた意見にはいかなる力も認めないという利点をもつ[40]」。

最後に連邦共和国についてのコンドルセの展望を見ておきたい。彼はアメリカ市民の視点に立ち、ここで論じてきた代表民主政の諸原理こそは、連邦共和国における統合と自由の両立に相応しいものであると考えている。特に、自然権に適った法律の体系を重視し、連邦共和国の統合と各邦の独立を両立させるには、「各邦が人間の自然権に最も適合し、古い慣例やいわゆる習俗上の作法でも、有用性や農業や商業の奨励、富や国力の増大という曖昧な諸原理でもなく、ただ理性に基づく法律のシステムを採用すること」が望ましいとする。[41] それにより、独立を損なうことなく、全体の統一性が確立され、各邦の間の持続的な調和を保つことができる。各邦あるいは各国の間の立法における軽微な相違は、むしろ有益な競争心を生む。互いにより優れた見本を示し合うことで、それまでに実践されてきたものよりも、はるかに優れた立法の体系を作り出すことが可能になるのではないか。コンドルセはアメリカとフランスの知識人の交流を思い浮かべてそのように期待する。ただし「立法の科学はその最も高い地点に達するまでにはかなり遠い」とも述べるように、そのような理想的な「立法の科学」に至る道のりはかなり険しいことも自覚していた。[42]

第三節　地方議会構想

一　基本的視点

「古い三部会も新しい地方行政も存在しないすべての地方における諸議会の設立は、あらゆる開明的な人々によって、その広がりを評価するのが困難な影響を国民の運命に対して及ぼすはずの一時代をなすものと考えられてきた」。[43]『地方議会の構成と役割についての試論』（一七八八年）の冒頭、コンドルセはこのように述べて、自らの展開する地方議会の構想もまた、同時代人だけでなく、将来の世代に対して計り知れない影響を及ぼしうる、新しい時代を切り開く画期的な試みとなるはずであるとの意気込みを窺わせている。

この地方議会の設立という課題は、何より王政下における代表制の確立の問題として捉えられる。もちろんこのこと自体は、身分制議会という代表制の歴史的起源を思い起こせば、何ら目新しいことではない。しかし前節で見たように、コンドルセはこの時期「代表民主政」という古代社会には見られなかった新たな政治形態について、一定の構想を温めており、その特徴を「平和」と「平等」の両立という点に見出していた。そしてこのことは、地方議会を中心に据えたコンドルセの新しい国制の構想に、テュルゴの計画には見られなかった重要な彼独自の視点を加えることになる。テュルゴの場合は政府の上からの視点に基づいた行政の効率化と国民の統合という側面が強いのに対し、コンドルセの場合は、本節で見ていくように、むしろ人民の改革への自発性を引き出し、制度化することで、下からの国制の刷新を進めていくという側面が強い。そのため彼がとりわけ重視したのが、身分別代表の撤廃による旧来の身分制議会からの脱却と新しい選出方法の確立であり、これこそが新しい国制の確立への鍵を握ることになる。

ではここで問題となる代表制とは、誰が誰を代表するものなのか、そして代表制の意義はどこにあるのだろうか。この論点について、コンドルセの同時代人では、ジェイムズ・マディソンの見解がよく知られている。彼は『ザ・フェデラリスト』第十篇において、少数の市民から成り、その全市民が自ら統治する社会である「純粋な民主政（pure Democracy）」から「共和政（Republic）」を区別し、後者は「代表という制度をもつ統治構造」を指すとしていた。[44] ここで代表制は規模の問題ゆえにやむを得ず採用されるものではなく、より積極的な意義を認められていた。そもそも直接的な市民の参加自体に価値が見出され、それが理想とされるのではない。むしろ関心は派閥の弊害の抑制に向けられ、そのためには社会の規模の大きさこそが都合がよいと考えられた。すなわちマディソンにおいて代表制の意義は、広大な領域にわたる多数の市民のなかから賢明な代表者を選び抜き、広い視野と判断力を備えた代表者が社会の真の利益を認識し、公共の善に合致する政治を行うことを可能とする点にあった。

ではこうした見方と比べて、コンドルセの代表制に関する視点はどのような特徴をもつのか。これはもちろん本章の議論全体を通して明らかにすべき論点だが、ここであらかじめコンドルセの視点の特徴について、いくつかの点に触れておきたい。

まず、マディソンの考察対象であるアメリカ合衆国の場合と比べて異なるのは、コンドルセの代表制議会の構想は、後から振り返れば革命間近の時期ではあるが、王政を前提とした試みである点である。すなわち、地方議会は君主（政府）と地方の人民との間に置かれ、代表者はこの両者との関係において捉えられる。代表者（議会）と代表される人民の関係については、コンドルセは序文のなかで「ある地方に住む市民の利益についてのみ責任を負い、彼らが直接自分自身では為し得ない事柄を行う議会は、彼らを代表するものとして見なされるべきである」と述べている。[45] ここから議会の構成に関して、地方の市民とは誰か、誰によって、どのように代表されるべきか、公共の利益のために代表者が担うべき役割とは何かが問題とされ、これらの主題が論文の前半、第一部で論じられる。市民が「直接自分自身では為し得ない」とは、距離や人数の規模など物理的な問題を指すのか、能力の問題なのか、あるいは双方を含むのか、ここからは明らかではない。ただしコンドルセにおいては、代表者が市民から全く独立した存在とは捉えられず、代表者と市民の間の距離が開きすぎないようにとの配慮は常に見られる。それだけではなく、市民の「意見」や「信頼」が常に重視され、代表者は市民の「監視」のもとにあるとされることも指摘しておきたい。

地方議会の役割については、コンドルセはそれを二つの側面から捉えている。一方は、地方における行政全般であり、税の割当てや公共事業の統括などの「地方に要求され、その経費で執行され、そのために役立つことが目指され、それによって保有されるあらゆる事柄の管理運営」である。[46] 他方で、これらに劣らず重要な役割として強調されるのが、「市民の運命をより良いものとし、悪弊を取り壊すことを目指すあらゆる構想についての討論、これらの悪弊を見分け、その原因と帰結を検討し、それを君主に告発する務め」である。[47]

前者については、とりわけ地方に関する知識の必要性が注目される。「立法権力は地方議会の意向よりもむしろ哲学者の知識を必要とするといわれるだろう。しかし代表者が意向を聞き入れさせる権利をもつだけでなく、地方のみが必要な知識を与えることができる事物は数多く存在する」。[48] そこで政府の役人ではなく、より直接の利害関心をもつ市民の選ぶ代表者によってこそ、委任者である市民の選択に適った仕方で、市民にとって有利に行政実務は遂行されうる。[49] コンドルセの考えでは、広大な国家における行政は、より多くの人々が地域に固有の知識を少しずつ分かち合うことにより、支えられる。該博な知識を備えた少数の人々が取り仕切るのではなく、限られた知識をもつより多くの人々の協力を幅広く集めることに懸っているのである。そうしてこそ人々の間の平等も確立されるとコンドルセは考える。「広大な領土に及ぶ行政の詳細を知るために必要な地域の知識（connaissances locales）の範囲を狭めることで、その職務を果たすことのできる人の数が増えることは確実である。自らの利益と権利を知り、それらを擁護する手段と自分の属する社会の課す諸規則についての十分な理解を得るためにすべての市民が知らなければならない事柄を減らすことで、人々は真の社会的平等に近づく。この知識を欠いては、最も民衆的な法律でも、それを思弁のなかで確立するに過ぎない。そして民衆（populace）の数を減らすことで、市民（peuple citoyen）の数を増やすことになる」[50]。身近な地域に固有の知識を得てこそ、自らの利益や権利を知ることができる。ここに示される「民衆」と「市民」との区別には、自らの利益と権利、社会の諸規則という最小限かつ最重要の知識を身に付けてこそ市民になるという、市民の育成という視点も読み取ることができるだろう。

後者の代表議会と政府、君主に対する関係で注目されるのは、市民の諸権利を守るための代表者による「討論」であり、政府に対する「異議申し立て」である。コンドルセは彼にとって長年の重要な主題である司法改革の必要性と、そのための地方議会の役割について論じるなかで、次のように述べる。「立法権力が誰の手に握られていようと、人民の代表者はこれほど大きな関心事に携わり、その流れを止めるべき諸悪の詳細と、改革すべき悪弊をこの権力の受託者の目の前に差し出す権利をもっている。それゆえ有益だと思われる改革について、地方議会に、それを通して地区の議会に尋ねることは有益であり正しくもある」[51]。確かに、行政議会の役割は、君主の法律に従って託された事柄の執行、解決にある。だがコンドルセは立法権の所在以上に、法律の執行こそが市民の自由や諸権利を直接に脅かしうる重大な問題と捉えている。そしてこれら悪弊の改革を実行するには、市民の具体的な知識や公共の討論が不可欠とされるのである。

さらに君主（立法権力）に対する知識の提供や異議申し立てに限定されず、地方議会による直接行動が不可欠な分野もあるとする。例えば、裁判官や陪審員の任命などは、君主ではなく公の信頼を得た人物が選ばれるべきで、地方の選挙人に委ねるべき事柄とされる。[52]

以上の基本的視点のもと、コンドルセは、地方における階層構造の行政議会を新しく組織することで、人民の諸権利が守られ、人民の意向が公正かつ平等に反映される代議制議会の仕組みを確立することを目指した。さらに新しい地方議会を確立したうえで、同じ諸原理に基づく国民議会の創設が展望されることになる。

本著作全体は、地方議会の構成を扱う第一部と、諸議会が担う役割を扱う第二部から成る。第一部では市民権（第一章）から始まり、諸議会の段階的構成（第二章）、被選挙資格（第三章）、議会の構成（第四章）、選挙の形態（第五章）、決議の形態（第六章）、国民議会の形成（第七章）、議員特権（第八章）、議会の役割（第九章）について詳述されている。

コンドルセの秩序構想の基本的骨格をなすのは、地方における階層構造の諸議会の仕組みである。国土は三段階の区域に分けられ、下から順にコミュノテ（communauté）、地区（district）、地方（province）とされる。そして各段階には、審議・議決を行う行政議会に並行して、議員の選出に特化した選挙議会が設置される。そしてこの地方議会構想の大きな特徴は、末端のコミュノテの議会から上位の議会へと、委任者と代表者の関係が重層的に積み上げられている点にある。当時のフランス絶対王政期の地方行政においては、国王の直轄官僚である地方長官が、中央政府からフランス全土の各総務区（généralité）に一名派遣されていた。例えば、ネッケルの地方議会の試みは、身分的特権の解体には手を着けず、既存の地方三部会の存続を認め、地方長官も維持したものであった。それに対してコンドルセの地方議会案では、この地方長官に相当する中央政府から派遣される官僚が全く想定されていない。また、地方議会の議長も国王の任命によるのではなく、選挙議会によって任命される。いわば同一段階における諸議会間にも、議会内の構成員間にも水平的関係が保たれ、それが下方から三層積み重なる構造となっている。そして下位の議会が上位の議会を統制する形となり、それにより、市民による代表者に対する統制が効く仕組みとなっているのである。

「すべての人はすべての人に共通する利益について公に議論する権利をもつ」と考えるコンドルセは、まさに政府が地方議会の改革に取り組み始めた今こそ、市民一人ひとりも新しい地方議会について考察し、それを政府に伝える義務があるとして、積極的な改革への提言を呼び掛けている。[53] そのためにも多くの人に本書が読まれ、活発な議論が起こることを期待し、前提知識なしに読めること、何より明晰であること、そして「われわれにとって最も馴染みのある考えが、ほとんど全く未知であるような知性をもつ人々の立場に身を置くこと」に努めたという。[54] ここには専門的な知識をもたない一般の人々に合わせた視点で議論するという、コンドルセが常に大切にしている姿勢を読み取ることができる。

二　市民権について

前節で見たとおり、コンドルセはこの時期、選挙権の行使に関して一定の土地所有という条件を認めていた。この地方議会論においても同様の見方が示される。[55]

コンドルセによれば、そもそも市民権が何の制約もなしに行使される国は存在しない。市民権の行使については、行使される対象、権利の主体という二つの観点から制約がかかる。行使の対象に関して無制約であるのは、アメリカ合衆国とスイスの小共和国のみであり、権利主体に関しては、「あらゆる個人が例外なく市民権を享受する国はいかなるものも存在しない」。[56] しかしこうした市民権の制約のなかでも、自然と理性から発せられ、その意味では社会制度による権利の侵害とは見なすべきでないものがある。土地所有者に市民権の行使を限るのは、そのような制約であるという。

コンドルセによれば、市民権の行使は、生計を立てるに十分な土地収入がある人に認められる。それに対し、その基準を満たさない土地所有者には彼らの名において市民権を行使する代表者を選ぶ権利が与えられる。ここに「土地所有者を唯一の真の市民として見るべきである」という中心的な考えが具体化される。[57]それによれば、土地をもたない住人は、土地所有者に居住を認められるに過ぎない。土地所有者は、その土地のすべての住人が公正な法律のみに服することに利益を有する。それゆえ法律作成の権利は、その法律が執行される土地の所有者に属する。ただし、土地所有者以外の人々を恣意的に抑圧する権利などではなく、自然権に適う形での行使のみが正当とされ、理性と正義に従ってすべての人が服する「正しい法律」を作成する権利とされる。[58]

市民権の行使からの自然な排除の対象となるのは、未成年、修道士、使用人、有罪人など、「開明的な意思」や「固有の意思」をもたない、あるいは「堕落した意思」をもつと思われる人々である。また外国人や旅行者は「公共の繁栄」に対する利益が不確かで部分的、一時的であるという理由から排除される。非土地所有者が排除されるのも、これらの人々と全く同様の理由による。

もちろんこうした市民権行使の制約は、多数の貧困層を少数の富裕層の犠牲にするとの反論がありうる。これに対してコンドルセは、僅かな土地所有者も含めれば、市民全体に対して大小の土地所有者は非常に多数を占めるので、その反論はできないと主張する。[59]

コンドルセは土地所有者を、土地所有から十分な生活収入を得られる人々と、その一部しか得られない人々の二階級に分けて考察し、前者が開明的で公正な行政に最も大きな利益を有すると考える。ただし、彼は財産の過多それ自体はそれ程重要視せず、財産価値に比例した数の投票権を与えることには反対する。コンドルセの考えでは、議会に対する信頼や権威は、議員の多数意見が誤謬よりも真理に一致することが多いという想定に基づいている。しかしもし一候補者に複数票を投じることを認めれば、実際には少数意見に過ぎない命題、つまり最も真である蓋然性の低い命題に全体が従う危険に晒されることになり、議会の権威を掘り崩しかねない。

コンドルセによれば、市民の間のこの区別は、一方が自ら市民権を行使し、他方が代表者を通じて市民権を行使するという違いに過ぎず、富裕層を利するものと見るべきではない。むしろ重要なのは、この区分を導入することで、少数の富裕層と多数の貧困層という区分から脱却し、市民権を自ら行使しうる「特権的な階層」を拡大し、少しでも平等を拡大することにある。コンドルセの考える「特権的な階層」は、生活に十分な土地収入を有するすべての人々が含まれ、そこにはある程度の教育を受けた人々の大半も含まれる。さらにこの区分は中程度の土地所有者と大土地所有との間に平等を保証するという。このように、コンドルセは、一定の土地の所有者という条件を市民権の行使に課すことで、他の区分が伴う恣意性を排除し、実質的な平等を拡大し、同時に市民権の行使に必要な程度の教育を備えた人々に市民権の行使を認めることが可能になると考える。

最後に、共同体が所有する資産や個人や団体が所有する教会財産を真の財産と見るべきか、という問題についてのコンドルセの視点を見ておきたい。コンドルセはこの類の財産形態は、行政制度の欠陥か、公共の信頼の欠如によるものでしかないとし、これらがいずれは消滅し、社会制度とは独立した、唯一自然に基づく個人財産のみとなるのが望ましいと考える。しかし同時に、現実にも目を向け、そうした財産形態が存続する限りはそれを市民権との関係で考察すべきとし、団体の代表者や聖職者にも市民権を与える可能性を探る。実際には彼らの利害は、土地所有者の利害と対立するよりも混合することが多いためである。[60]

三　地方議会の階層秩序と構成

次に、第二章と第四章を中心に議会の階層秩序の構成について見ていきたい。諸議会の秩序構成を定めるにあたり、最初にコンドルセが考慮するのは、議会の規模についてである。というのも、議会での多数による意思決定の性質は、議会の規模に依存するからである。人数が過小である場合、決定は議員の個人的利益や個別的情念に依存してしまう。逆に過大である場合、多数票にまとまらず、決定はいわば偶然に委ねられるか、多数を煽動する危険な少数者の出現を招いてしまう。そこでコンドルセは、階層構造の諸議会を設けて議会の規模を適正に保つことで、少数の野心家が過大な影響力をもつことなく、被代表者の意見が常に代表者の監視役となるよう両者の距離が開きすぎないようにし、それにより真理と正義により適った決定が期待できると考える。さらにこの形態は、諸業務の迅速な処理、詳細な作業の簡素化、それに関わる協力者の数を混乱なく増やすことができる点でも有益だとされる。

こうした観点からフランスの領土の規模と諸々の既存の区域が考慮され、三層構造の諸議会が設けられる。議会を設置するための区域は、三段階の最も末端に位置する第一段階は、一都市あるいは農村の複数の教区、あるいは一定数の村落を包括するコミュノテ（communauté）である。[61] その規模は、人口が四、五千人から一万二千人の間とされ、地理的には中心地と諸村落の「日常の交流」を妨げない程度とされる。[62] また人口と富の観点からできる限りの平等が目指される。

ここでコンドルセの改革に対する柔軟な姿勢についても注目したい。確かに彼は地方行政の改革にあたり、地方ごとの地理的、歴史的背景に由来する固有の特質よりも、すべての地方に共通する統一的な制度に関心を向けている。しかしそれら地域固有の事情を全く無視する形で、紙上の計算により現実を裁断するような、しばしば数学者という経歴から安易に想像されがちな姿勢とは無縁である。コンドルセは、様々な区画を設定する際には、容易なコミュニケーションが確保でき、気候や土壌の類似性に由来する共通の文化や習慣、慣例をもつ地域同士を統合するよう、自然の地理を考慮する必要があるとする。そして時には既存の事物を尊重して取るべき諸策を決めることもあるという。こうした考えから、フランス全土にすでに様々な区画がある以上、それら既存の区画に従って新たな地方行政議会を設置し、次いで地方や地区の間に存在する過度の不平等や過度に不規則な形態の消滅に努めるべきこと、ただしその際に何より「諸変更と、風習や何らかの封建的慣習に関する地域的な都合、税の形態との折り合いをつけること」が主張される。[63]

実践的な視点に立つコンドルセは、理論上の魅力のみにとらわれて統一性を最初から完成品と見なすような浅薄な見方を退け、それを地域の実情と折り合いをつけるなかで、徐々に達成すべきものと捉えるのである。「議会の構成や立法、課税の形態、尺度などにおける統一性を、まるで陳列室のなかで魅力的でも、実践ではそれを確立するために取り壊す障害物にも値しない、ある種の形而上学的な完成品としてのみ捉えるような人々は、十分に深められた見解を示さないだろう」[64]。

第二段階の区域は一定数のコミュノテを包括したもので、地区（district）と呼ばれる。都市は、人口が一万二千を超えても一つのコミュノテを形成するだけであるのに対し、大都市は複数のコミュノテに分割できるので、大都市一つで地区を構成することができる。コンドルセはこの方法により、都市のコミュノテの総会が過大な人数となりえないこと、都市住民の一部は農村の土地所有者として市民権を享受できること、人口の多い都市でも住民間に日常的な交流を困難にしないことが可能になると考える。そして最後の第三段階の区域として地方（province）が設定される。

続いて議会の構成、階層秩序について見ていくと（図を参照）、三段階の区域それぞれに行政議会と選挙議会の二種類の議会が設置される。このうち行政議会には、定期的に一定の期間に限り開かれる議会の他に、より少人数からなる常設の委員会が独立して設置される。前者は諸事務の決議を担い、「継続委員会（commissions intermédiaires）」と呼ばれる後者は、前者の閉会期間に決議の執行を見守り、監視する役割を担う。

地方議会の階層秩序

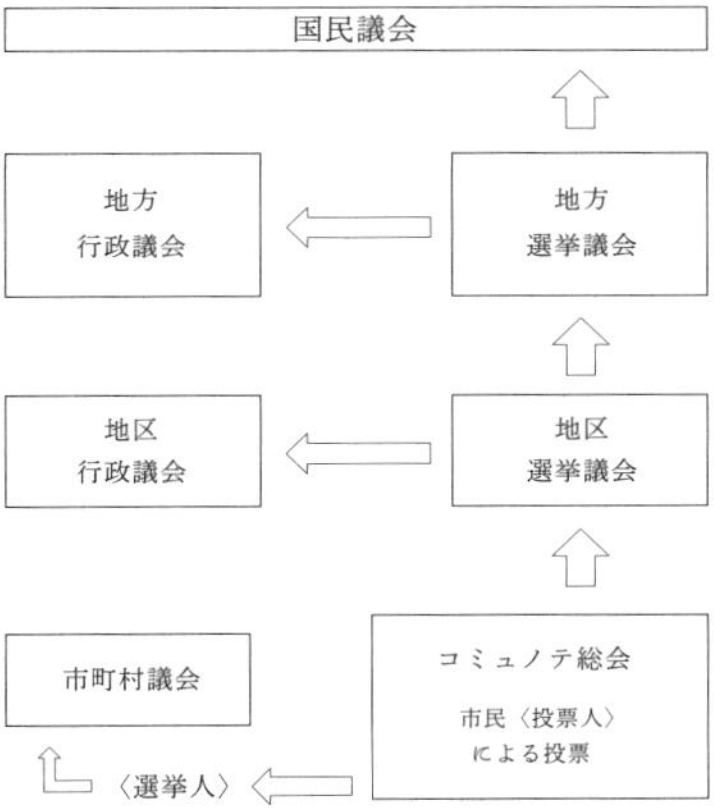

そしてこの水平的な関係を積み重ねるための要となるのが、選挙議会を媒介とした選挙の仕組みである。最も地域住民の生活空間と密接に関わるコミュノテの段階から順に見ていくと、各コミュノテの総会において、市民は選挙人を選び、選挙人が各コミュノテに置かれる市町村議会（assemblée municipale）の構成員、すなわち議員、議長、職員を任命する。この各コミュノテの総会こそが最も多数で構成され、市民権の直接の行使の場とされる。「この役割、つまり選挙人を選ぶことに市民権の直接の行使は限られる」とするように、市民権の直接の行使はあくまで「投票人」として

選挙人を選ぶことに限られる。[65] コンドルセはこの「投票人」と代表者として選挙を行う「選挙人」とを慎重に区別する。また同時に、各コミュノテの総会において「投票人」はより上位の段階である地区の選挙議会の選挙人の選出も担うことになる。以上の仕組みは地区と地方の段階でも同様で、各々の選挙議会は行政議会の構成員（議員、議長、職員）、さらに継続委員会の構成員（委員と委員長）を選出する。また上位の議会との関係では、地区の選挙議会は地方の選挙議会への代表を、地方の選挙議会は国民議会への代表を選出することになる。

議員の任期は三年とされ、毎年三分の一ずつ改選される。無報酬で働くには三年が限度であること、不信任決議の制度なく任せるには十分長期であることなどがその理由とされる。また役員も議員と同様に選出される。議長は、三年間は単純多数決により毎年再選され、六年までは四分の三の多数票、七年以降はさらに加重された八分の七の多数票で毎年再選されうる。

ところで、なぜこのようにあくまで代表者の選出という役割に特化した独立の選挙議会が設置されるのか。その理由は、独立の選挙議会を介さずに、各コミュノテで地区行政議会への代表を、地区行政議会で地方議会への代表を選出する場合、両議会は依存の関係におかれ、そこに「貴族的な団体」が生じることが懸念されるからである。[66] コンドルセによれば、いかなる団体も、たとえその起源が民衆的なものであったとしても、貴族政に向かう傾向を有している。それを防ぐには、それぞれを切り離し、独立した関係に置くことが重要となる。この仕組みは「すべての団体が有している貴族政に向かわせる自然な傾向に対する最も強力な防壁の一つ」として必要とされるのである。[67]

また別の理由としては、有権者の知性の問題が挙げられる。市民権を行使する大半の人々の知性の程度にとっては、より高い判断能力が必要となる代表者を選出するよりも、選挙人を選ぶ方が望ましいとコンドルセは考える。[68]

コンドルセが地方議会を構想するにあたり、制度的工夫により注意深く回避しようとするのは、議会がある種の中間団体となり、彼ら固有の利益の追求を求める団体の精神に染まることである。そのため各段階の選挙議会において構成員の互選は一切認められない。互選を認めた場合、票は自ずと彼らの仲間内に集まることが想定され、そうなれば選挙議会がある種の中間団体となるからである。またいかなる行政議会も他の行政議会の構成員の任命はできない。こうした措置により、議会の構成員の選択において諸議会は常に互いに独立の関係に置かれる。コンドルセはこの仕組みの利点を次のように説明する。「この方法によって、構成員の選択において、互いにつねに独立しており、その構成上、唯一選出の役割に限定された議会の声に服する。それらは公共の精神の執拗な敵である団体の精神を身につける危険に身を晒さないし、党派に分かれることも、陰謀に煽られることも、策略に導かれることもない」[69]。

さらにコンドルセ自身が読者の注意を喚起するのは、全体の秩序構成のなかでの地区の行政議会の重要性についてである。地区の行政議会こそが「市民の真の代表」から形成されると見なされ、地方議会の階層秩序の要とされている。確認すると、地区の行政議会とは、各コミュノテの総会から選挙議会を介して選ばれた代表から構成される。となると、そのコミュノテでの市民による選挙が重要となる。コンドルセはそのための対策について次のように述べている。「この国制のシステムはいわば、ある一点に依っている。地区の選挙議会と行政議会の議員の任命が無意味な形式に堕せず、したがってコミュノテによってなされる選挙が、実質的なものとなることを保証する正規の形式に従っていれば十分である。こうして自由で公正な代表制の維持は人民自身に、利害関係者に依ることになり、土地所有者の怠慢、彼らが犠牲となりうる誘惑に対して法は用心すべきなのである」[70]。こうして、代表制が十分に機能するために、コミュノテでの市民による選挙が従うべき正規の形式を整えることが求められ、コンドルセは選出方法の制度化に期待することになる。

地区議会とその上位におかれる地方議会との関係については、「地区の行政議会は市民の真の代表によって形成されたと見るべき議会であり、地方議会の構成員はむしろその役人である」とされるように、地方議会は地区議会に対して従属的な位置づけが与えられる。[71] 地区議会の議員は地方議会よりも多数であり、委任者（すなわちコミュノテの総会に集まる市民）のより直接的な監視の下におかれ、利害の点でも委任者と大きく一致するという。また地区議会は市民からの監視の下におかれると同時に、他の地区議会との協調なしに単独で行動できないため、個別利益の追求など野心的な行動は牽制される。このような理由から、コンドルセは地区議会においてこそ、市民が真に代表され、個別的利益ではなく国民の一般的利益が表出されると考えるのである。

コンドルセは個別代表の問題についても言及している。ここで問題とされるのは、各コミュノテや地区は各々個別の利益をもち、したがって個別の代表をもつべきか、また代表者についてはその委任者の利益に従うべきかという論点である。コンドルセは代表者が委任者の意向に拘束されるとは考えない。代表者が被代表者に依存するのは、確立した形式に従って彼らから権力を受け取るためのみである。したがって、各コミュノテや地区ごとに一議員を割当て、個別代表と見なすのは、何らかの状況のもと、代表者がその地区や住民団体の決定に従って投票する役割を担う限りの利点しかないとされる。ある種の事物に関して、委任者全体の意見を採用することが有益だとしても、それはあくまで便宜的に取られる措置に過ぎないという。

コンドルセ自身、以上の諸議会の構想の特徴を次のような点に見ている。諸議会は非常に細分化され、各議会が少人数から構成されること。永続的な議長を置かないこと。議員は自分の権威の増大という野心に駆られた行動に出ないこと。さらに各議会は人民に異議申し立てのための合法的手段を認めていること。このような諸特徴を備える諸議会こそが、「永続的で、自身の固有の利益に従事する中間団体よりも確実な、公的な平穏の保証ともなる」[72]。このような構想は、各段階において細かく分散した諸議会が互いに独立の関係を保つことで人的な癒着関係を防ぎ、それにより中間団体や特殊な利益の形成を防ぎつつ、階層的に配置された選挙議会を通じて個別利益からより一般的利益が精製されていく仕組みといえる。[73]個別的利益、野心の追求の傾向を有する中間団体は、癒着をもたらし、階層的秩序の独立性を損なうものと考えられる。中間団体について言及される際に常に念頭におかれるのは、モンテスキューの議論である。コンドルセは、モンテスキューも悪弊に別の悪弊を「均衡させる」ことに専心せず、真に代表制の原理に基づく政体の本性と諸帰結についてより一層考察していれば、自分の主張を認めたのではないかと想像する。モンテスキューが君主政国家において有益であると考えた諸団体や貴族的制度は、コンドルセによれば、あまりにも過大な代償を伴う。それらは人民にとって「巨大で永続的な税」であり、財産の不平等を拡大し、永続化し、奢侈、私的な徳の蔑視、習俗の腐敗すらもたらすものでしかない。[74]

市民権の行使に関しては、市民一般による投票と選挙人による議員の選出が区別されるように、確かに知性の程度への考慮が見られる。しかし、選出された賢明な代表者の能力に期待するというよりもむしろ、コンドルセの関心は、選挙人としての資質を判断できる程度の市民一般に共有された知性を基準に、制度の精密な仕組みを確立することに向けられているといえるだろう。ここで注目されるのは、一般市民は選挙人の選出に限るとする一方で、異議申し立ての合法的手段は積極的に認めており、それが平穏な社会を保証しうると考えている点である。この点は、次章で検討する革命期におけるコンドルセの一つの主要な問題関心、意見表明と秩序の安定の問題に引き継がれることになるだろう。

四　身分的区別への批判

コンドルセの代表制の原理に基づく地方議会の構想における主要な論点の一つは、身分別の代表に対する批判である。とくに第三章「被選挙資格について」では、市民による自由な選挙を重視し、その有益性と弊害について検討している。また議員数を身分ごとに割当てる方法の不都合についても様々な観点から指摘する。この議論を通しては、コンドルセが抱く代表者像の一端が明らかにされることになる。

まずコンドルセの視点の特徴の一つとして指摘できるのは、被選挙資格を論じる際にも、常に有権者である市民の視点を尊重することである。つまり、被選挙資格は一定の市民の排除であると同時に、有権者にとっては選択の自由の制約、市民権の行使に対する制約を意味する。そのため、必要性が明白な理由に基づかない限り不正であり、被選挙資格からの排除は極力限定すべきものと考えられている。被選挙資格と「同種のあらゆる条件は、選択の自由をより狭い範囲内に止めることにより、市民権の行使を制約する。したがって、もしその必要性が明白な理由に基づかないならば、それは市民全体に対して不正である」[75]。

コンドルセはこうして議員の被選挙資格について「人物」「身分」「職務」「財産」という四つの観点から

検討している。例えば「人物」については、市民権の行使と同様の条件、つまり一定の土地所有者であることに加え、十分な読み書き能力が必要とされる。また「職務」については、他の公職との兼任の可能性が問題とされる。兼職を不可能とする理由には、居住地や職務の性質などいくつか挙がるが、コンドルセがとりわけ注意するのは兼職がもたらす「優越性（prépondérance）」である。彼は才能と知性、誠実さを除いたあらゆる優越性は有害だと考え、地方議員の異なる議会間での兼職（地方議会議員と地区議会議員など）は不可能であると主張する。一方で、特定の職業に固有の精神は議員の精神と両立しないとする意見に対して、コンドルセは「あらゆる代表制議会を活気づける精神はもっぱら公共精神であるべきであり、いかなる職業についても、それが公共精神に反する精神を吹き込みうると想定すべきではない」として反対する。[76]ここで引かれるのはアメリカやスイスにおける宗教や学術団体の例である。コンドルセはそうした集団を議会から排除するのは、それらを公共精神に反する団体として認めることであり、特定の職業に排他的に議席を割当てることと同様に危険だと考えるのである。

この四つの観点のうち、コンドルセが最も熱心に論じるのは「身分」に関する被選挙資格についてであり、そのなかで特定の身分への議席の割当てに対する反論が試みられる。[77]具体的に念頭におかれるのは、租税制度における身分特権の問題である。コンドルセによれば、特権階級に一定の議席を割当てる法律の主要な動機は、特権の擁護に他ならず、そのような法律はそれ自体が不正であるうえに、一般的利益に反する利益を追求する者を選択するよう市民に強いるという点でも不正である。さらに市民の間の事実上の不平等に、法による承認を与えることで不平等を強化することは危険であり、市民の権利に反する。

また身分別に議席数を定める目的として、上層階級による議席の占拠を防ぐことと、逆に上層階級の排除を防ぐことの二つが想定されるが、いずれも無用な危惧に過ぎない。なぜなら、もし自由な選挙を通じて市民が信頼を与えるのであれば、その結果が上層階級による議席の占拠であったとしても問題はない。また代表者を選ぶ際、有権者は自分の利益を理解し、擁護する能力のある人を選ぶものである。その際に生まれや富、個人的信用が何らかの重要性をもつことは言うまでもなく、上層階級が排除される事態は考えにくい。もしも上層階級の者が下層階級と肩を並べるのを拒むことが危惧されたとすれば、そもそれ程狭量な恥ずべき考えをもつ人間は議員に相応しくなく、そのような人物を選出したのが間違いというだけである。

歴史を振り返ってみても、ローマの平民は貴族に執政官職を託したし、革命以来のイギリス下院議会でも、議席を占める大半が生まれや財産、社会的地位や才能において秀でた人々であったのだから、市民は上層階級に信用を与えてきたとコンドルセは見ている。

このように、コンドルセが身分別の議席割当てに反対するのは、特権階級の利益擁護に対する反発という単純な理由からだけではない。彼は「人民の利益が上層階級の人間に委ねられるとき以上に、それらが気高さと節度をもって、公共の平穏への危険も少なく擁護されることは決してない。歴史はその証拠を無数に提供している」とも述べるように、人民自身の利益は上層階級によってより平穏に節度をもって守られるとの考えから、人民自身のためにもブルジョワジーや第三身分に議席を限定することに反対するのである。[78]

逆に上層階級の視点からは、議席数を限定しないことは彼らにとって有利であるとされる。社会的信用という観点からみれば、自由な選挙に委ねれば、彼らはより多くの票を得ることになるだろうとコンドルセは見ている。つまりコンドルセにとって自由な選挙は、社会の現状において、ある程度の教養を備え、社会的信用を得た人材を自然に、すべての人の利点となるように確保するには一番適した手段に思われるのである。

「一言で言えば、それはすべての人の利点のためである。なぜなら、不正なしに、教育と個人的敬意により社会に利益をもたらすための最大の手段をもちあわせた人物によって議会を構成するための唯一の手段だからである」[79]。

さらにコンドルセが注目するのは、実際、自由な選挙に委ねれば、上層階級の人々もすべての人に共通の利益に訴え、人民の支持を求めざるを得なくなることである。ただし人民の支持調達の必要性は、そこに癒着の生じる危険もある。買収の横行により、議員の役割や義務を心得ない人物が選ばれる事態は、まさに現行のイギリスの選挙制度の示す弊害である。だが、それを法的平等の弊害と捉えて法的平等それ自体を問題視すべきではなく、制度改革の課題と捉えるべきだとコンドルセは考える。まさに多段階の地方議会こそが、議員と人民の「依存」関係という弊害に対処できる制度なのである。地方議会はここで、人民への直接的な依存関係を回避するための媒介的な役割を求められている[80]。

ここで、二つの特権階級それぞれに対するコンドルセの視点を確認しておきたい。彼の聖職者に対する態度は容赦なく、まず解体すべき階級とされる。聖職者はいかなる国でも社会的秩序に対して「異邦人」であるか、国民が報酬を与えて宗教的役割を担わせているかのどちらかであるという。例えばヴァージニアでは、いかなる宗教も公的特権を享受せず、各人は好みに応じて礼拝を選び、司祭には自由に報酬を支払う。それに対しフランスの場合、聖職者が国制の一部を担い、一階級を形成するようになったが、その原因は教権の濫用、世俗的権力の簒奪、君主や人民の迷信にあるとされる。

貴族については、フランスにおいて貴族に認められた合法的区別は免税特権のみだが、これは地方議会における貴族と他の身分の区別を正当化しえない、というのがコンドルセの基本的見方である。今日では貴族は封建的奉仕を免れ、聖職者の十分の一税も宗教的職務とは独立した単なる収入となり、特権を正当化する理由はもはや存在しない。さらに直接税の課税方法や近年の新たな間接税の導入により、大半の特権階級にとって免税特権の価値は失われ、彼らが特権を守ろうとする動機も弱い。コンドルセの見るところ、貴族が法的特権を維持する理由はもはや存在しないのである。

その一方で、法的特権とは区別された名声や社会的敬意など、人々の共通の意見に支えられた貴族の社会的役割については、否定するどころか、むしろ有益であり活用すべきと考える。「貴族の法的特権と、彼らが意見から引き出す諸利点とを注意深く区別すべきである。……これらの諸利点は政治における害悪として見なされるべきではない」[81]。家系や生まれに由来する敬意を受ける貴族にとって、重要な社会的地位の獲得は容易であり、そうした敬意は自然に維持されるものである。彼らは入念な教育を受け、高貴な行動原理を心得ており、威厳を備え、社会的地位とは関わりなく個人的敬意も受ける。コンドルセは「彼らは有力者と単なる市民との間のある種の中間層であり、平等を破壊するよりもむしろそれを維持する」とし、彼らの存在は社会の平等の維持に貢献するものと見る[82]。

またコンドルセは貴族身分内での格差の存在にも目を向け、選出の条件に教区の領主の資格を課す試みなどを、貴族のなかに貧富の新たな区別を導入するとして批判する。そうした区別の導入は、貴族同士の恩顧関係をもたらすなど、非常に危険な貴族政を招く恐れがあると指摘する。コンドルセが貴族階級に好意的であるのは、あくまでその存在が社会におけるある種の平等の確立に結びつくと考えるためであり、新たな区別の導入や貴族政の確立にあるのではない。「ヨーロッパ社会の現状において、貴族の最大の利点の一つは、市民の大多数に信用や富とは独立した敬意を与え、財産や事業における影響力によって大きく隔てられた人々の間にある種の平等を確立することにある。もし貧しい貴族と裕福な貴族の間に制度的な区別を設けるならば、この利点を破壊することになるだろう」[83]。

ただし、コンドルセはこうした傑出した一部の人間の存在を認めながら、それを社会の一集団と結び付けて限定的に捉えるのではない。むしろそれらを流動的な階層と見ており、いずれ教育の普及などにより全般的に知性が向上すれば、権力者の弊害に対抗するために彼らの存在に頼る必要はなくなると考える。身分的区別はあくまで人々の意見が認める限りのものであり、何ら確固とした後ろ盾はない。「身分的区別は法的特権にではなく、意見に基づけるべきである。なぜなら、意見に基づく区別を無益か危険なものとする同じ諸原因により、この意見も自然とその力と影響力を失うからである」[84]。こうした視点からは、貴族の議員の数を限定しないことが賢明な策であるとされる。

貴族という存在に対しては、市民の自由な選択に任せることで、人々の信頼を得た自然な長所は活用しようとするコンドルセにとって、耐えがたく思われるのは、何らかの肩書きや身分ゆえに選出されることへの自己満足、そして虚栄心である。貴族や土地領主という肩書きのために選ばれたと満足することは、選挙人に対する敬意の欠如に他ならない。それは「市民の自由な選択の軽蔑」、さらには何の肩書きも欠いた「人間でしかない人々への軽蔑」である[85]。貴族や聖職者も地方議会においては市民の代表者でしかない。だが市民の代表者という肩書きはそれだけで十分に立派なものであり、他の肩書きをひけらかそうと汲々とすべきではない。地位や肩書きに基づいた選択をありがたがるのは、大抵それらを手に入れて間もない人々、それなしには選ばれないと自覚する人々である。コンドルセは皮肉を込めてこのような態度を批判しながら、市民の自由な選択、良心に従った判断が、地位や肩書きに惑わされることなく、代表者に相応しい資質を見抜きうる可能性に期待を寄せるのである。

五　選出方法

続いて、第五章「選挙の形態について」において展開される、選挙の仕組みと投票方法について検討したい。コンドルセはここでまず、今日いわゆる「コンドルセのパラドクス」の名で呼ばれる現象について検討している。[86] コンドルセによれば、各選挙人が最も好ましいと思う候補者を一人選び投票し、最も多数の票を集めた候補者を当選させるという通常の選出方法では、二人以上の候補者が存在し、かつ誰も半数を獲得しない場合に、誤謬が生じてしまうという。そもそも、より多数の人間による判断が真である蓋然性がより高いと考えるコンドルセによれば、他の各々の候補者よりも優れていると多数者が判断した人こそが当選者とされるべきである。だが通常の選出方法では、選挙人の判断は候補者それぞれに対する選好まで示すものではなく、その点で不完全なものにとどまる。各選挙人の各候補者に対する選好の順位を明らかにしたうえで、結果を集計、比較して多数者の判断を導くと、それは必ずしも単純多数票の示す結果とは一致せず、ここに矛盾が生じてしまう。とりわけ票が分散してしまう場合に、その結果を、つまり相対的には多数票を得た少数の得票者を、多数者の選好の表明と見なすことに、誰もが不条理を感じてきたという。

そこで多くの国では解決策として、半数以上あるいは三分の二以上の得票を当選の要件とし、該当者がいない場合は、該当者が現れるまで選挙をやり直す方法が取られたという。ところがコンドルセはこの方法に反対する。なぜなら彼の考えでは、人はそう頻繁に意見を変更するとは思われないのに、この方法は選挙人の選択の変更を想定しており、選挙人に自分の真の意見に反する投票を強いることになるからである。

この方法はこうした疑わしい前提に基づく上に、非常に時間がかかるという実践上の問題もある。選挙人を長時間拘束するためにあらゆる手段を用いかねず、理性と良心に従った投票はますます困難となる。陰謀やあらゆる腐敗も為すがままとなる。この方法がせいぜい示すのは、選挙人が真に望む人物ではなく、何とか耐えうる人物である。それは選出権ではなく排除権の行使により、消極的に選ばれた人物に過ぎないとコンドルセは考える。

その他の投票方法も、選挙方法を複雑にするものが多く、いずれも選挙人の真の意向を得るという目的を果たさない。コンドルセが真の結果に導く唯一厳密な方法と信じるものにしても、実践するにはうんざりするほどの手間がかかるため、彼は実践の見地から、非常に単純な方法を提示することを選ぶ。[87] それは、最も適した人物ではないにしても、少なくとも委ねられた役割を果たす能力があると判断された者のみを選びうるような方法である。しかしこれはやむを得ない妥協策ではなく、むしろ選挙や議員の性質に適った方法である。つまりこれこそが複数の議席をめぐって多数が競合する選挙において求めるべき方法でもあるという。議員の役割は少数に限られた際立った才能を要求するものではなく、多くの人が十分に果たしうる性質のものであり、その点でもこの方法は相応しいとコンドルセは考えるのである。

こうした考えのもと提案されるのは、各選挙人が最もその地位に相応しいと思われる二十名の候補者名簿を作成する方法である。[88] この方法では、半数以上の名簿に載った候補者が当選者とされる。言い換えると、半数以上の選挙人が相応しい二十人の内に選んだ者が当選者となる。その要件を満たした人物が複数いる場合は、最も多くの名簿に名前が載った人物が当選者となる。

コンドルセによればこの方法には複数の利点がある。まず選挙人は友人など自分が贔屓にしたい人物を選べるが、同時に公正な判断で選びうる余地も十分に残されている。個別的な諸々の動機から一票を決定した後は、それが残りの票に影響することはなく、党派に属さないことを理由に優れた人物が避けられる可能性が低くなる。また、半数以下の者しか支持しない陰謀が退けられるという利点もある。

ところで、コンドルセの提案する選挙集会は、騒々しさとは無縁のものと想定され、選挙集会の任務は一日で終了し解散されるので、陰謀なども免れるとされる。そうなると、選挙のために集まる積極的な意味はどこにあるのかという疑問も生じよう。この点、彼は選挙のために集会を開く必要性を積極的には主張していない。むしろこの集会を全く廃止する可能性すら考えており、その場合の候補者名簿の提出方法などについても検討している。[89] 選挙集会の開催をためらう理由の一つは、公の場での特定の人物についての議論が、不毛な対立や分裂を招く恐れがあるためである。時間的制約のなかでの議論は、発言内容を十分に検証することができないため、結局は真実よりも中傷行為を、人物の長所よりも厚かましさを利することになる。[90] また選挙集会における少数者の陰謀の可能性も警戒される。可能な限り意見の変更を避けるために投票を一度に限ることを重視するのもそのためである。もちろん新たに得た知識や検討の結果、意見を変えることはあるが、大抵の場合、意見の変更は純粋な理由からではなく、陰謀を助長するものであるという。[91]

コンドルセは選挙集会を開かずに、各自がそれぞれ候補者名簿を作成し、送付する方法をより好ましいとして、その「散在する選挙人の意向」を収集する方法の利点をいくつか指摘する。出費の抑制、選挙人が分散しているため徒党や策謀を回避しうること、良心に忠実な選択の可能性などである。自宅で名簿を作成するならば、それを相互に伝え合うこともなく、互いに影響を与え合うこともないという。[92] いずれにせよ、選挙集会を開くとしても、議席ごとに新たに投票を行うよりも、この候補者名簿による方法が望ましいとコンドルセは考える。

続いて、投票方法についての考察に移り、選挙に限らずあらゆる議決が筆記投票（scrutin）によることが提案される。投票方法の問題は、当時の人々にとって国制の根幹に関わる重要な問題として認識されており、革命期を通じて発声投票か筆記投票か、秘密あるいは公開性を認めるか否かなどの論点をめぐり激しい論戦が交わされた。その際には、当時の民衆の識字率など技術的、実用的な問題が考慮されただけでなく、いかなる個人像、市民像を想定するかという問題も浮き彫りにされたのである。[93]

コンドルセの筆記投票の提案について見ると、それは必ずしも「秘密」投票を意味するわけではない。彼は自らの提案する筆記投票が「通常の筆記投票よりも秘密ではない」としており、その目的は投票者に投票の秘密を保証することにあるのではないという。[94]むしろ、他の投票方法と比較した場合の筆記による投票方法の諸利点に注目する。例えば、文字の使用が知られている国では、議題が非常に単純であるか、賛否のみを問うもの、全会一致を求める場合を除いて、投票者が多数であるか、重要な案件を扱う場合には、筆記投票以外の方法は望ましくないとされる。賛否のみを問う場合も、筆記投票は他の方法に比べて短時間で確実に集計できるという利点がある。また意見が賛否では表明されない場合には、筆記による意見表明こそが、意見の正確な方法での収集、誤謬の回避を可能にするという。

このような実用的な側面に加えて、筆記投票により他人との相互の影響力が排除できる点も注目される。ここで特に筆記投票と対比されるのは発声投票である。これは当時のフランス社会ではよく知られ、共同体における意思決定の際に頻繁に実践されていたものである。その名の通り、公の集会において参加者全員の面前で大きな声で投票を行うため、個人の意見はまだ投票をしていない人も含めて、たちまち周囲に知れ渡ることになり、混乱も招きかねない。このような状況に対し、コンドルセは他人の過度の影響下で投票のための意見形成がなされることを望ましくないと考える。そして筆記投票のもう一つの利点はまさにこの点に見出される。筆記投票によれば「ある人の意見は、常に静寂のなかで冷静に形成され、他の投票者の影響を被ることがより少ない。その意見は、それが傷つけうる人々のいる前では表明されない」[95]。つまり選挙集会の参加者が、投票の際の意見形成に対して互いに影響を及ぼしあうことを、極力避けることができると見るのである。

また逆に言えば、人は他人からの影響を容易に被る存在であるからこそ、制度的な工夫によってその弊害を防ぐことが望まれるのである。ここに、コンドルセの想定する個人像の一端を捉えることもできるだろう。コンドルセによれば、同時代の多くの学者が筆記投票に反対するのは、そこに隠蔽工作の可能性や人間の性格の弱さを見出すためである。有徳な人物なら自分の意見や選択を隠したりはしない。正しく純粋な意図に基づく考えならば、公表することを恐れないはずであると彼らは言う。しかしコンドルセによれば、このように考える人々は、投票制度が想定すべき人間像について根本的な思い違いをしている。投票制度は高潔で優れた知性を備えた一部の人間を対象とするのではない。投票制度に限らず立法に関する諸制度は、社会のあらゆる人々に有益なものとなるよう、彼らの平均的な知性や徳性を基準に構想されるべきなのである。逆に、極端な知性の存在に依拠する立法こそは危険であるとコンドルセは指摘する。「この議決の形態を非難する人々は、良き法とは人間のうちに平凡な知性や共通の誠実さのみを想定するものであり、偉大な才能や英雄的な徳を求めるような立法はすべて危険であり、長期的に有益ではありえないということをおそらく知らないのであろう」[96]。

コンドルセは以上から、各人の明確な意見と票の厳密な集計を保証し、他人の影響を被りやすい人間の脆弱性を考慮するという利点を備えている筆記投票こそ採用すべきであると主張する。「意見における明確さ、それを数える方法における厳密さを保証するため、そして真理を損なうことなしに、人間の弱さに配慮するためにこそ、この方法を選ぶべきである」[97]。

六　国民議会への展望

第七章「提案された国制の国民議会形成のための有用性」では、ここまでの議論の延長線上に国民議会の形成が展望されることになる。以下で見るように、国民議会の具体的な構成においては、基本的に地方議会における諸原則が踏襲されている。コンドルセの主眼はむしろ、フランス社会の歴史的条件のもとで、なぜ国民議会の創設という問題が、代表制の原理に基づく地方議会の構想と密接不可分の関係にあるかを説明することにおかれる。そこで彼は、国民議会の正統性の問題、新しい国制に対する国民の新たな承認の条件から論じていく。

コンドルセは真に国制に適った国民議会の条件として次の点を挙げる。定期的に開催されること。その形態は国民の総会が定めるか、市民の共通の意志によって権力を付与された代表者の特別議会が決定するか、国民の正統な暗黙の合意により採用されたものであること。この最後の場合、慣例により確立された国制に対して、国民の暗黙の合意が正統に為されたと見なすには、さらに二つの条件が課される。各市民が自ら国制の弊害や利点の判断ができるよう議会が十分頻繁に開催されることと、公的異議申し立ての自由である。[98] コンドルセの理解では、フランスの現状においてこのような条件を満たした真の国民議会は存在しない。「フランスにはその秩序、構成、役割が国民によって規律されたと思われる国民議会は存在しない」[99]。

ところで、仮にこのような真に国制に適った議会が存在すると想定して、もしその議会が一部の市民の信頼を失い、改革の必要あるいは新たな承認の必要が生じたならば、その目的のために召集された代表議会は、メンバーがその任務を引き受ける明示的な意図のもと選出され、いかなる不平等によっても市民の権利が侵害されないという条件のもとに、正統な権力をもつとされる。[100] この例としてコンドルセは独立後のアメリカ市民の例を振り返り、彼らのみが国制に対する国民による新たな承認を得るための特別議会に注目し、実践していたとする。「これまでアメリカ合衆国のいくつかの邦の人民が唯一、特別議会（conventions）の形態を予め定めておくことの有益さを感じた人々である。それらは国制の欠陥を修正し、その変更あるいは新しい国制さえも、その役割を果たすために選ばれた国民の代表者たちの検証に委ねることを特に目的としていた」[101]。

コンドルセにとって新たな国制（あるいは国制の変更）に対する国民の承認を得るための特別議会という手段は、人間の自由に関わる非常に重要な実践と思われた。なぜなら、一度確立された国制は正統に変更しえないとする考えは、人間の知性の可能性の否定であり、時間の経過により生じる弊害を永遠に被ること、将来の世代を先代の犯した誤りの犠牲にすることを意味する。だが国制の変更が正統であるには、その承認を通常の国民議会に委ねることはできない。それは代表者に絶対的な権威を認めることであり、人間の自然権に反し、危険な結果を生じるからである。そこで特別議会が求められることになる。次章で見るように、コンドルセは革命期になると憲法改正のための特別議会の提案としてこの考えを具体化していく。しかし、この特別議会は新しく独立したアメリカ社会においては有益であったが、歴史的条件の異なるフランスには適用できないというのが、この時点でのコンドルセの見方である。[102] すなわち、身分的特権や地方の特権の主張が依然として根強いフランスでは、平等原理に基づく特別議会を通じた国民の承認という方法は機能しないと考えられた。

コンドルセがこのように新しい国制の正統性について論じるのは、まさに現実のフランス社会がそうした歴史的局面に立たされていると考えるからである。真の国制に適った国民議会が存在してこなかったフランスが今まさに直面するのは、もし重要な状況により国民議会の召集が必要となる場合、どのように正統に召集されるべきか、その正統性は何によって担保されるかという問題である。コンドルセはこれに対し、広大な国家において市民が一同に集まるのは不可能であるから、国家の首長により召集された議会を、市民全体が平等で自由に代表される限りで、正統な国民議会と見なすべきとの当面の解決策を示す。そして新しい地方議会こそが、国民議会創設のために重要な役割を果たすことを明らかにしていく。

ところで、コンドルセはフランスにおける議会の歴史について次のような理解を示している。それによれば、ここ数世紀来存在してきた全国三部会は、古代ゲルマン民族の政治集会である「三月野会（champ de mars）」や「五月野会（champ de mai）」、古来の「パルルマン」とはその形態において全く異なり、ゲルマン民族の侵入以前に開かれていた集会とも異なるという。さらにフィリップ四世が彼の顧問会議の意見をもとに開いた最初の全国三部会でさえない。これら最初の国民全体の集会から今日の身分制議会に至るまで、王領の範囲、宗教や習俗における変化、様々な民族の混合などの要因により、諸議会は相次いで様々な変容

「古い国制」と批判する身分別の議会に基づく政体は「より単純な国制の堕落」したものであり、それは封建体制の緩やかな破壊とそれが伴う長期的な無秩序、無知の状態の帰結とされる。[103] その間、決して国民の集会において国民の承認を得られた国制は存在せず、全国身分会議は決して定期的に開催されなかった。それが今、百六十年以上の中断を経ても国民の暗黙の承認を得ていると考えるのは不可能である。彼らは経験に基づいた判断ができないし、議会の利点や欠陥を検証する機会も、その自由もまたないからである。

コンドルセは身分別の国民集会の起源を「征服民の集会への被征服民の招聘」と特権を享受する聖職者の存在に求める。[104] ここには身分的区別をフランク族のガリア征服に根拠を求める議論に対する批判を読み取ることができる。だが、さらに容赦ない批判は聖職者に対して向けられ、この時代には、無知な人民が聖職者を神のごとく信奉し、教権が世俗の権威をあらゆる点において凌駕していたと説明する。そしてこの時代、諸身分が異なる利益を有することから、各々の権利も異なると信じられていた。[105] 彼らは君主に対し共通の意思を表明すべきところ、別々の主張、相矛盾する要求を行い、市民の権利や公共の利益の擁護のために団結すべきときに分裂状態にあったという。

それに対し今日では、「幸い、すべての人間は同じ権利を有すること、すべての特権は、それを享受しない人々にとって有益でない限り不正であることが、ついに認められた」[106]。今や重要なのは「国民の真の諸利益」であり、すべての人はその共通の利益について意見を表明する平等な権利をもつ。このような時代認識から、国民議会において第一に議論すべき問題の一つは、身分的区別の維持についてであるとする。もちろんコンドルセはそれに反対であり、身分的区別は地方や地区の議会よりも、国民議会においてより一層有害であると考える。
こうして新しい議会のための最も正統な形態とは、古い全国三部会の形態ではなく、「代表が平等で自由なすべての正規の形態」であるとされる。[107] つまり代表の平等性、市民すべてによる自由な選挙、正規の形態のもと行われる選挙、という条件を備えて構成される議会である。そしてコンドルセは自らの構想こそが、これらの利点を備えた議会の形成を可能にすると主張する。なぜなら、最もローカルなコミュノテの市民が選挙人を選び、彼らが地区の選挙人を選び、さらに地区の選挙人は地方の選挙人を選ぶ、という連続的な選出の仕組みに支えられ、地方の選挙人が選出する議員こそ市民の真の代表と見なしうるからである。

国民議会の構成、議員の選挙方法などについて簡単に確認しておくと、それらは基本的に地方議会と同様の諸原理に基づいて構想されている。議会の活力と穏健さを両立するには、国民議会の規模は、人数が過大でも過小でもなく、その中間を保つことが重要とされる。特に、一人が危険な影響力を握ることのないほどに十分多数であるよう配慮される。具体的には、各地方から選出される四名の代表で構成される。[108] 議員資格には新たな条件は課せられず、市民であることが被選挙権の条件とされる。議長は、その影響力を分割して抑えるために、三名から五名の合議制とされる。また議長職も特別な役職ではなく、他の役職と同様に選出される。[109] さらに議会の閉会期には、決議の執行を担う単一の継続委員会、あるいは個別の諸委員会の設置が提案される。その構成員については、地方の代表による任命、国民議会議員との兼任の回避、議長の輪番制などの原則を定めることで、委員会が貴族的な傾向や危険な権力をもつ事態は避けられるとされる。選挙方法も、地方議会で採用した方法を採用することで、選出母体が多人数の場合に生じうる票の分散を防ぎ、個人的な人脈や地縁を越えて幅広い選択肢から相応しい人材を選ぶことが可能になるとされる。このような仕組みを整えることで、平穏で秩序が保たれた、成熟した議論、迅速で正確な、一貫性のある諸決定を下すことができるとコンドルセは考える。

またこの仕組みを通じて、公共の信頼に値する誠実さと知性を備えた人物が議会のメンバーに選ばれることが、確かに期待できるとする。その理由は要するに、その選択者が賢明な判断をすると考えられるためである。つまり、コンドルセによれば、国民議会の議員を選ぶべき地方議会の選挙人は、コミュノテ、地区と段階的な選出過程を通じて「教養ある市民の全般的意見」によって指名された人物である。[110] 彼らは団体を形成せず、団体の利益も追求しない。さらに彼らの唯一の役割は良き選出を行うことに限られ、社会的敬意を獲得しようと最善を尽くすことが期待できると考えられる。地方議会において傑出した市民は名声を獲得するであろうし、自由な選挙に任せれば、そうした名声に導かれた選択によりしかるべき人物が選択され、こうして議員の選択は全く偶然に任されることも徐々になくなるであろう。コンドルセは議員の資質について、以上のような期待を寄せている。

ところで、コンドルセは既存の地方三部会に対しては柔軟な姿勢を示しており、国民議会の創設にあたり、地方三部会にも代表の選出権を与えることで統合が図られる。その際、古き慣習から過度に乖離しないようにとの配慮から、身分ごとの代表選出も認めている。[111] というのも、それにより実際には彼の秩序構想の諸原理からそれ程遠ざかることはないと考えるためである。各地方から四名の代表という原則は三部会地域にも適用され、新しく地方議会が置かれる地方（徴税管区ジェネラリテに相当）との間で代表の平等性は保たれ、調和が図られる。コンドルセによれば、地方三部会は定期的に開催されてきたし、公的異議申し立ての自由が保証されていないという点では不十分だが、世論はこの制度に対して明らかに好意的であった。つまり議会の正統性、代表の平等性という観点から見ても、三部会地域に旧来の仕方での代表選出を認めることに明らかな弊害があるとは思われない。コンドルセは弊害を許容することは、弊害を積極的に持ち込み、拡大することとは大きく異なるとする。新しい地方議会が置かれるエレクション地域と比べた三部会地域における代表の不完全という問題は、当事者である人民自らその弊害の改革を求める時が来るはずで、それに委ねるべき問題とされるのである。

国民議会を初めて召集する際には、少なくとも古き先例という権威をもつ形態を選ばざるを得ないという意見に対しては、コンドルセは古さゆえに慣例が重要性をもつことは自覚しながらも、慣例に対しては「公共の意見の力」が対抗しうると考え、そこに新たな変革の可能性を見出している。[112] 天才が有害な誤謬を払拭したとしても、それは社会の基盤を揺り動かしたに過ぎず、その上の構築物を壊し、廃墟を一掃するには長い時間を要する。しかし時には人々の熱意と努力が結集し、一世紀かかることを数年のうちに成し遂げることもあった。それならば多数の人々の情熱と賢明な市民の熱意が結びつく目的、すなわちこの国制の改革の構想についても、そうした成功への希望を捨てることはないだろう。コンドルセはこのような期待から、そのために自由な議論を喚起することで、多くの人々に様々な角度からこの問題のあらゆる側面について検討させるべきとする。そうすれば、これまで崇めていた偶像の隠された動機が明らかになるからである。たとえ今日変革に対する公論の支持を得ることができないとしても、自由な議論という支えがあれば、新たに国民議会が召集されるまでに、公論の支持は自ずと得られるだろう。ここでコンドルセの頭に浮かぶのは、やはり自由な議論により古き制度を壊し新しい政府を創設した、数年前のアメリカ市民の姿であった。「こうした議論の幸福な効果によって、わずか数年前、イギリスとの関係を断ち切ったアメリカ市民が、一日にして彼らの政府のすべての仕組みを壊し、戦争の混乱の只中で新たな政府を創設し、その賢明な法律によって、古い半球の最も賢明な諸国民を驚かせたのである」。[113]

七　地方議会の役割と公教育

第九章では「地方議会の役割」について概観される。その内容を示しておくと、第一の役割として挙げられるのが直接税の割当てである。[114] 続いて、第二に地方の公共事業の行政、第三に国有財産（コミュノテの財産、王領、施療院、学校、工場、職能団体の収入、教会財産を含む）の全般的管理、第四に貧民の救済、教育、有能な人材の育成のための公共施設の視察、第五に民兵の統括、第六に司法と治安行政の監督、そして第七に公債の返還手段が挙げられる。

ここでは、革命期に執筆した公教育論によって後世にわたって注目を集めるコンドルセが、すでに地方議会論において公教育制度の必要性について訴え、後の公教育案の原型ともいえる計画を、地方議会の構成に即して構想していることに注目しておきたい。

制度を確立するだけでは、その目的を達成するには不十分であり、制度を支える人材の育成は無視し得ない課題となる。コンドルセにとっても地方議会の創設と公教育制度の確立は、いわば車の両輪をなしており、「いかなる人民のもとにも、その名に値する公教育は未だ存在していない」現状において、公教育の整備は急務と意識されていた。[115] 彼は公教育の確立には「二重の目的」があるとする。「〔その名に値する公教育とは〕すべての個人が最初の年には、自らの権利と義務の正しい観念をもち、自国の法律の主要な規定について学び、日常生活の行動に必要な初歩的な知識を獲得できるような教育である。このような教育はさらに、すべての諸個人のなかに、極めて自在な能力や目を見張る才能を示す人々を見出す手段を与え、その才能を育成し、公共の有用性に導くことができるという利点も有するだろう。すべての人間に彼らに必要な教育を授けること、その結果、自然が与えたいかなる才能も、教育の欠如ゆえに、無駄となり、認められないことがないようにすること。これが真に公的な、真に国民的な教育の二重の目的である」[116]。コンドルセの主張する公教育の二重の目的の一つは、ここに言われるとおり、個人の権利と義務に関する正しい観念の形成と、基本的な法律の知識の習得をはじめとする社会生活に必要な知識など、すべての人間に彼らが必要とする教育を授けることである。ここではまず、すべての人に対する教育の平等性が重視されている。ただしコンドルセは人間の生まれつきの才能は多様であり、そこに絶対的な平等を求めることはできないし、すべきでもないと考える。優れた能力を示す若者には、その能力を伸ばし、社会の公益に貢献するための道を開くことも、公教育の重要な目的なのである。こうして、すべての人に対する平等な教育と、各人がもつ生まれつきの多様な能力を社会に生かすための教育の両立が目指される。

しかしコンドルセの視点は、一部の優れた者に排他的に高度な教育を授けることで、他からは孤立した社会の統治エリートを育成するというものではない。そうした排他的な発想ほど彼に無縁なものはない。むしろ身分に関係なくあらゆる人に教育の機会を開くことで、社会の流動性が高まり、社会全体に知識が行き渡り、人々の間の格差が解消されること、いわば全体的な底上げが目指されるのである。それは知識の普及に対する次のような見方によく示されている。「一カ所に集中することによってではなく、普及してこそ、知性は増大しうる。知性は少数者の間に抑え込まれていればいるほど、誤謬や偽の学問がその輝きを失わせてしまうことが懸念される。学問は常に完成に向けて歩むであろうが、その歩調はより緩慢なものとなるだろう。学問はそれを深める人々のより排他的な共有物にとどまるだろう。学者とその他の人間との間の交流の回路は増えるかわりに、一層稀なものとなってしまう」[117]。学者も一般の人々との交流を絶っては学問の未来の発展も危ぶまれるとコンドルセは考える。

ここには常に変化を続ける動的な社会のイメージが浮かび上がる。学問や技術の発展は、教育を受けた一部の人々と全く受けない人々との格差をさらに開き、他者への盲目的な信頼などの依存状態をもたらす。さらに分業体制の発達により、貧民は無知な状態に置かれたまま知性の発展において一層の遅れをとるため、この傾向は増幅される。そこでこうした依存関係を解消すべく、市民が共通の権利を現実に享受するための教育はより一層不可欠なものとなる。

このような観点から、ローカルな段階から順に教区、地区、地方、首都へと段階的に教育機関を配備した公教育の制度が構想される。教区の学校では、男女ともに読み書き、日常生活に必要な算術や幾何学、道徳の基本原理、工学や自然科学の初歩、慣習法の概要などが教えられ、地区の学校では、より発展した基礎教育が与えられる。また社会の未来の世代の運命がかかる事柄は市民の代表者こそが監督すべきとの考えに基づき、教師の任命はコミュノテ、地区、地方の総会が担うとされる。

さらに、首都や地方の大都市に置かれたアカデミーなどの学問機関も、公教育の機関として活用される。「実践的研究への選り好みは、有用性という誤った考えに誘惑されるあらゆる社会において、真の知性を破壊する」として、アカデミーの目的は利害や収益を考慮に入れる技術ではなく、あくまで厳密な事実の研究としての学問にこそあると主張される。[118]

先の公教育の二重の目的は、初等教育の段階で才能を示した一定数の選ばれた者がさらに専門教育を受ける仕組みを設置することで実現されることになる。地方の段階では、より個別の学問に専門分化した教育が、首都におかれる少数の教育機関ではさらに発展した専門教育が目指されることになる。コンドルセはこの制度によって、下層階級のなかから優れた人々が現れることを促し、それにより社会の様々な身分間の格差を縮めることが可能になると考える。「この制度により、毎年、多数の貧しい階級出身の何人かは、他のあらゆる階級の教養ある人々と知性において並び、この手段によって同じ職業、同じ地位に就くことが可能となり、人民と上層階級の間のある種の繋がりを形成し、彼らを分かつ深い溝を埋めるだろう。人民は自らのうちから支持者、擁護者を見つけ出す」[119]。

もちろん、公教育が下層階級を含むすべての人を対象とすることに対する反論が存在することに、コンドルセは無自覚なわけではない。しかし、過酷な労働の働き手不足への懸念に由来する反論などは、他人を奴隷に留めておく権利など誰もつはずがないと考えるコンドルセにとって、真面目に聞くに値しないものであった。また費用を理由とした反論に対しては、公教育ほど社会に有益なものはなく、教育に関わる多数の既存の施設を活用することで節約できると、実践的な手段が模索されている。

コンドルセは公教育の施設、教育内容、教育方法の詳細について、「これらすべての多様な事項は、われわれに欠けている重要な書物の主題となるはずである」と述べており、知性の現状を見れば、今こそそれを試みる好機であると主張する。[120] そして実際に数年後、革命の渦中で彼はこの課題に自ら取り組むことになるのである。

第四節　政治状況の変化

コンドルセが『地方議会の構成と役割についての試論』を執筆していた時期は、王国の財政改革をめぐり、政府と高等法院を中心とする特権階層との緊張関係がますます激化していく時代に重なっていた。

一七八七年以降の政治状況の展開を振り返っておくと、この年の二月、財務総監カロンヌは名士会議を召集し、財政改革案を提出した。ところが全身分を対象とする新税に対する名士会議の同意は得られず、彼は四月に罷免される。その後を継いだロメニー・ド・ブリエンヌも同様の方針をとり、勅令の登録拒否という対抗手段に訴え出る高等法院に対して、八月には印紙税案を強制登録させ、高等法院をトロワに追放した。こうした政府の動きに対して高等法院は、課税には人民の同意が必要であるとし、全国三部会の開催を要求していく。ブリエンヌは事態の沈静化を図り、高等法院側との交渉も進めるが、翌一七八八年に入ると、双方の対立関係はさらに激化し、高等法院が全国三部会の開催要求を度々突きつけるのを受けて、ついに政府側も全国三部会召集のための具体的な準備に乗り出すこととなる。そして八月八日の勅令により、翌年五月一日に全国三部会を召集することが決定された。

その一方で、政府による地方議会の設立計画に関してもネッケルからカロンヌへと引き継がれ[121]、ブリエンヌの下、全国のエレクション地域における地方議会の設置の方針が決定されていた（一七八七年六月二十三日王令）。これは市町村、県、地方の三段階の議会を設置したもので、各段階の議会において身分的区別は維持されたが、第三身分は他の二身分の合計と同数の代表をもつこと、個人別の投票などが定められていた。[122]

こうして一七八七年夏中には、各地で地方議会の設立が着手された。ブリエンヌは一七八八年春頃まで、地方議会の設立を強く支持しており、行政再編の他の手段、とりわけ地方三部会の再建には反対の立場を貫いていた。ところが一七八八年五月以降、そうした姿勢に変化が見られるようになる。高等法院との激しい抗争のなかで、世論に配慮し、地方三部会に対して譲歩の態度を取る。彼は地方に対して地方三部会の再建を約束し、実際ドーフィネ、ヴィズィルにおける地方三部会の再建に反対しなかった。このような流れのなかで、地方三部会に世論の期待が集まる一方で、地方議会という選択肢は色あせたものとなっていく。地方議会にかわり関心を集めるのは全国三部会であり、ブリエンヌを引き継いだ財務総監ネッケルは一七八八年十月十五日、地方議会の開催を取りやめることになる。[123]

コンドルセはこのような政府と高等法院の攻防という状況を睨みつつ、地方議会論を執筆していた。ところが現実の状況は予想を超えた急展開を見せ、地方議会の諸制度が確固とした原理のもとに確立する前に、翌年の全国三部会の召集の決定という事態を迎えてしまう。地方議会論が印刷に回されている間にその報せを受けたコンドルセは、論文に「後記」を加えざるを得なくなった。

そこではまず、以上のような論文の置かれた状況が説明され、改めて地方議会論執筆の意図が確認される。それによれば、論文公刊の準備を進める際には未だ全国三部会の開催は予想しがたい状況であり、国民の諸権利の回復の手段は、それを保証しうる代表政体の確立に向けた地方議会の設立に求められ、そのうえで国民議会の創設が目指されていた。「この著作が印刷に送られた頃には、全国三部会がそれ程間近に開かれはしないと信じるに足る理由があった。それゆえ国民に諸権利の行使を回復させ、市民に自然から受け取った諸権利の享受を回復させる最も単純な手段は、まず各地方における多段階の議会の制度の完成に努め、次いでそこに平等で実質的な代表からなる国民議会の制度を結び付けることであった」[124]。彼は全国三部会の召集の決定という事態について現時点で判断を下すことは控えるとしながらも、国民議会の創設の前に、国民は時間をかけて自らの権利と利害を理解し、代表者はより地域行政に精通すべきであったと主張する。そして『法の精神』やイングランド国制に依拠する特権階層の根強い意見に支えられた身分会議の再来を懸念し、国民議会の設立は時期尚早であるとの見方を示す。「未だそれについての判断を下す時期ではないが、これらの出来事は国民議会の時期を早めた。おそらく望まれたのは、国民が時間をかけて自らの権利と真の利益について明確に理解し、彼らの代表となるべき市民が地方議会の仕事に従事しながら、行政の詳細について地域に即した知識を獲得することであろう。三部会の構成についてのわれわれの知識は一般に、『法の精神』から引き出された、堅固というより巧妙で、有益というより危険ないくつかの格律と、イングランド国制への明確というより喧しい賞賛に限られている」[125]。

そもそもコンドルセの目には、高等法院の要求する全国三部会の開催は、政府による地方議会創設の試みという改革の進展に逆行する事態と映っていた。彼は『現在の事態に関する合衆国の一市民からフランス人への書簡（*Lettres d'un citoyen des États-Unis, à un français, sur les affaires présentes*）』（一七八八年）と『地方議会と全国三部会についてのある共和主義者の見解（*Sentiments d'un républicain sur les assemblées provinciales et les états-généraux*）』（一七八八年）の二論考を通して、一七八八年夏の全国三部会召集決定の前後の政府の諸改革案と、高等法院側の主張に対する批判的見解を述べている。以下で見るように、すでに地方議会についての構想を固めていたコンドルセは、ここで現実の政治状況の進展のなかに新しい地方議会を位置づけながら、来るべき全国三部会にどう備えるかについての展望を示している。いずれもアメリカ市民からフランス人に向けた書簡という形式で書かれており、全体は二論考あわせて三通から構成される。そして、アメリカ市民の視点、すなわち「人間の諸権利を尊重し、特権や時間の経過から尊ばれている慣習に過ぎないすべてのものを理性によって吟味しようとする自由人」の視点に立つことで、政府の側、高等法院の側のどちらにも与することなく、独立した視点で事態を冷静に判断することを試みようというコンドルセの明確な意志が全体に貫かれている点に注目したい。[126] ここで特に具体的に言及されるのは、一七八八年五月の国璽尚書ラモワニョンによる一連の司法改革と、ブリエンヌによる新しい地方議会、そして全国三部会の召集という出来事である。コンドルセは高等法院をはじめとする特権階級の主張に対しては一貫して批判的であるが、だからといって政府の諸改革を全面的に支持するものでは決してない。むしろ政府の施策のなかにもそれぞれの論点の本質を直視することで見えてくる矛盾を指摘しながら、その変更を迫るのである。[127]

以上のコンドルセの視点を踏まえて、第三の書簡で中心的に論じられる二つの論点、すなわち全国三部会の召集と、諸地方の特権の主張に対する彼の見解と展望について見ていきたい。

コンドルセはあまりに性急な全国三部会開催への要求に対する疑念から、次のように切り出す。「国民がそれを望みながらも、ほとんど期待を抱かなかった地方議会の設立からわずか二カ月が経過しただけで、すでにその設立の喜びは全国三部会の設立の欲求へと取って代わったかのようです」。[128] ただし、全国三部会召集の要求だけに着目して批判するのではなく、フランスの現状をいかなる文脈のなかに捉えて判断すべきかを確認するため、ブリエンヌによって提案されたばかりの新たな地方議会の創設について見解を述べていく。コンドルセの政府案に対する評価は、文面を読む限り概ね好意的なものである。[129] 彼はこの計画の根本はテュルゴの構想にあることを改めて確認したうえで、彼らの計画がテュルゴ案とはいくつかの点で異なると指摘する。例えば、身分的区別を維持する点、教区をコミュノテに編成しなかった点などである。しかしこうした「欠陥」も議会の構成などの工夫次第で容易に修正しうると考えるコンドルセは、政府の改革の動きに対して悲観的なわけではない。身分的区別に関しては、第三身分内で意見の合意が形成されれば、貴族や聖職者のなかの教養ある人々は、彼らに同意してそれに反対するだろうと期待を見せている。「貴国では第三身分の名で示される国民がそれを望むやいなや、身分的区別は消滅するでしょう。なぜならその身分の構成員がそれに合意すれば十分だからです。貴族や聖職者のなかにも、第三身分に合流し、身分的区別に対抗するすべての議会の多数派を形成することになる、十分に教養ある寛大な人々が容易に見つかるでしょう」[130]。

諸々の欠陥にもかかわらず、この地方議会案はテュルゴの計画の極めて重要な利点のすべてを備えているというのが、ここで示されるコンドルセの見方である。市民による議会の構成員の任命、相互に連関しあう三段階からなる諸議会、代表者は意見における自由を保持しながらも、重大な理由による場合を除いて、その委任者の意向に従うよう強いられることなど、コンドルセはその本質的な諸利点を確認し、これにより代表者の絶対的な独立という不都合、有益な議論や真理、決定の一貫性とは両立し得ない依存関係などの不都合を避けられたとする。[131] そして地方議会の支えがあってこそ、「国民全体が、少なくともその意見により、あらゆる階級の圧制者の裁き手となっていた」とし、公論の活力に期待を示している。[132] 国制や法律における諸改革も、実践しうるだけでなく、社会の平穏を乱すことなく容易に実行できる点を重視する。このように、他国の状況と比べても、フランスはこうした様々な諸問題により良く対処してきたとコンドルセは評価している。国民議会については、必要となれば地方議会から形成できるとし、地方議会はその代表者に指令を与え、彼らの監視の目は代表者の腐敗、徒党の精神、野望や貴族的傲慢さを回避するだろうという。

ところが、コンドルセにとって一七八八年の全国三部会の開催決定は、まさに新しい地方議会の確立からやがては国民議会の創設に繋げていくというシナリオに逆行するような、旧式の三部会の復活という嘆かわしい事態に思われたのである。「多くの点でいかなる人民の政府よりも優れ、いかなる革命の恐れもなく、知性の進歩によりその恵まれた作用を決して妨げずにさらに完成されるよう工夫された優れた政府をフランス人民に与えるようすべてが準備されるまさにその時、ヨーロッパのいかなる国々よりもより現実的な方法で自らの利益について議論するよう国民全体が促されているその時に、その概要を示したところの国民議会ではなく、古い全国三部会を要求しているのです」[133]。

コンドルセの見方によれば、司法官だけでなく聖職者、地方の諸身分、貴族による名士会議などがこうした要求を掲げている。彼らはまたブルターニュやドーフィネにおける地方議会の実践を熱狂的に支持しているが、それらは構成上の欠陥があり、真の貴族政に過ぎない。コンドルセは特にこの二つの地方における人民を取り巻く実情と彼ら特権階級の要求を対峙させ、熱狂的な支持を受けているという驚くべき事態について説明し、残された僅かな時間のうちに来るべき全国三部会を人民に有益なものとするためにとるべき諸策を示そうとする。彼の理解では、彼らはすべて貴族的利益を求めて地方議会に対抗して結集しようとしており、全国三部会の開催と諸地方の個別的特権の要求はそのための手段なのである。

さらにコンドルセは、全国三部会の性急な要求の背後に、高等法院側の策略を疑う。つまり、新しい地方議会が人々の信頼を得る前に、旧式の全国三部会を急いで召集することで、逆に新しい地方議会こそが国制に反し、その計画を全国三部会の開催を妨げるための単なる口実に過ぎないと見せて人民を説得しようとするものだと見る。コンドルセは特にそれが自由の名のもとに行われ、民衆を煽り、結果として社会に無秩序をもたらし、人民の犠牲を強いることに憤る。そしてそのような高等法院側の姿勢について、彼らの行動をよく検証し、その真の要求を見極めるよう訴えている。「おそらく自由を叫ぶのは簡単でしょう。しかしその叫び声をあげる人々の行動と諸原理によってこそ、彼らが要求するのが自由なのか、無秩序や自己の権力の増大なのかを判断することができます。特権を要求するような自由への愛、文明国の災厄である民衆の影響力に対して慎重を期するかわりに、それに助けを求め、奸計の手段にするような自由への愛を、私は決して信じないでしょう」[134]。

そしてコンドルセは、高等法院の支持勢力によって明らかに国民の利益とは異なる方向に世論が誘導される前に、新しい国制についての持論を再度示しながら、フランス社会の歩むべき方向性を世論に提示しようとする。

コンドルセはフランスにおける議会の歴史を再び振り返る。これまでフランスに国民議会は決して存在しなかった。存在した議会の形態は君主の権威が定めたものであり、それも決して定期的でも頻繁に開かれたわけでもない。その意味では国民の暗黙の承認を与えられた議会すら存在しないといえる。しかも全国三部会は長期間中断されていたので、もはや古い慣例に権威を認めることなど許されない。それゆえ「現に存在するままの公的権力が、国民議会の形態を定めるときである」[135]。そのように確立される国民議会は恣意的なものではなく、それこそが国民を代表するはずである。国民議会の厳格な正統性を求めれば、代表の厳密な平等が求められる。だが、コンドルセはより現実的な方途を見定め、かつてないほどの平等が実現し、残る不平等も容易に破壊できるならば、いずれは不平等が完全に消滅することに期待して、現時点で厳密な平等を要求するよりも、ある程度の正統性を備えた国民議会の設立に向かうべきであると考える。彼がより重要視するのは、選挙における市民の間の平等である。なぜなら「真の権利は代表する人々ではなく、選挙する人々のものだから」である。[136]

では国民議会を実現させるための詳細な事項、すなわちその形式、開催場所と時期、有権者や議員の数、選挙の場所や日時などについて、どのように明確に定めるべきか。そのためには独立に形成される特別議会という有益な手段がある。しかしすでに触れたように、コンドルセの考えでは、この手段は特権階級も身分的区別も存在しないアメリカ社会では有効に活用できるとしても、そうした利点を欠くフランス社会では用いることができない。「アメリカで採用された方法、唯一つの目的のために召集される特別議会という方法、われわれ［アメリカ市民］がその例を示したこれほど有益な制度は、異なる身分の主張や諸地方の主張のために、不可欠な基礎である平等原理に従って形成された議会が一般的な賛同を得ることを期待できないような国では、用いることができないでしょう。それに、この特別議会は自然な理性の諸原理、人間の一般的な最も重要な権利の知識やその愛への信頼を前提としています。この公共の事物を扱う平穏な方法は、真の熱意を排除しないどころか、逆に暴力的で中傷的な演説よりもずっと良くそれを示します」。[137]

だがフランスの現状では、来るべき全国三部会の詳細な形式を明確に定めるには、「国民の首長」の「単一の意思」によるしかないとしても、コンドルセはそれが君主の主導によるべきではないと考え、「君主が単独で行動するべきでさえなく、彼は判断を下すだけで十分である」と主張する。[138]そして、むしろ代表制の原理に基づく新しい地方議会こそが、全国三部会の召集の形態について協議すべきとする。この新しい地方議会の多数意見こそが「ある種の国民の意向」と見なしうるものであり、それこそが「全国三部会の新しい形態に真に合法的な承認、そして同じく必要な公論の承認を与えうる」のである。[139]このためには、何より時間をかけた自由な議論が必要とされる。

このように、新しい地方議会の確立から全国三部会の召集、正統な国民の承認を受けた国民議会の創設への道筋を示したコンドルセは、今こそ政府は賢明な判断を示し、地方議会の支持を拠り所とし、旧い慣例を持ち出す高等法院の要求を退けるべきだと訴える。しかも、このフランスの君主政が歩むべき方向に、フランスに限らずヨーロッパのすべての君主政の国々も同調するはずであると主張する。なぜなら、人々の「意見の革命(la révolution des opinions)」がやがて不可避的な変化をもたらすことが予想されるからである。「専制はもはや長くは続きません。意見の革命がもたらすはずの不可避の変化において、主権者の利益と人民の利益は必ず同じものです。それは貴族政がやはり脅かしている束縛を取り払うことです。多段階からなる代表議会は、秩序と平和の友である穏健な国制を常に形成します。平等が支配すればするほど、その諸利点はより一層感じ取られるでしょう。貴族政は逆に野心的で騒々しい。それはすべてを、人間の権利の記憶さえも消滅させるまで、休息を知りません。それに続くのは死という休息、ヴェニスの休息です」[140]。このように、野心的な争いの果てに、すべてが失われた死の静寂をもたらすだけの貴族政に対し、新たな地方議会に基盤を置く国制を、秩序と平和そして人間の諸権利を重んじる穏健な政体として対置するのである。

そしてもう一つ残るのが、地方の諸特権の問題である。前節で見たように、地方議会論のなかで、コンドルセは三部会地方には身分別の選出という慣例を認めながら国民議会への代表選出を認め、その統合を構想していた。それに対しここでの視点は、現実の諸地方の特権の主張、独立の主張に向けられる。コンドルセは「それら〔諸地方〕はフランス君主政に帰属することを望まずに、独立した共和国になることを望んでいる」とし、諸地方のフランス王国への統合の問題を、フランスにおける連邦共和国の可能性の問題としても捉えている。[141]

コンドルセはいくつかの諸地方の要求を次のように理解する。それらは国民という団体のなかで、その犠牲により守られ、統合から生まれる立場も諸利点もすべて共有していながら、負担は望むときにしか引き受けない。全国三部会に参加を認められ、フランスに帰属することに同意しながら、全国三部会が国王との協議で決定した事項を受諾するか否かを思い通りにできる限りという条件を加える。さらに、諸地方が習俗、慣習、気候などの特殊性のため、個別の慣習法を保持することを正しいとする。

こうした主張に対してコンドルセはいくつかの点から反論を試みる。まずすべての地方が義務として国家の安全に必要な費用を収入に応じて負担すべきであるのは明らかであり、それは連邦共和国の基づく原理でもある。次にあらゆる区別を放棄することはすべての地方にとって大きな利益となることも明らかである。その理由としては、地方の代表者全体が承認した統一的な法律は理性と正義に適うこと、各地方の慣習から生じる弊害がより確実になくなること、各地方に固有の貴族政から人民が守られることなどが挙げられる。さらにコンドルセは自然権の侵害である特権と、自然権に属する自治権（franchise）とを区別し、自治権として各地方が有するすべては保持されるべきであり、特権という有害な慣習の改革だけが求められるという。ただし、コンドルセはこれ以上地方の分離の可能性については検討せずに、まずは真に代表制の原理に基づく国民議会の召集が必要であると主張する。その後に初めて、地方における秩序が再建され、分離についても十分な議論を経て投票にかけ、国民議会との間で維持すべき協調関係の条件について取り決めるべきであるとする。

書簡を終えるにあたり、コンドルセはアメリカ市民の口を借りて同時代フランス人の最も危険な欠陥として、その「模倣の好み」を指摘している。批判が向けられるのは、常に何らかの肩書き、地位、所属団体などの社会的な属性、彼にとっては表層的な属性を通してしか思考できないフランス人の悪癖である。「フランス人は一人でいることも思考をすることもできないように思われます。彼はある団体に執着するかセクトに所属します。自分が信じることではなく、彼と共に何らかの共通の資格をもつ人々が言うことを思考し主張します。彼は貴族としてある意見をもち、聖職者としてまた別の意見をもち、役人として第三の意見をもちます。彼は自分の権利や利益、義務について知るためではなく、彼の階級あるいは団体が彼に考え、信じるよう命じた事柄をいかに主張すべきか知るために知性を用いています」[142]。

社会の変革への道は、最も重大なこの欠陥を各人が克服してこそ開かれるものであるとのメッセージが、どこまで同時代人の耳に届いたかは知る由もない。しかしコンドルセは自分の栄誉のためではなく、あくまで彼が有益であると信じる真理について書くという信念を貫く。それはまた国王に対しても同様であった。

最後にこの時期、コンドルセが国王ルイ十六世に宛てた改革についての嘆願書、『地方議会の選挙による議会への改編と国民議会の召集についての国王への嘆願書』(一七八七‐八八年)について触れておきたい[143]。副題を「団体や党派、大臣の陰謀などのあらゆる精神とは無縁の市民が提示しうる嘆願書」とするように、ここでもコンドルセは政府と高等法院のどちらからも距離をおく中立の立場を強調している。そして国王に対して、真に代表制の原理に基づく地方議会の確立、それによる社会の沈静化、そしてすでに効力を失って久しい古い全国三部会の形態ではない、新たな国民議会の召集を強く要請する。「この手段により、陛下、各地方の代議士は、地方議会、県議会と連携しながら、それらから必要とする地域に関するあらゆる知識を得て、意見においてはあらゆる独立を保つことができるでしょう。彼らは地方の意向についての本物の知識により導かれ、彼らの熱意はこの有益な監視（inspection）により支持され、制止されるでしょう。この尊敬すべき団体の非難を受けることを恐れるでしょうし、もし義務を遂行しながら、民衆の意見が懸念されるときは、議会の意見が彼らの支えとなるでしょう。陛下、この議員と委任者を結ぶ有益な連係は、もし国民議会の区分が地方の区分に従わないならば、存在しえません」[144]。

段階的な諸議会を創設し、地域の情報を共有する議員と地方議会、市民の間の有益な連係を築くことで、議員の独立性を尊重しながら、その行動に一定の歯止めもかける。それは民衆の過度の干渉に対しては、それを緩和することで秩序の安定が確保される。コンドルセはこのような自らの秩序構想を国王に提示する。ただし、地方議会や国民議会の創設などの改革に対して、公論は必ずしも賛同するとは限らず、それどころか抵抗を示す可能性すらある。それは改革に対して受身であるだけに、その抵抗の克服はさらに困難を極める。コンドルセは改革の成功には社会全体における活発な議論や相互作用が必要であると考えるが、そうした「自由な協働（concours libre）」を欠いた公論ほど無益なものはない。そこで国民議会こそが公論を活気づけるための「自由な協働」を実現できるという。社会に根付いた時間の経過や習慣という権威との均衡を回復することのできる唯一の権威となるはずの国民議会の召集に、コンドルセは期待を寄せるのである。

「しかし、陛下、最も有益な変化も、最も危険な改革と同様、公論が抵抗する可能性に晒されています。しかも公論が行動を全く必要としないだけに、それを克服するのは一層困難です。そしてあらゆる偉大な改革の成功に必要な自由な協働の欠如は、公論を役立たなくするに十分でしょう。国民議会の意見が唯一、この自由な協働を実現し、市民に彼らの真の利益と権利について教え、古来の弊害や古い資格、尊重された形式によって定着した慣習に対して、時間と習慣の権威との均衡を保ちうる権威を対置することができます」[145]。

国王に対する自らの立場を「孤立した市民の懇願」とするように、コンドルセは社会全体の関心が一気に全国三部会召集へと向けられるなか、自らの意見が明らかに周囲から孤立したものであることを痛感していた。しかし、時には同時代人が耳を傾けなくとも、社会の将来が懸っている問題について発言し、行動を続ける勇気をもつ必要があると彼は固く信じる。地方行政の改革と公教育論というテュルゴから引き継いだ課題は、コンドルセの手によって地方議会の新しい国制構想へと生まれ変わったが、それは終着点どころか、すでに彼にとっては全国三部会に始まる新たな現実のなかで実現させるべき、新たな課題となっていくのである。

第四章　革命の動乱と共和国

代表制の諸原理に基づいた地方議会を確立したうえで国民議会を創設するというコンドルセの描いたシナリオは、一七八八年夏の全国三部会召集の決定により、事実上先を越される結果となった。それでも地方議会論に結実した新しい社会秩序の構想は、たとえ直接実現される機会は失ったとしても、コンドルセにとっては決して無意味ではなかった。革命期に入り、予期せぬ状況や新たな課題が浮上するなかで、革命の方向性を見極め、新しい社会に向けた諸制度を考案する際に、それは彼に確固とした指針を与え、憲法草案を中心とする具体的な制度構想として新たな形を得ることになる。とはいえ、すでに新しい秩序構想の骨格が準備されていたとしても、革命期の政治状況のなかでは、いかなる時機を捉え、いかなる手段や順序で具体化するかという実践的な判断が問われることだろう。また王政から共和政への移行についてコンドルセはどう理解したのか、それまでの彼の問題意識の展開を視野に入れたうえで理解される必要がある。

本章ではこうした問題を念頭におきながら、地方議会論以降のコンドルセが、それまでの議論の蓄積のうえに、革命期にどのような道筋を辿りながら、憲法案という形で新しい共和国の構想を示すに至ったかを明らかにしたい。

第一節　革命期の活動と諸課題

一七八八年の夏以降、コンドルセに残された選択肢は、政治状況の変化に対応し、来るべき全国三部会をより望ましいものとするために様々な形で世論に働きかけることに尽きた。すでに旧来の身分会議の復活とは異なる、全く新しい国民議会の創設を思い描いていたコンドルセにとって、翌年春の全国三部会開催までに残された数カ月を無為に過ごすわけにはいかなかった。

この時期、辞任したブリエンヌに代わりネッケルが財務総監に就任し、政府を率いることになる。司法改革を断行した国璽尚書ラモワニョンは罷免され、パリ高等法院が復活する。国王側が全国三部会の開催形式について国民の意見を広く求めたのに対して、パリ高等法院は依然として「一六一四年の形式に従って」、つまり各身分から一人の代表と身分ごとの討議という形式に従った開催を要求していった。そこでネッケルは第二回名士会議を召集して状況の打開を図るものの、第三身分の定数倍増も頭数による議決も拒絶される結果に終わった。

このような特権階級側の旧来の形式への復帰を目指す動きは一方で、新しい社会秩序を望む人々の側の結束を促すこととなる。「愛国派（patriot）」と呼ばれる人々が活動を始め、コンドルセも参加する政治クラブ、三十人委員会が発足するのもこの頃である。[1] その主な活動は、全国三部会に向けた小冊子の作成、陳情書のモデルの普及、候補者の推薦、地方への指令の伝達などであり、フランス各地の人脈を活用しながら展開された。この流れを政治勢力の対抗関係に注目して見れば、それまでの王権と高等法院との対抗関係から、全国三部会の開催方法にとどまらず、新しい社会の方向性をめぐる特権階級と第三身分を中心とする改革派の対立への対立軸の移動を読み取ることができる。

ネッケル率いる王権側は、こうした社会的圧力を受けて妥協を図り、一七八八年末に第三身分の定数倍増を決定したものの、その投票方式（身分別か個人か）については解決せず、決定は全国三部会に先送りされた。この報せを受けたコンドルセは、ネッケルとも親しいシュアール夫人宛に、冷めた調子で次のように書き送っている。「良き友よ、あなたの勝利に賛辞を送りますが、私はそれに目が眩んではいません。カロンヌ氏はわれわれに身分区別なしの地方議会を提案していましたし、全国三部会にもそれを提案しなかったでしょう。彼の後継者による地方議会と全国三部会は区別を認めましたが、第三身分は平等を獲得したうえに、議員は皆あらゆる階級から選出され、第三身分は五分の三の票を得ました。新しい取り決めは、われわれ次第で得ることができたものよりも、ずっと劣ることがここにお分かりでしょう。ですので、私はただあなたの友人が、彼と国王と国民の利益はいずれも政府が可能な限り最も民衆寄りの態度を示すことに依存していると感じたことだけを喜びます」[2]。コンドルセにとってネッケルの決定は、それ以前のカロンヌやブリエンヌの諸策と比べてとりたてて評価に値するものではなく、むしろ期待外れに思われたのだった。

この時期、コンドルセは小冊子や陳情書の作成に関わりながら、代表制の問題をめぐり考察を続け、『専制の観念について（*Idées sur le despotisme*）』（一七八九年）を執筆している。「他者の恣意的な意志への服従」という、奴隷に対する主人の支配に由来する伝統的な専制概念を踏まえつつも、コンドルセの関心は同時代の最も懸念すべき専制の形態について注意を喚起することにあった。彼はそれを「間接的専制（despotisme indirect）」と呼び、「法の意向に反して代表が平等ではなく、実質的でもない時、あるいは法により確立されていない権威に服している時」に生じる状態のこと、つまり事実上の恣意的支配を指すとする。[3]「間接的専制」の主体となりうるのは立法府や政府、市民の特定の階級、聖職者、裁判所、民衆など多岐にわたるが、代表制に関していえば、それが過度に不平等となることで生じる立法府による「間接的専制」が危惧されている。[4] 革命期を通じて、コンドルセは合法的に選出された人民の代表者による恣意的な支配の問題性に目を向け、その解決を課題と認識していた。

また全国三部会選挙に向けては、『ある田舎貴族から第三身分の方々への書簡』（一七八九年）と題した小冊子などを通じて、代表を選ぶための指針や全国三部会で議論すべき主題を提示している。[5] コンドルセは身分別投票を、個人の選択の自由を奪い、身分区別の確立を促すとして批判し、第三身分に対しては、同じ身分内から選出することが有益かどうかを判断し、身分に関係なく最も相応しいと思う人物を選ぶよう呼びかけている。彼の考えでは、身分や生まれではなく個人的資質を見るべきであり、貴族のなかにも信頼に値する人物は存在する。個人的な見解に従って行動する可能性は身分に関係なくありうる。貴族や聖職者を拙速に市民から排除することは、第三身分自身の真の利益に適わない。[6] さらに農民に関しては、教育を受ける機会を欠いていることが懸念される。彼らはむしろ経験上、田舎貴族や聖職者を都市の住民や商人、法律家よりも良く知っているはずであり、そうした理由からも貴族や聖職者を選択肢に加えることが勧められる。

コンドルセが国家の将来を見据えて最も重視していたのは、第三身分と貴族の対立ではなく、身分区別を超えたすべての市民の統合であった。「あらゆる市民の統合、あらゆる階級とあらゆる地方のパトリオティズムにこそ、今日国家の救済がかかっている」[7]。もはや全国三部会は単に財政問題の解決のために召集されるものではなく、それは最初に持ち出すべき議題ですらない。まずは立法権力をはじめとする国民の権利を明確に定めること、そのために権利の宣言の起草、討議の形式を優先議題とし、より完成された国民議会の形成を目指すことが主張される。[8] 憲法については、その見直しの時期を定め、国民議会とは独立した特別議会による改正など、コンドルセが以降、繰り返し訴えていく主張が見られる。

全国三部会への代表者と人民との関係については、まず無制約の権力を代表者に与えるという意見にコンドルセは反対する。[9] なぜなら、人権宣言も定めていない段階で、国民が無制約の権力を委ねることは、国民の運命を偶然に委ねるようなものであるし、そもそも国民議会の召集時期や形態も決まらず、人権の保障がなされない段階で、国民には無制約の権力を代表者に付与する権利などない。しかも委任者もまた、下位の共同体からの受任者である。ではどのような制約を課すべきか。この問題は、代表者は地方の個別利益を擁護する特定の地方の代表者なのか、国民全体の利益を考える国民代表なのか、という代表者の性格をめぐる問題や、地方とより上位の国民議会、より下位の共同体の議会との関係に関わる問題であり、コンドルセは詳細に論じている。その基本的考えによると、委任者が代表者に指令を与えうるのは、自然権に反する議会の多数意見にその代表者が賛同することを阻止すべき場合である。つまり憲法の定められていない段階では、自然権がその制約になるという。一方で、正義や国民の安全、繁栄などを考慮すべき場合には、代表者がその自由な良心に従って行動すべきとされる。また法律の詳細を決定する場合も同様であり、その場合委任者が為し得るのは諸原則を定め、限界を定めることとされる。ただし、憲法の確立、公債、課税などについては、代表者の完全な自由裁量に任せることは危険であるとして、代表者の権限に様々な制約が課せられている。[10]

このように、コンドルセは全国三部会が身分的統合を実現し、国民議会の創設への道筋をつけるべく準備することを、広く世論に対して訴えていた。そして彼自身は貴族でありながら、全国三部会選挙では第三身分から選出されることを望んでいた。しかしながら資産や弁舌の才覚に恵まれないコンドルセは、いくらかの人脈や地縁を頼りに、より当選の可能性が見込まれたパリ近郊の都市マントにおける貴族部会からの選出を試みた。だが身分別部会の統合と個人別投票の主張は貴族に受け入れられず、落選してしまう。次いでパリでの選出を試みるが、パリ高等法院の支持者を敵に回したことも不利に作用し、ここでも失敗し、結局、全国三部会への参加は叶わなかった。本人はその原因を、貴族からは過度に民衆寄りと見られ、貴族以外からは穏健すぎると思われたためと分析している。[11]

一七八九年五月の全国三部会以降、革命期のコンドルセの活動については、一七九一年夏までの初期、立法議会期、国民公会期の三つの時期に分けて見ておきたい。まず初期には、議会外から知人に助言を与えるなど政治には間接的な関与にとどまった。八九年九月にはパリ市議会のメンバーに選出され、ヴェルサイユでの国民議会にパリ市からの使節として出向いたのが革命期の最初の公的な活動となった。その他、造幣局の監査委員としての活動や政治結社を通じた活動、執筆が中心であった。この頃の問題関心は秩序の回復、人権宣言の起草、憲法の改正・承認の特別議会の構想などに向けられている。

この時期に国制をめぐる重要な争点となっていた二院制の問題については、以前からイングランド国制に倣った二院制を批判していたように、コンドルセは基本的に立法府の単一性を支持しており、議会で提案された形での上院の構成については批判的である。[12]

さらに社会の無秩序化に対する懸念にも注目しておきたい。何を人民の意志と見なし、それをいかに表明するかという問題は、革命期の論争における重要な論点となったが、コンドルセは人民の意志表明に関して、法により定められた形式に従っていることを重視する。そして「ある都市や町、村落、街区の住民の騒然たる意志」を法と混同し、それと同等の権威をもつと想像することこそが、社会の無秩序の原因であると考えた。[13]

こうした見方は、民衆運動に対する態度にも表れている。コンドルセは民衆運動に対して警戒心を抱き、自覚的に距離を置いていた。それは政治的手段として望ましくないと考えたからである。そうした手段では、偶然の成り行き任せの行動を強いられ、人民の無知につけ込み陰謀を企む者にその手段を与え、秩序の解体をもたらす一味を形成するだけだからである。「民衆の意見が人民自身によって議論されることなしに民衆の全般的な運動によって革命を起こし、不完全にさえ自由と平等を確立することは不可能であった。そこからは秩序の崩壊の萌芽や陰謀を企む者に権力獲得への容易な手段が生じるはずであった」[14]。コンドルセは「代表民主政」の特徴の一つを「平和」に見出していたように、民衆蜂起や民衆運動など、多数の人々による直接的なエネルギーの暴発、それによる社会の混乱を警戒していた。そうした突発的な事態を防ぐには、人民の意見表明の回路を予め制度として確保し、継続的に社会制度の見直しと更新を行うことが重要であると考えるのである。

その一方で、貴族や富裕層に対する警戒心も見られる。コンドルセ自身の説明によると、貴族や富裕層は最初のうちは人民の側についたが、次第に彼らと一体になることに耐えきれず、民衆運動を危惧し、「平和や秩序の維持への熱意という外見を装って」人民のなかの公共精神を破壊しようとした。彼らは法の名のもとに新しく権威を握る人々に人民を従属させることで、「穏健と良識の偽善的な党派」を形成するに至ったという。[15]

結局、コンドルセは民衆運動と貴族や富裕者のどちらの党派にも与さない独自の道を選び、こうした理由からジャコバン派からも距離を置くことになった。「ジャコバンから離れたのは、それが何らかの党派の道具になっているのを見たときであった」[16]。以上が一七九一年五月までのコンドルセの基本的立場であった。

ここで革命の渦中のフランス社会に衝撃を与えた事件が、一七九一年六月の国王逃亡事件（ヴァレンヌ事件）である。この事件の後、コンドルセはすでに親交を深めていたペインらと共に共和主義協会を創設し、共和政を擁護する言論活動を精力的に展開していく。

さらに立法議会期（一七九一年十月－一七九二年九月）、国民公会期（一七九二年九月－一七九三年七月）には、議員として政治活動を続けることになった。[17]ヴァレンヌ事件以降、議会では亡命貴族や宣誓拒否聖職者の処遇をめぐる立法がなされたが、彼はその厳しい措置には批判的であった。一方、公教育委員会の議長に選出され、翌年の春に公教育案を報告しているが、審議に十分な時間が割かれないまま打ち切りとされてしまう。折悪しく、対オーストリア・プロイセン戦争が開始され、フランス社会における目下の最大の懸案事項となったためである。[18]この戦争における軍事的敗北や価格の高騰など経済的危機、そこに宮廷と国外の反革命勢力との共謀の疑惑などが重なると、人々の不信は高まり、民衆運動はさらに激化していった。[19]

一七九二年夏の非常事態宣言から八月十日の民衆蜂起に見舞われた時期、王権の失効を求める請願書が届けられるなか、立法議会は革命を防ぐか、それが不可避の場合革命を統括するための手段を取るかの選択を迫られた。コンドルセは議会内に設置された二十一人委員会の議長として、一連の出来事と議会の決議について国民に対して説明に立つことになる。そこで彼は国王と亡命者との共謀を告発し、議会への結集を国民に訴えた。騒乱の鎮静化には、議会に人民の信用を取り戻す必要があると考えたためである。同時期に著した『主権の行使についての教示』（一七九二年）では、次のように述べている。「いかなる人間の作品も免れることのできない不完全さや、あらゆる新しい制度と不可分の騒乱を過大視することで、国民が慎重さを欠く性急な行動により、時間と知識が確実に改善するであろう事柄を損なう危険に晒されることを危惧すべきである」[20]。コンドルセはこの危機的状況にあってなお、あえて人々の性急な行動に警告を発し、人為的制度に不可避の欠陥は、長期的な視点から改良を試みるべきとの一貫した考えを主張したのであった。

一七九二年秋からの国民公会期には、憲法委員会のメンバーとして憲法草案の執筆という重要な任務を引き受けることになる[21]。またこれに関連する重要な論考として『自由な国民における政治権力の性質について』(一七九二年)を残している[22]。翌年二月に国民公会において憲法草案についての報告を行った後は、数々の小冊子を通じて、新しい憲法の承認を国民に訴えていくことになった。しかしながら、ジロンド派の追放により国民公会の主導権を握ったモンターニュ派は、新たに憲法草案を提出し、短時間のうちに憲法制定作業を終えてしまう。十分な審議を欠いたこの憲法制定は、コンドルセにとって全く納得のいかないものであった。

そして一七九三年夏、国内外における危機的状況が加速するなか、ついにコンドルセも追われる身となり、潜伏生活を余儀なくされる。彼はそこで残された家族や友人に向けて、今一度革命初期から国民公会の開催までの政治状況のなかで自らが選択した行動と依拠した諸原理について弁明を行う。彼はフランスの新しい社会組織の基盤として次の内容を考えていたと振り返る。「市民の間の絶対的な平等、立法府の統一性、憲法を人民の直接の承認に委ねる必要性、この憲法を変更しうる定期的議会を確立し、また自由が脅かされるか、諸権利が既存の権力により侵害されたと思われるときにこの議会を召集させる手段を人民に与える必要性、これらが革命の際に、新しい社会組織の基盤となるべきであるように私には思われた。とりわけ、決して暴動が必要とならないように、人民が何らかの改革の必要性についての意向を表明するための手段を組織化するという考えは、少なくとも大半の人々にとっていわば新しい考えであるが同時に有益なものと思われた」[23]。ここに示される諸原則、すなわち市民の平等、単一の立法府、憲法の人民による直接承認とその改正のための特別議会の召集、そして民衆の暴動を事前に回避する手段の組織化は、革命以前からコンドルセが新しい秩序の構想にあたり依拠してきたものに重なる。そして「私がかなりの数の著作を通じて普及しようとしたのは、主にこれらの諸真理である」と述べるように、時には同時代人の意見を超越する勇気も必要であると考えるコンドルセは、革命期の政治状況の変化のなかでも、新しい社会の目指すべき方向性を信じ、これら根本的な社会の構成原理の確立を目指したのであった[24]。

本章では、コンドルセが革命期に活動を共にしたシィエスについても言及することになる。彼らは革命の当初から互いの著作を通じて間接的に、あるいは三十人委員会などを通じて直接に面識をもっていたが、個人的な結びつきが強まったのは一七九〇年以降とされる。特に一七八九年協会や社会協会などの政治結社での活動や、『社会教育雑誌』などの定期刊行物の発行を通じた彼らの協力関係は、当時から知られていた[25]。彼らの間にはいくつもの共通の問題関心が認められるが、とりわけ政治社会の変革、制度の確立の手段としての「社会技術（art social）」への強い関心が共有されている。「社会技術」とは、コンドルセによれば「他のあらゆる科学と同様に、事実と実験、推論と計算に基づいた、真の科学」とされる[26]。それは一部の政治エリートの手段ではなく、政治的事物に関する正確な言語の普及など、広く一般市民をも対象としている。そうした関心を実践する場として結成されたのが一七八九年協会である。その目的は「自由な国制の諸原理を究め、発展させ、普及させること、そしてより一般的には、社会技術を全面的に完成させる手段を追求すること」とされるように、彼らの関心は、革命の運動に直接関わるよりも、政治社会の改革の手段に関するより原理的な探求に向かっていたといえる。[27] ただし、コンドルセとシィエスが、それぞれ抱く新しい政治社会像には、根本的な部分での相違もあった。[28] この点については第三節、第四節で触れることにしたい。

第二節　自由な国制の条件

本節ではコンドルセが自由な国制の条件として最も重視した二つの主題、すなわち人権宣言と憲法改正のための特別議会（convention）について検討する。いずれも個人を無制約の権力から守り、通常の立法権力から国制変更の権力を切り離すことで国制自体を守る手段とされている。[29]

一　権利の宣言

前節で触れた『専制の観念について』では、人権侵害の問題も改めて提起がなされている。コンドルセは「公的権力の名において法により為される人間の権利の侵害すべて」を「暴政（tyrannie）」と呼び、代表制の機能不全を示す「専制」の問題とは区別して考えるべきだとする。伝統的に「暴政」とは、一人の僭主による権力の簒奪、濫用を批判する語彙であり、暴政批判は権力の正統性の欠如を問題視するものだが、コンドルセはここで、権力の正統性の問題とはいったん切り離し、正統な権力でも為しうる権利の侵害を問題とする。「暴政は正統な、あるいは正統でない権力によって為された自然権の侵害である」[30]。

そしてこの「暴政」を防ぐ最も重要な手段とされるのが人権宣言である。コンドルセは立法権力に対する制約を示すものである人権宣言が、憲法に先立って定められる必要性を強く主張していた。「権利の宣言が必要である。なぜならそれは立法権力が尊重すべき限界を印すはずだからである。それは国制を規律する法律とは切り離されるべきである。なぜならそれらは権利を保存するために作られるはずであり、それを何一つ侵害するためではないからである」[31]。

こうした考えに立ち、一七八八年秋、コンドルセは自ら『権利の宣言』を執筆している。彼の考えによれば、十分に網羅された人権宣言を手に入れる最良の方法は、教養ある人々に対して個別に草案の執筆を促すことである。それにより様々な草案を互いに比較検討することで、権利を列挙する際の体系的な順序や様式の明快さを判断できるだけでなく、様々な人々が人間の権利と考えるものすべてを知ることができる。それが現状において知性が許す範囲でのすべての権利を知るための最も確かな方法であるとされる。[32] 明確さと体系性、細部にとらわれ冗長にならず、簡潔であること。これらに加え最も重視されるのは、権利のあらゆる重大な侵害が明白となるような権利の提示の仕方である。それも「すべての精神に手の届くように」、つまり知性の相違にかかわらず、すべての人に理解可能なものであることが大事であるという。

また公開性も重要な条件とされており、そこには二重の利点が見出される。すなわち人権宣言の草案を印刷し公開することにより、それをすべての市民の審査に委ねるという形で、市民の知性を活用しうること。そしてただ一人の個人が要求する権利についても検討し損ねることがないと言いうることである。コンドルセが目指したのは、優れた一部の人間だけでなく、社会のあらゆる知性による協働を通じた、すべての市民が自らを守る武器となるような人権宣言の確立であったといえるだろう。

さらに人権宣言の利点として注目されているのが、社会の全般的な平穏の保証である。ただしそれは現状の闇雲な秩序維持ではなく、その主眼は社会の改革を平穏に進めることにある。コンドルセはその点を次のように述べている。「この盾で武装した国民は、あらゆる刷新（innovations）を不安に思うことを止め、もはや有益な刷新に腹を立てる口実ももたず、破壊しようとする悪弊の擁護者によって容易に騙されることもない。もはや権利自体に反する特権や自らの利益に反する制度を権利とは見なさない。……権利の宣言は、公共の自由を保護すると同時に、平穏も守る」[33]。

コンドルセは人権宣言を自ら提示したが、それが完全なものとは考えていない。そもそも彼は人間の作為の産物、それもただ一人が作り出すものが最初から完璧であるなどとは決して考えない。それは常に時間をかけてより多くの人々の知恵を得て修正を重ね、完成に向けて改良されるものなのである。また人為的な制度の永続性も彼は信じない。人権宣言に関してもこうした見方は一貫しており、彼はあくまで自らの人権宣言草案を一つの叩き台として修正を重ねていくことを人々に呼びかける。「私は人類の友たちにこの著作の欠点を指摘し、それらを修正し、作り直してくれることさえもお願いしたい。非常に完全で整理され、正確な権利の宣言は、あらゆる国の人間に贈りうる最も有益な作品だろう。だがこの作品は、その点については天体の動きを表す円盤に似ており、時間と数多くの手による協働、綿密に考え抜かれた検討の成果である長い修正の工程からしかその完成は期待できない」[34]。

具体的な提案としては、十年ごとに市民全体により任命された少人数の委員会を設けて人権宣言の検証を担わせ、その報告に基づいて、やはり市民全体により任命され、立法議会から独立した特別議会により人権宣言の変更（条項の付加あるいは削除）を行うことが提案される。「立法権力においていかなる平等が確立されようと、国制の不備、あるいは選挙の形態の欠陥、あるいはこの権利の宣言の不完全性により、時間が事実上の不平等をもたらしうる。それにもしこの形態が撤回不可能ならば、これを確立した市民はその子孫に対して平等に反する権威を不当に手にしてしまうから、いかなる憲法もこの権利の宣言も永続的あるいは根本的なものとは見なされず、どちらも新たに検証される時期が定められるだろう」[35]。いかに有益な制度でも、神ではなく人間が作るものである限り、創設者が最初に何らかの誤りを犯す可能性はある。人間の手によるものの免れがたい不完全性は、時間の経過とともに顕在化する。さらに制度を運用する人間の意見の変化、知識の進歩もありうる。だからこそ、制度の欠陥は常に修正する必要性がある。一度確立した制度が撤回不可能ならば、それは将来の子孫に対して平等に反する権威をもつ怖れがあるという発想には、世代間の公平性に対する視点を読み取ることもできる。平等は単に現在において実現されるだけでなく、現在から未来への時間の経過のなかで実現されるものなのである。

このようにコンドルセは憲法と全く同様に人権宣言も修正すべきであると考え、そのための特別議会の形式について人権宣言のなかに明記している。同じく憲法の修正の必要性を認める同時代人のなかでも、コンドルセのこの態度は徹底していた。[36]

ここまでコンドルセの考える人権宣言の存在意義、そして人権宣言に対する彼の独特な視点について見てきたが、続いてこの人権宣言草案の具体的内容について、いくつかの特徴を指摘しておきたい。まず基本的視点としては、政治権力の制限に関心が向けられる。すなわち社会の設立、立法権力の確立の目的は、諸個人がその権利をより安全、平穏、完全に享受することにある以上、権力が個人の権利を侵害することのないよう権力を制限する必要があるという考えである。ここから市民に対する社会の義務として、公的権力は個人の権利の享受を保証するために必要な法を作成する義務を負うという「社会的保障（garantie sociale）」の考えが示される。[37]

またコンドルセは権力による人権侵害を二つの局面に分けて考える。すなわち法律の規定自体が権利の侵害となる場合（直接の侵害）と、法律の執行の局面において権利の侵害の危険に明白に晒される場合である。[38]このうち直接の権利侵害については、それを明確に示すことにより、権力の限界を画定しようとする。また法律の執行における権利侵害の危険を防ぐには、正統な権力が従うべき規則を明確にすべきであると考える。

以上の観点に従って、人権宣言が含むべき三項目として、第一に「公権力が、それが作る法律において、いかなる侵害もすべきではない権利の宣言」、第二に「法律の執行において権利の侵害の危険に晒すようなすべての形態、すべての規定の追放」、第三に「市民が権利の享受において、個人により、あるいは社会にその起源をもつ力により妨害されることを防ぐために必要な法律を作成する義務」が挙げられる。具体的には、自然権の内容として人身の安全、人身の自由、財産の安全、財産の自由、自然の平等の五点を挙げたうえで、それぞれにつき諸条項がこの三項目に従って配置されている。このため各条項が非常に具体的で詳細に規定されることになり、この点もコンドルセの人権宣言草案の大きな特徴といえる。議会が採択した人権宣言が十七条から成るのに比べて、彼の草案は通算して八十以上の小項目が列挙される長大なものとなっている。権力の限界を具体的に詳細に規定することで、権利の侵害が誰にとっても明白にそれと分かることが重視された結果である。

個別の内容について一瞥しておくと、「人身の安全」では特に刑法に関する詳細な規定が並ぶ。「司法権力は危険な武器であり、市民に対してそれを濫用することは容易である」とあるように、司法権力による人権の侵害が警戒され、裁判官の公平性、終身制の禁止、裁判官に対する忌避権などが規定される。[39]「人身の自由」では、他者の権利を侵さない限りで自分の能力を行使する自由、出版の自由、意見表明の自由、自由な結社、宗教や市民生活における自由な行動を脅かす暴力を公的な武力により妨げる必要性などについて規定される。「財産の安全」、「財産の自由」については税に関する規定、間接税の不当性、累進課税などの他、所有権に関して多くの規定が割かれている。

「平等」に関しては、まず「人間は自然権の維持のために社会に集合したのであり、この権利はすべての人に同じであるから、社会は各人に同じ権利の享受を保証しなければならない」とされ、自然権の平等性が強調される。[40] 一人あるいは一部の人間にだけ認められる特権は、人間の自然な平等に反するとされ、市民の間のあらゆる世襲的区別の否定が導かれる。また公職における財産資格の否定が主張される。そして「すべての市民は、差別なしに、市民権の平等な分け前に与る」とされ、すべての市民に代表者の選挙権と被選挙権を認めている。[41] ただし市民権行使については、年齢、所有者であること、犯罪の被告人でないこと、いかなる個人や団体にも依存していないことなどの条件が課せられている。先に触れた世代間の平等の視点からの人権宣言の見直しについても、「平等」の第三項目「平等を確立するために必要な法律」のなかで提案されている。

ところで、コンドルセが「その名に真に値する最初の権利の宣言」として高く評価するのは、一七七六年のヴァージニア権利章典である。[42] 彼はこのヴァージニア権利章典を、簡潔な根拠とともに権利を提示する点など、その様式において模範と考えている。ただし内容に関しては、それに続いてアメリカ合衆国の諸邦において起草された六つの権利宣言も含めて、いずれも完璧と見なすことはできないと評価する。その理由としては以下の点が挙げられる。まず、いずれも刑罰に関する主権の制限の表明がないこと。民事法や治安統制法に関する立法権力の制限の表明もないこと。そしていずれも不平等に割当てられる間接税を排除していないこと。すべての人が保持すべき、他者の権利を損なわない限り能力と財産を望むように用いる自由をいずれも自然権のうちに含めていないこと。公的礼拝のための支出を賄う基金の設立を認めていること。[43]そして有罪宣告が陪審員の全員一致によるとされることである。ヴァージニア権利章典を模範としながらも、コンドルセはアメリカ諸邦の権利宣言について、権力の制限が不十分である点など、決して満足していたわけではなかった。

では実際に一七八九年夏に国民議会において起草された人権宣言草案については、どのような評価が下されたのか、この点を最後に検討しておきたい。[44]コンドルセはこれまで無秩序と混乱の只中で国民議会が成し遂げたことを振り返り、今後の課題について考察するなかで、議会が採択した「人間と市民の権利の宣言」に対する見解を述べている。彼の見るところ、喫緊の課題は社会の混乱の収拾と秩序の回復であり、そのために社会全体に蔓延している不信を払拭するには、人権宣言の制定が必要と考えられた。「まず人間と市民の権利が厳粛に認められ、宣言される必要がある。これらの権利の承認は、すべての社会の基盤であり、市民の代表者が為しうる不正な法律に対する市民の唯一の砦であり、人民のなかに自由の観念を保持し、人間本性の尊厳を忘れることを妨げる、最も確かな手段である」[45](『為された事柄と残された為すべき事柄についての考察』一七八九年)。しかしながら憲法委員会による「人間と市民の権利の宣言」は、不満の残る内容に思われた。なかでも「憲法を改革する合法的で平穏な手段を市民に保証する条項」の拒絶には、悲しんだだけでなく驚いたと、同じくその条項を必要と考えたモンモランシー伯爵宛の書簡で述べている。[46]コンドルセはそうした憲法改革の手段を人民に確保することが「公共の平穏にとって必要」であると考えるためである。この主張については次項で検討するとして、他の批判としては、第一、十、十一条など「公共の秩序」、「有用性」、「共通の利益」などの言葉による曖昧な表現を伴う条項が批判されている。[47] 第一条は「人間は自由で権利において平等なものとして生まれた」としたうえで、「社会的区別は共通の有用性に基づいてのみ設けることができる」と規定する。第十条は意見表明の自由に対して「法によって確立された公共の秩序を乱さない限り」との制約を設けており、第十一条は思想や意見の伝達の自由に対して、「法によって定められた場合には、この自由の濫用について責任を負う」とする。いずれも自由や平等を曖昧な表現で制約する規定が、但し書きで盛り込まれたものである。これらに対してコンドルセは「有用性という唯一の見方において区別を認める条項、出版の自由を確立する条項、意見の自由を確立する条項、これらは今の形態では何らかの危険を含んでいる」と批判する。[48] そして彼は法律が常に権利と正義に適うように、こうした表現がどのような意味で理解されるべきかを示すべきであると主張する。すでに述べた通り、コンドルセの人権宣言草案は原則を提示した後に、誰にでも権利の侵害が分かるよう、詳細な説明が加えられている点が大きな特徴であった。また人々の間の区別に関しては、そもそも「共通の有用性」を基準に区別を認める考えは、人間の自然な平等の権利に反するものに他ならないと批判される。

ところで、意見表明の自由に関する第十条は、宗教的意見の問題を含むものであり、表現の曖昧さゆえの危険性をコンドルセが指摘したのは、少数派プロテスタントの礼拝の自由が脅かされることが懸念されたためでもある。実際に人権宣言作成の過程において、宗教的意見の自由や公的礼拝の尊重に関する条項の審議は、それがプロテスタントの公的礼拝の問題を暗に含むため、最も討論が白熱した場面でもあった。原案の一部が削除されることで決着がつけられた第十条の文言は「何人も、たとえそれが宗教的なものであれ、その意見の表明が法によって確立された公共の秩序を乱さないのであれば、その意見ゆえに平安を脅かされてはならない」とされた。宗教的意見の自由に関して、良心の権利への配慮からそれを礼拝の自由にまで認めるべきだと考えるコンドルセは、第十条は「立法者に公共の秩序を彼の採用したい特定の宗教的意見と結びつける権限を与えるように思われる」と述べ、「公共の秩序」の名のもとに体制側の宗教に有利となる恣意的判断が下される危険性を指摘している。[49]

コンドルセの草案では、意見表明の自由に関する条項は第二部「人身の自由」のなかで、出版の自由の次に置かれている。すなわち「いかなる人も、それがどのようなものであろうと、意見を表明したために、何らかの宗教を実践したために罰せられることはない」。[50]さらに礼拝の自由については「各人は自らが相応しいと判断する礼拝を行うことができるが、それはただ、この礼拝の儀式がその人の専有しない場所か、その礼拝を行う人々に帰属しない場所で行われる場合、あるいは騒音か別の方法により、その儀式に無関係の人々の平穏を乱しうる場合」には、治安統制一般の規定に服するものとされる。つまり公共の場所において他者の平穏を乱す場合と同様に扱われている。

二　憲法改正のための特別議会

人権宣言と共に自由な国制の条件として重視されるのが、憲法を修正する手段である。「完成の手段をそれ自体のうちに含み、各時代にその知性の水準に達しうる国制、維持のために古代の偏見を理性に対抗させる必要がない国制のみを、真に自由なものとして見ること」、これこそが重要な原理であるとコンドルセは主張する（『国民特別議会について』一七九一年）[51]。こうした「完成の手段」のうち最も単純なものが憲法改正のための特別議会である。

人権宣言は採択されたものの、それは完全なものとは程遠く、社会の平穏のためには「憲法の改革の合法的で平穏な手段」を市民に保証する条項を加える必要があるとコンドルセは考えていた。一七八九年夏、彼はモンモランシー伯爵宛の書簡のなかで目下の政治課題についての見解を伝えながら、憲法の内容を議論するに先立ち、それを改革する手段について議論する必要性を強調している。「憲法を承認する前に、それがいつかは改革されうるかどうか、さらにいつ、いかにして、誰によって改革されるべきかを知っておくことは、どうでもよいことではありません」[52]。そして新たな憲法が制定されて間もない時にその改革について語ることが、憲法への敬意や信頼を弱め、混乱を招くのではないかと危惧する声に対しては、むしろ改革の手段を備えておくことこそが信頼を高め、混乱を未然に防ぐ唯一の手段になると主張する。人民にそうした手段を保証することが、人民が暴力的手段に訴えることを防ぐと考えるのである。それは「意見の自由と法律への服従の両立」を可能にする手段であるとされる[53]。

コンドルセのこうした議論の特徴として、それが彼特有の時間意識に支えられている点に注目したい。時間の流れに対する敏感な意識が、常に生み出される変化、世代間の隔たりのなかで、いかにして出発点において確立された諸原理を維持するか、という問題意識につながっている。憲法の再検討が要請されるのは、それを認めなければ、憲法を作成した世代が後の世代に対して、彼ら自身は作成に加わらなかった憲法への服従を強いることになり、それは人間の平等、一般意志の表明としての法という考えに反すると考えるからである。コンドルセはこう問いかける。「もしも子供たちが、彼らの祖父が書き上げた憲法に服するよう強いられるなら、なぜ人間は権利において等しく、法は一般意志の表明であるのでしょうか？」[54]。世代は常に入れ替わり、憲法を作った世代と後の世代は同一ではないため、新しい世代の新たな承認も必要だという論理である。

またここには古代社会と近代社会を対峙させる視点が重ねられる。永続的な憲法や撤回不可能な基本法は、古代の立法者のものであり、特別の存在ではなくただの人間に過ぎない今日の立法者には相応しくないとされる。「これまで不変の法を与える権利を唯一認めてきた天から、それ〔憲法〕を引き降ろさなければなりません。奇跡を起こし、預言者に語らせるという古代の立法者の技術をわれわれは失ったのです。……今日の立法者はただの人間であり、彼らは自分たちと同等の者である人間に対して、彼らのような束の間の法律しか与えることができません」[55]。

とはいえ、憲法の改革の時期を、その時々の支配的な勢力が恣意的に決めてよいものではない。正規の形式に従うことの重要性はまさにこの点にある。コンドルセはその時期を議会の意志や君主の同意に委ねることも自由に反するとし、定められた時期に行うことを提案し、そうしてこそ改革が平穏に行われると期待する。「この改革の時期を国民議会の意志、君主の同意に委ねることは、自由に絶対的に反するでしょう。それは市民の権利を犠牲にし、議会や君主の権力を増大させることに役立つ改革以外の改革は存在しないと宣言するようなものでしょう。それは平穏な改革への期待を諦めることでしょう」[56]。

では誰が、どのように時期を選んで改革を行えばよいのか。具体的にどのように制度化すべきか。コンドルセはこの問題について一七八九年夏から一七九一年頃にかけて、いくつかの論考で扱っており、具体的な提案を示している。[57]

それによれば、憲法の改正を担うのは、その権限のみを与えられ、召集される国民の特別議会である。そしてこの特別議会の召集に関しては、二種類の方法が提案される。その一つは定期的に召集される特別議会であり、もう一つは人民の意向によりその時々に召集が決定されるものである。どちらも良き国制にとって不可欠の基盤であるとされる。さらに、定期的な議会の時期をどのように定めるか、人民の意向による召集の場合、その権利はどのように行使されるべきか、この二つの方法を両方認める場合、どちらにも全く等しい権威を認めるのか、などの問題が考察されることになる。

コンドルセは次のように政治社会の最初の法の制定から説き起こし、基本的視点を提示する。[58] 人々が共通の規則の下に生きる必要を感じ、その意志をもつとき、全員一致の意志の表明により規則を定めることは不可能であるため、すべての人が多数の意向に従うことに同意し、それを各人の意志と知性に一致したものと見なして採用する取り決めがなされた。これが最初の社会の法であり、それのみが他のあらゆる法に「全員一致の徴」を与えた。そして社会の平和を維持するには、各人が一度同意を与えた法を取り消しえないものと見なすことで、法に安定性を確保する必要がある。ただしこの義務は、それに自発的に従った者しか拘束しない。社会の構成員が新しく増えるにつれて、この最初の取り決めに対しては全員一致であった法も、多数の同意しか得られなくなり、それも常に減少していく。いずれはその多数も存在せず、法の正統性は徐々に失われていく。そこで新しい同意を調達することで全員一致の意志という性質を与える必要がある。

このように論じて、コンドルセは最初の法が正統性を失うまでの期間、すなわち新しい市民が社会において多数を占めるまでを、ほぼ二十年と推定する。つまり二十年が経過すると、憲法は現在の国民の意向を表明しえなくなるものと考えられている。またこの二十年という期間には、開明的な人々が憲法の効果について観察し、その欠陥について議論し、それらを国民に知らせ、解決策を提示しうるし、この議論は市民の憲法に対する注意を喚起することにも役立つとコンドルセは考える。[59] また多数の意向それ自体も、法の経験や知性の進歩により変化するもので、それが認められるには八年から十年かかるという。そこで定期的な特別議会はこの間、つまり八年から二十年の期間の間で開くべきとされる。

一方で、これとはまた別の目的から、多数の市民の意志により決定され、法の定めた形式のもとに表明される特別議会の召集が必要とされる。その目的は人民が感じ取った弊害の解消にある。こちらはより直接的な人民の「欲求」に基づき、時々の状況の必要に応じるものである。つまりその瞬間における人民の「意見」や「情念」が反映されている。それは市民の「不満」を聞き入れるための平穏な手段である。また定期的な特別議会の間の時期における平和を保証するとされるように、定期的な特別議会を補う役割も果たす。

これと比較すると、定期的な特別議会の目的は、未だ顕在化されていない、それゆえ人民に気付かれない弊害を見つけ出し、取り除きがたいまでに大きな害悪が生じるのを防ぐことにある。そして知性の進歩により期待できる制度のより一層の完成が目指される。「定期的な特別議会は、多数者が同意していない法律に従うことが決してないために、そして同時に憲法が、それにより社会制度の他の部分が時間とともに改善し、その完成に向けて、知性の進歩に従うために必要である」。[60] こちらはより長期的な視点に立ち「時代の一般的精神」に導かれたものとされる（『国民特別議会についての演説』一七九一年）。[61]

コンドルセは人民の意志によるものと、定期的な特別議会のそれぞれを順に「自由への愛が一方を活気づけ、賢明な哲学が他方を導く」と特徴づけている。[62] それらは全く同等の権威をもつのではなく、定期的な特別議会が「その名に真に値する国制のシステムに速やかに至るための最も確実な手段」とされる。[63] そして人民の意志に基づく特別議会は、野心を抱く者によって濫用されやすいため、人権宣言の条項を変更する権利は認めないなど、いくつかの制約のもとに置かれている。[64]

こうして二種類の特別議会は、互いに補い合いながら、「憲法の改革と完成という二重の目的」を達成することが期待されている。[65]「一方により憲法の作者が気付かなかった過ちを修正し、他方によって知識の相次ぐ進歩を活用することができる」と述べるように、コンドルセは人民の意志による特別議会により憲法制定の際に紛れ込んだ過ちを正し、定期的な特別議会により時代の変化に応じた知性を取り込むことで憲法を刷新しうると考えていたのである。

第三節　共和政について

ところでコンドルセは果たして共和主義者であったのか。しばしばこうした問いが聞かれる。この問いの設定自体がそもそも妥当なのかはさておき、ここまで辿ってきたコンドルセの問題関心のなかで、共和政の問題がどのような位置を占めていたのかは、興味を引く問題であろう。コンドルセにとって君主政と共和政を真に分かつものとは何なのか。これらの問題について考える手がかりとして、本節では共和政に対するコンドルセの態度に革命期の前後でどのような変化が見られたかを検討しておきたい。

コンドルセがフランスにおける共和政の実現について世論に向けて積極的に主張するようになるのは、一七九一年六月のヴァレンヌ事件以降である。革命前には、共和政を理想の政体として語るものの、改革構想の前提とされるのは君主政である。そうした革命前の著作のなかで共和政体について言及のある一節として注目されるのが、一七八六年に執筆された『テュルゴ氏の人生』における次の一節である。「共和政体はすべての政体のなかで最良のものである。それはあらゆる人間の権利が保持される政体である。なぜなら自らあるいは代表者によって立法権力を行使する権利はそれらの権利の一つだからである。テュルゴ氏はしばしば次のように言っていた。真に共和政の政体を私は一度も見たことがない。すなわち、すべての土地所有者が法律の作成に協力し、それらの法律を起草し公布する議会の構成を定め、投票によってそれらを批准し、定期的な討議によってあらゆる公的制度の形態を変更する等しい権利をもつような国のことである。これらの権利が合法的な仕方で存在しないどんなところにも共和国は存在せず、多少とも欠陥のある貴族政に「共和国という」その名前を与えたのである」[66]。このようにコンドルセは共和政を人権が保持され、立法権が市民や市民の代表者によって行使される政体として理解する。あるいはテュルゴの理解を引証しながら、土地所有者である市民が平等に立法権を行使する政体と理解する。ただし同時に、そのような共和政体はあくまで理想の政体であり、現実には立法権の行使は人民の大多数にとって幻想に過ぎないとも考えていた。「法律の形成に平等に貢献する権利は、おそらくすべての土地所有者に帰属する最も重要で、譲渡不可能、侵すべからざる権利である。しかし社会の現状においては、この権利の行使は人民の大部分にとってはほとんど見せかけのものであろうし、社会の他の諸権利の自由で確かな享受は、ほぼすべての市民の幸福にずっと広範な影響力をもつ」[67]。つまり、現状では立法権よりも他の諸権利の享受が市民の幸福という観点からは優先されるとコンドルセは考える。そして次のように続ける。「もし法律を、最大多数者の恣意的な意志の表現としてではなく、理性によって自然権の諸原理から引き出され、そのようなものとして多数により受け入れられた真理として見るならば、この権利はもはや同様の重要性をもたない」[68]。ここからは、コンドルセの関心がむしろ、立法権の所在よりも、自然権の諸原理に基づく法律が制定されることに向けられていると言えるだろう。その場合、残された違いがあるとすれば、その法律への同意が暗黙に為されたと見るか、公開で合法的で正規の形態に従ったものかという違いである。コンドルセはこうした観点からは、貴族政やこれまで現実に存在してきた共和政に比べて、君主政のほうが利点をもつと考えていた。君主は悪法の作成にいかなる利益をもちえないこと、君主はしばしば開明的な人々の意見に従って行動しうること、悪法は容赦なく批判されることなどがその理由として挙げられている。[69]

そもそもコンドルセは理想と現実を見極めており、社会の現状を無視して改革を進めようとはしない。彼は国制を性急に改革する危険性を意識し、法の改革において避けるべき点を次のように指摘している。「一、公共の平穏を混乱させるすべてのこと。二、大人数の市民からなる国家において過度に激しい動揺を生み出すすべてのこと。三、一般に受け入れられている偏見や慣習に正面から衝突するすべてのこと。法律はそれが約束するすべての利点を生み出しえないことも時にはある。それに反対する意見が高まる限り、執行すらされえない。その時は意見を変えることから始める必要がある」[70]。このように、フランスのような大国においてはとくに、公共の平穏が重視され、偏見や慣習にも正面から対決すべきではなく、徐々に人々の意見に働きかけながら改革を進める必要性が説かれる。政治制度についても、人民自身が望まない限り、いくら有益な制度も耐え難いものであることに変わりはない。「共通の意見の先を越し過ぎないこと」に注意深くあり、人民が自発的に改革を求めるようになることを期待し、その変化を待つべきであるというのがコンドルセの考えであった。[71] 社会の平穏を維持しながら、人民自身の自発的な変化と歩調を合わせ、漸進的な改革を志向するという態度は、彼の革命期の姿勢にもつながっていく。

次に一七八九年の全国三部会開催前の文書で示される君主政理解について見ておきたい。コンドルセはまず社会の自己統治の原則を確認する。「社会は常に専ら何よりも自己統治を行う。それに由来しないあらゆる権力を拒否する権利をもつ。それが法を作り、修正する。その法を守ることは重要であり、その執行を一人か複数の構成員に委ねる」[72]（『地方によってその全国三部会代議士に与えられる諸権限と指示についての考察』一七八九年）。そしてフランス国制の「起源」を引き合いに出しながら、フランスでは社会が法の執行権力を一人の君主に委ねてきたとする。ここで援用されるのが、国民の一般意志の表明としての法という論理である。「われわれの君主政においては、国民が一般意志を表明し、一般意志が法を作る。法が君主と執行権力を作る。執行権力は法を遵守させ、法に従って動く。これが、われわれの祖先によって定められた国王の権威である」[73]。つまり国民が立法権力を握り、君主および政府は執行権力を国民により委任される。また君主を立法権力の構成要素として見なすことにも国民の同意があったとされる。ただし君主の権威はあくまで国民の一般意志の帰結である限りで正統とされ、君主も政府も受任者として一般意志による制約内に置かれる。「国王の人格が神聖であるのは、その権威が正統だからである。その権威が正統であるのは、それが一般意志の帰結となるときである。一般意志は、委任状を与えることで、その限界と範囲を定めた」[74]。ここに示される一般意志の論理による君主政理解は、ルソーから引き継いだものと言えるだろう。

この頃のコンドルセの問題意識は、君主よりもむしろ立法権力を分有する高等法院に対して向けられており、「公共の秩序の単なる管理人であり監督者」に過ぎない高等法院から立法権力を剝奪し、彼らの権力を司法権力のみに限定すべきであると主張している。[75]

ところで、歴史家ゲニフェによれば、革命の初期には、将来フランスが王政を廃止する可能性について真剣に考えた人はほとんどいなかったとされる。[76] 少なくともヴァレンヌ事件までは、フランス王政を共和政に移行させるという考えは、ほんの一握りの人間が個別に抱いていたとしても、それは党派と言えるほどの集団を形成しうるものでは決してなかった。一七九〇年春頃になると、共和主義の党派について人々が話題にするようになるが、それでも国王の問題となると、王政転覆の嫌疑をかけられることへの恐れから、用心深く沈黙を守る議員が大半であったという。

王政廃止を公に表明した著作が公刊され始めたのはこの頃であり、ラヴィコントゥリー、フランソワ・ロベールによる文書に次いで、急進派系の雑誌にいくつかの記事が発表されていた。この時期の共和主義としては、共和政の実現の手段についての見解の相違にしたがって、二つの潮流の存在が指摘される。一方はロベール夫妻を中心とするごく少人数のグループで、共和政を即座に創設しうるという見解を表明していた。これに対して、共和政を直接民主制の形式で確立しようとする彼らの手法に対して疑念を表明していたのがブリッソやコンドルセ、ロラン夫人とその取り巻きであり、彼らは別の共和主義のサークルを形成していた。そもそもこの対立は革命初期の、パリ地区の活動家とパリ市議会との対立に遡るもので、直接民主制を志向する前者は、やがてコルドリエクラブに合流していく。彼らは代表制と国王の停止的拒否権を認めることによる人民の主権の侵害に対して闘う姿勢を見せていた。一方、後者はもともと革命期以前の一七八〇年代半ばのブリッソとクラヴィエールの二人を中心に築かれていく知的人脈から発展したもので、やがて一七九二年にジロンド派に合流することになる。こちらは新生の共和国アメリカの政治原理への賛同という共通性も有していた。

このように共和政の実現という問題だけではなく、人民の主権の行使のあり方をめぐる見解の対立が深まっていくなかで起きたのが、一七九一年六月二十一日のヴァレンヌ事件である。コンドルセはこれを、それまで国民と国王を辛うじて繋ぎ止めてきた信頼の絆の断裂を意味する事件として受け止めた。そして信頼関係が国王の側から一方的に断ち切られた以上、革命の方向性をめぐる分裂など、もはや恐れる必要はないと判断する。「国王の逃亡は、なお国民をルイ十六世に結びつけていたあらゆる絆を断ち切ったように私には思われた。そして革命の友を分裂させることを恐れずに王権に対する私の意見を余すところなく表明しうる時期が到来したと信じた」[77]。たとえ個人的にはヴァレンヌ事件以前から共和政の実現を望ましいと考えるようになっていたとしても、コンドルセは国民の大半は国王との信頼関係で結ばれていると信じ、そうした人々の信頼を動揺させ、社会の混乱を招く行為などは考えられなかった。しかし、国王の裏切りにより、もはや信頼の修復は不可能となった今、コンドルセは共和政を実現に移す機会が到来したと判断したのである。「ルイ十六世の最初の逃亡が、国民の大半の目を未だ覆っていた目隠しを落とした時、共和政体を確立するときが来たと私は信じた」[78]。こうして事件直後の七月には共和政を支持する文書を立て続けに公表するように、この事件を機に共和政の実現は彼にとって現実味を帯びたものとなり、積極的に世論に訴えるべき課題として捉えられていく。

同じ頃、コンドルセの周囲では、共和政をめぐるトマス・ペインとシィエスの論争がモニトゥール紙上で公開され、コンドルセ自身もシィエス宛に共和政についての自らの見解を示した書簡を送っている。そこでまずシィエスとペインの論争の概要を確認しておきたい。[79]

この論争は、シィエスが「君主国においては共和国よりも市民により多くの自由がある」という理由で君主政の支持を表明した文書を公開したことに端を発する。ペインはこれを共和主義者に対する挑戦と受取り、共和政を擁護すべく反論を試みた。ペインは共和政を「代表制による政府」、「権利の宣言の諸原理に基づく政府」と捉えたうえで、それは確実に君主政よりも優れた体制であると主張する。これに対しシィエスは、共和政は自由にとって不十分であると再反論をしていく。

ペイン自身がオランダやイタリアにおいて共和国と名付けられたものを議論から外したのを受けて、シィエスもまずは君主政への支持がトルコやイギリスの君主政の擁護を意味しないことを確認する。そしてペインに対して、概念上異なる代表制のシステムと共和主義とを混同していると指摘する。シィエスによれば、君主政と共和政の区別以前に、そもそも代表制をその本質としない国制は偽りの国制である。すべての構成員が同時に共通の行政に従事することが不可能な社会では、代表者と主人、正統な政府と専制のどちらを選ぶかという選択しか存在しない。もちろん選択肢が示された時点ですでにシィエスの答えは明白である。正統な政府は代表制であってしかるべきであり、「真の代表制という特徴のなかに共和主義者であることを知らせる区別の象徴を見つけ出すべきではない」。

こうしてシィエスは君主政と共和政を区別するための別の指標を求め、執行権力の所在に注目することになる。シィエスによれば共和政とは、執行権力を人民あるいは国民議会の任命による多数の合議制の議会に委ねる場合であり、これに対し君主政とは、政府の統一性を体現する一人の首長を置き、その首長が大臣の任命、更迭の権限、その他の職務を担い、しかもその責任を問われない場合である。シィエスはこの問題を「政府に冠をかぶせる仕方」という比喩で捉えている。すなわち両者の相違は、君主政支持者は政府の統一性が一人の個人によって体現されるのを望むのに対し、共和主義者はそれが集団によって担われるとする点にある。君主政と共和政の相異をさらに分かりやすく示すためにシィエスは「君主的政府は先端で、共和的政府は底辺で完成する」というイメージを提示する。シィエスが何よりも重視するのは「行動の統一性」であり、上院や評議会という形でそれを確立する可能性も否定はしないとしながらも、集団で実現するのは困難だと見ている。具体的には政府は一人の君主と、君主の選出する六名の大臣から構成され、無答責の君主に対して、大臣は責任を問われるとされる。またペインが示した「人権宣言の諸原理に基づく政府」という共和政の定義については、君主政においてもそれは可能だとする。

この論争に対してコンドルセは、シィエスの国制についての見方の全容がようやく明らかとなることを期待していたが、「諸原理や事実について、諸個人についてさえもしばしば、意見が一致することに慣れていた」ため、余計に今回彼の意見が自分の意見とは反対であることを知るのは、残念に思われた。[80] コンドルセは政体をめぐる意見の相違にもかかわらず、まずは互いに意見が一致する点を確認している。例えば、人権宣言の重要性、人権に平等を含むこと、世襲的な特権はすべて人権侵害であること、職務の執行に必要ない公職におけるあらゆる区別は市民への侮辱であること、単一の立法府、憲法改正の権利、執行権力の統一性、国王の絶対的不可侵性の否定、王室費に対する批判などが挙げられる。

一方で、政体に関してコンドルセは次のような区別を行う。君主政とは選挙または世襲により執行権力を委ねられた個人が、大臣に拘束されずに単独行動が許され、無責任の場合とされる。すなわち「首長の無答責制と世襲制が君主政を構成する」。[81] この二つの条件のどちらかでも満たせば君主政であり、反対にいずれも存在しないのが共和政である。そのうえでコンドルセは、大臣の罷免権を握り、彼らの行動を阻むことのできる君主が責任を問われないという君主政の論理は、理性と正義に反すると考える。[82] 人民の選出による合議体を望む人々は、合議体のメンバーにそうした免責特権を与えることなど主張していないという。

また世襲制に関しては、それこそが君主政を長年不当だと考えてきた理由であるとする。「今現在はこの無答責もそうだが、私は何より世襲制においてこそ、長年この政府の形態を理性と人間の尊厳とに等しく反するものと考えてきた」[83]。なぜなら世襲制は「一種の神格化」であり、それは人間の平等原理に反するうえに、社会の未来を人民の判断ではなく偶然に委ねたほうが望ましいとするもので、人民に対する侮辱に他ならないからである。コンドルセは世襲制を「人民の軽蔑」であると見なし、世襲制や無答責制を良き国制の不可欠な要素とするほど人間の存在は不完全なものか、と問う。

コンドルセによれば、無答責制と世襲制を否定した共和政政府のとりうる形態としては、執行府を一人に委ねるか、合議体に委ねるか、後者の場合はさらに首長を設けるか、平等な関係の大臣のみで構成するか、という選択肢がありうる。これは活力、統一性と安全性を備えた政府をどう構成するかという技術的問題であり、真の見解の相違ではないとされる。

この時点では、コンドルセは執行権力の形態という残された課題を含め、今後の進むべき方向性を次のように展望する。「国民により選出され、信頼を受けた政府の合議体が、憲法が国王に委ねた諸権力を暫定的に行使すること。特別議会がいかなる政府が最終的に確立されるべきかを決定すること。そうすれば、もしも理性の声がフランスは国王を有するべきであると決めたとしても、政府は活力を取り戻し、信頼を獲得できるだろう。そうすれば、現在の国王という人物に対する隔たりも解消するだろう。以上が国民の多数、国民議会の尊厳、人民の利益、国王の利益に対してさえも適した唯一の手段である」[84]。このように、国王逃亡の事態で信頼の失墜した政府には、国民の信頼の回復が重要と考え、コンドルセは暫定案として国民による選出の政府の合議体が、国王に代わって執行権を行使することを提案する。そして最終的な政府の形態についての決定は特別議会に委ねるべきだと主張する。

以上のように、コンドルセにとってもシィエスと同様、共和政と君主政は、政府の形態、すなわち執行権力のあり方により区別された。ただし、シィエスは執行権力を無答責の一個人に委ねる君主政を「行動の統一性」から望ましいと考えたのに対し、コンドルセはたとえ執行権力を一人に委ねるとしても、無答責制は理性および正義に反するとして認めず、あくまで無答責制と世襲制を否定した共和政にこだわったと言えるだろう。

君主の無答責制を問題視したコンドルセだが、そうした考えはすでにヴァレンヌ事件以前から示していた。例えば、君主政における執行権力のあり方について論じた『大臣の選出について』(一七九〇年)では、君主政を他と区別するのが「単一で不可侵の首長」の存在であるとして、そうした無答責の君主の存在と自由を両立させる条件を探っている。コンドルセによれば、君主政が自由である条件は第一に、執行権力を大臣が君主と共有し、無答責の君主が単独で行動しえないことである。「自由な君主政の政体においては、執行権力は互いにある種の拒否権を行使し合う二つの異なる存在の間で現実に共有されている」[85]。つまり、君主は無答責であるのに対し、大臣が法を侵害した場合には責任を問われるという仕組みである。しかしこれだけでは十分ではない。そこでさらに君主が恣意的に大臣を選出できないよう、大臣の選出方法を定めることが提案される。例えば国民の代表者が示した候補者名簿のなかから君主は大臣を選出するなどの方法であり、これにより無答責の君主の行動に制約を課すことが提案されている。

合議制についてはヴァレンヌ事件後、一七九一年七月に発表された『選挙による合議体について』のなかでさらに論じられた。大きな共和国を不可能と考え、世襲君主政、つまり無答責で大臣の選出・罷免権を有する君主による統治を支持する人々に対抗し、広大な領域をもつフランスにおいて共和政を確立するために、コンドルセは選挙による合議体により執行権に活力を与える方法を提案する。ここで彼はその詳細な役割には踏み込まず、専らその形態、選出方法の説明を行う。主な提案としては、合議体が七人から構成され、立法府と同じ選挙人により選出されること。各県による選出は、立法府の作成する候補者名簿から行うこと。これにより執行府は立法府との利害対立関係に置かれず、より大きな活力を備えるとされる。また立法権力に大臣の罷免権を与えると、立法権と執行権の結合をもたらすため、人民の意志による罷免が認められる。そうすれば執行権力は自由に対する脅威とはならないという。また国土が広大であるほど、活力ある合議体となることが期待されている。ここで提案された合議体の執行府は、後に憲法草案のなかでも採用されることになる。

執行府の構成員は人民による選出とされているが、これに対しては人民の能力を疑問視する声もある。民衆に選出を委ねることに対する危惧については、コンドルセはその心配はないと考え、むしろ民衆の能力に期待を寄せている。それによれば、アテネやローマにおいても、市民の大半は教養を欠き、無知と偏見を免れておらず、選挙方法も非常に大雑把なものであったが、それでも無能な人間が選ばれることは稀であった。またフランスを含めてどの国でも大抵は、何らかの名声を得た人物が選ばれる。人民の選択に委ねるとはいえ、立法府が作成する名簿により、予めその選択に指針を与えることはできる。さらに各候補者がこれまでに就いた地位、書いた著作、行った仕事などの情報を与えることで、人民は候補者について良く知ることができる。大臣に求められる資質は、特定の性質というより、誠実さと性格、知性であり、公論はここで十分確かな道案内となると主張される。

さらにコンドルセは合議体による執行府の構成について論じる一方で、広く世論に対して、より積極的に共和政の実現も訴えていく。一七九一年七月十二日には『共和国について、あるいは自由の維持のために国王は必要か？』と題する演説を行っている。[86] ここでコンドルセは今や「必要性のみがこの堕落させる危険な制度を許容しうる」と主張し、自由であるためにフランス人民は国王を維持する必要があるかどうかと問いかける。また王権を維持するか否かを論じるには、それを判断する役割を担う特別議会を召集する権限を人民がもつことが条件であることも確認する。そのうえで、世襲君主を支持する根拠とされる意見を反駁していく。

圧制者を防ぐには制限君主を必要とするという意見に対しては、コンドルセによれば、フランスにはすでに圧制者の出現を妨げる様々な条件が整っており、それは無用な心配である。そうした条件は、国土の分割、権力の分割、知性の現状という三つの観点から説明される。まずフランス全土の県への分割は、権力の簒奪という野心的な企てを不可能とする。次に法だけでなく、様々な分野への公職の分化に基づく諸権力の分割が圧制者への防壁となる。つまり軍隊、艦隊、財政、司法など、それぞれ教育も教養も習慣も様々な人々に担われており、これらすべてを破壊して圧制者となるのは不可能である。さらに出版の自由、読書の習慣の普及、多数の公共の文書などにより、人々の知的能力の面でも、危険に対抗できると考える。

少数の有力者の圧制から人民を守るために君主が必要だという意見に対しては、富の不平等に対する十分な制約も整い、そのような有力者はもはや存在しないという。

さらに立法権力による簒奪から市民を守るために君主は必要だという意見にもコンドルセは反論する。すでに立法権力の頻繁な更新、国民の特別議会の存在、人民の選出による執行府の存在、立法権力の制限などのため、それも恐れる必要はないからである。

最後に、執行権力に活力を与えるために君主は必要であるという意見に対しては、むしろ世襲君主こそが、執行権力から有益な活力を奪っているという。「世襲の首長の存在こそが、執行権力に対する不信を自由の友に抱かせ、その動きを妨げ、遅らせる障害物をもたらすことで、執行権力からその有益な力すべてを奪ってしまう」[87]。こうして、コンドルセは世襲制君主の必要性を明確に否定し、フランス社会の現状から判断してそれは必要でないだけでなく、執行権力の有益な作用を阻害する有害な存在であると主張するに至った。

以上の議論をまとめると、コンドルセの共和政に対する見方の変化は、君主政理解の変化をも伴っていた。革命前には、共和政は理想政体とされたが現実的なものではなく、自然権に基づく法は君主政においてこそ可能と考えられた。革命期に入る頃には、君主政は一般意志の論理で理解され、君主は立法権を握る国民に対して、執行権力の受任者と位置づけられていく。また責任を問われない君主の存在が問題視されるようになる。こうして君主の役割が形骸化し、その存在意義が疑問視されるなかで、共和政が実現しうる政体として見なされるに至ったといえよう。ヴァレンヌ事件により国王から人心が離れると、いよいよ共和政実現の好機が到来したと考えたコンドルセは、執行府のあり方など、具体的な制度の構想へと向かうこととなった。

第四節　憲法の構想——共和国の実現に向けて

本節ではコンドルセの新しい秩序構想の到達点としての、新しい共和国の実現に向けた憲法の構想を検討する。まずは彼が同時期に著した重要な論考である『自由な国民における政治権力の性質について』（一七九二年）を、同時代の政治状況に対する彼の視点と照らし合わせて検討しておきたい。

一　『自由な国民における政治権力の性質について』

この論考に強く影を落としているのは、一七九二年八月十日の民衆蜂起とその背景にある不安定な社会状況である。同年四月より開始された戦争による対外的危機の亢進、陰謀の疑惑、価格の高騰、そして拒否権行使をはじめとする国王のとる行動は、人々の間に不安や不信を増幅させ、民衆運動の高揚をもたらした。パリではセクション総会が市民を受け入れて勢いを増し、国王の廃位を求める請願書が全国から議会に寄せられた。こうした状況のもと八月十日、蜂起コミューンが組織され、テュイルリ宮襲撃事件が起きると、国民公会の召集と王権の停止が宣言された。

この時期、立法議会内の特別委員会の議長を務めていたコンドルセは、国王廃位の要求を前に、事態の収拾を迫られていた。彼にとって人民の蜂起はあくまで最終手段であり、可能な限り回避すべきものと思われた。そして国王の廃位問題は憲法の範囲内で解決されるべきであり、そのためには内部分裂し、人民の信頼を失った議会の存続ではなく、国民公会の新たな召集が必要であると考えた。

新しい制度に混乱や欠陥はつきものであり、それらは時間をかけて知識を深め、徐々に改善を図るべきであるのに、それらを過大視して短絡的な行動に走っては、社会の団結が失われ、状況を一層悪化させる、というのが目前の状況に対するコンドルセの見方である。また主権はあくまで人民全体に属し、人民の一部であるセクションは国民の意志の表明、主権の行使を標榜しえないと彼は主張する。「主権は集合的に捉えられた人民のすべてのセクションに最も完全な平等をもって帰属するのだから、各セクションのいずれも国民の意志の表明を集め、それと認め、宣言することはできない」[88]（『主権の行使についての教示』一七九二年）。セクションは単に意見を表明するに過ぎない。個別のセクションは人民の多数の意向に従うべきとされ、委任された立法権力を認める必要性が説かれる。「主権は人民全体のみに帰属するため、人民の何らかのセクションは、この主権の委任された部分について、単なる意向を発するか、意見を表明することしかできない。なぜなら人民の多数がこの委任を撤回しない限り、その各部分はそれを正統と見なし、一般意志によって確立された権力を認めなければならないからである」[89]。国民の意志表明と見なされるのは、法により確立された形式で召集された議会において国民全体が投票するときであり、その際の人民の多数の意向が国民の意志と見なされる。コンドルセはこのような「規則的で統一的な表明」と「率直な（spontané）表明」との区別を強調する。八月十日の民衆蜂起の後、国民公会の召集により人民の意志を問うことが残された手段となり、そのための結束をコンドルセは人民に訴えることとなった（『国民議会が国民公会の召集を布告し、国王の握る執行権の停止を布告した理由の説明』一七九二年）[90]。

一七九二年秋から国民公会の議員となったコンドルセは、憲法委員会のメンバーとして憲法案の執筆に精力を傾けていく。その過程で発表された論考『自由な国民における政治権力の性質について』では、政治権力と人民の関係をめぐる理論的考察が展開されている。ここでルソーの名前こそ出されないが、『社会契約論』のなかでルソーが立法者をめぐる考察を通じて浮き彫りにした問題に対する、彼なりの答えが示されている。

コンドルセは冒頭、これから論じる主題が、政治社会における自由の理解に関わることを強調する。「人間は他人に服従する習慣をこれほどにも身につけてしまったため、彼らの大半にとって自由とは、自分自身で選んだ主人に服する権利となっている。彼らの考えはそれ以上には及ばず、彼らの独立の弱い意識はそこで止まってしまう。……ほとんど至る所でこの半＝自由（demi-liberté）には波乱が伴う。その原因は自由の濫用にあるとされるが、それはまさに自由が完全でないことから生じていることが理解されない。むしろ残された鎖を断ち切ることを考えるべきときに、新たな鎖を与えようとしてしまう」[91]。つまり一番の問題と思われたのは、主人を自分で選ぶだけで自由を享受していると満足してしまう同時代人の自由に対する意識の低さであった。そこでコンドルセは政治権力への服従の根拠に遡って、政治的自由についての理解を示そうとする。

とりわけ焦点が当てられるのは、政治社会における多数者の意向への服従の問題である。コンドルセによれば、政治社会における個人は、共通の規則に従うべき時には「最大多数者の集合的理性（raison collective）」に従う社会的義務を負う。「理性は、自然と一致して、個人の独立に対してただ一つの限界を設けた。個別的道徳の義務にただ一つの社会的義務を加えた。それは、共通の規則に従うべき行為において、自らの理性ではなく、最大多数者の集合的理性に従う必要性と義務である」[92]。コンドルセは共通の規則のもとに形成される政治社会において、多数者の権力がただ一人の個人の権利すら侵害してはならないことを重要な条件と考える。そのため彼は意志と理性を明確に区別し、意志は恣意的でありうる以上、集合体の構成原理とはなりえないとする。「理性にと言い、意志にと言わないのは、多数者の少数者に対する権力は恣意的であってはならないからである。それはただ一人の個人の権利すら侵害するには及ばない。明白に理性に反するとき、それは服従を強いるには全く及ばない。この区別は取るに足らないものではない。人間の集合体も個人と同じくらい、それが欲するものと、それが理に適い、正しいと思うものを区別しうるし、すべきである」[93]。コンドルセはこのように、政治社会を形成する際に従うべきは意志ではなく理性であると考える。

ところでルソーの場合には、社会契約によって政治体を創設するにあたり、私的利益の追求に向かう個人の特殊意志と、「つねに正しく、つねに公の利益を目指す」とされる一般意志が対比され、自由であるために一般意志への服従が説かれた。しかし自己利益を優先する誘惑に駆られることもまた、自己保存を求める人間の本性ゆえに、免れがたい現実である。そこで一般意志と特殊意志の間に常に生じるこの矛盾を解消するべく、立法者が必要とされた。『社会契約論』第二編第六章において、ルソーは次のように述べて、何を欲すべきかを知らない多数の人々が立法を担うことの困難さを指摘する。「盲目の民衆 (multitude aveugle) は、自分たちのためになることを知ることが稀であるため、自分たちが欲することを知らないことがよくあるが、彼らはいかにして立法の組織というあれほど困難な大事業を自ら実行しうるのだろうか?」。そして彼らの導き手として呼び出された立法者によってこそ、「個人については、その意志を理性に一致させるように強制しなければならない。公衆については、それが欲することを教えなければならない」と述べている。[94]

コンドルセもまたこのようなルソーの立法者論の示す問題圏において考察していることは確かである。ただしコンドルセの場合は、政治体の外部に位置する立法者に訴えることができない。なぜなら彼にとって立法者とは、ルソーがしばしば引き合いに出す古代のリュクルゴスのような、人間を超越した存在ではもはやありえないからである。近代の立法者は特別な存在ではない普通の人間であり、その立法行為は誤りうる。それゆえコンドルセは政治社会の外部に立法者を求めるのではなく、政治社会を構成する市民の一人ひとりに、いわば立法者としての役割を引き受ける覚悟を求めるしかない。

こうして恣意性を基準に意志と理性が区別され、「最大多数者の集合的理性に従う必要性と義務」が主張されるのだが、ここでさらに「最大多数者の集合的理性」が個人の個別の理性と対比されていることにも注目できる。[95] コンドルセは、多数者の意向への服従は、単に共通の規則のもとで行動する必要性だけではなく、「最も多くの場合、すべての人の理性と利益に一致するであろう」共通の規則を採用する利益に基づくもので、それは「権利において厳密に等しく、一般に同一の利益を有する人間の間で形成される」多数者の意向のなかにこそ見つけ出すことができると考える。このように多数者は権利と利益において平等であることも強調されている。

同様の論理は、個人の主観的観点からも説明される。コンドルセによれば、人があらかじめ多数者に従うのは、自分が従う規則に社会の他のメンバーも同様に従うであろうと推論しうるからである。「私は私のそうした諸行為が、私の同朋市民の同様の諸行為も同じく服するであろう規則に従うべきであることを知っている」。[96] こうして人間は相互的な関係性のなかに置かれた存在であることへの自覚が促される。その際、この規則が自らの固有の理性に一致することは要求できない。なぜなら他者の理性に反してまで他者を自らの理性に一致する規則に服従させるいかなる権利も人はもたないからである。「私はこの規則が私の理性に一致することを要求しえない。なぜなら、そうすればそれは他者の理性に反するだろうし、その人を私の理性に従わせるいかなる権利も私はもたないからである」。[97] 自分とは異なる他者の理性を前に、自らの固有の理性も絶対視することなく、すべての人に共通の規則に従う必要性を認め、多数者の意向のなかに服従の対象を見出すことが、自らの理性に適うことであるとコンドルセは主張する。

以上の理論的考察をもとに、コンドルセは立法権力と執行権力について考察していく。まず共通の一般的諸規則を確立する第一の政治権力が立法権力である。市民がそれを直接行使する場合、それにより多数者にとって最も理性に一致すると思われる共通の規則が宣言される。あるいは多数者の理性の判断により、立法権力が立法府に委任される場合は、立法府が「理性に適い公正な事柄を求める職務」と「それを宣言する権利」を引き受けることになる。ただし立法府の権力は真の権力ではなく、それはあくまで宣言する権利を有するのみであり、立法府の決定が効力をもつには、社会の多数者の暗黙の、または明示的な承認が必要とされる。[98]

次にコンドルセは、多数者の直接の意向の表明の場合と、立法府を介した立法の場合の相違を二点指摘する。前者の立法権力の直接行使の場合、少数者の意見が多数者の決定の犠牲となりうる。それにより権利が侵害された少数者には、服従して社会契約を維持するか、契約解除のどちらかの選択肢しか残されない。一方、立法府を介した場合は、多数者あるいはすべての人の意見が犠牲となりうる。しかし権利が侵害された場合、多数の意向を直接問うという対抗手段が残されている。このように、コンドルセは人民の多数による立法権の直接行使よりも、立法府を媒介させた意思決定の利点を認めている。つまり立法府の決定をあくまで社会の多数の意見と同一視せずに切り離すことで、多数の意見による検証が可能となることに着目している。

立法権力に続いて検討されるのが、法の事物への適用に関わる執行権力である。コンドルセは立法よりもむしろ法の執行の局面に真の権力の作用、すなわち「個人の意志や理性とは独立に、その行動に作用する力」を認める。[99] 執行権力の力としての側面に注目するのは、法の執行はより抵抗が想定される局面であり、社会の存続が懸っているからである。コンドルセによれば、法の執行が個人の情念や利益に反するとしても、ソクラテスのように強い意志と理性によりそれに服する例はある。しかしすべての人に彼と同じような理性と高潔さを期待することはできない。それゆえ、法律の執行を保証し、社会の解体を防ぐには、真の権力を委任する必要がある。革命の現状を前に、コンドルセにとって最も切実な問題と思われたのは、多数の民衆の恐怖や偏見に由来する抵抗である。そこでそうした事態に対処するため、法律やその作成者に対する人民の信頼の重要性が強調されることになる。「各市民が承認しない法律に対してさえも、不正と思われるその適用に対しても、一時的に従う義務の深い感情を意識の奥底に抱くこと」が必要だとされる。[100] そして公職者に対する信頼を維持するには、公職者の頻繁な入れ替え、そのための市民による公選が要求される。それにより、市民は公職者を「自らの作品」と見なすことができるという。

ここでコンドルセが重視する、政治社会の統合の要となる人民の「信頼」について注目しておきたい。これは第一章で検討した、判断を形成する際の「信念の根拠」という視点と重ねて理解できるだろう。判断の根拠を問う姿勢は、一度下した判断を常に問い返す視点を生む。それにより判断は常に更新され、補強される。コンドルセは社会の存続には人々の信頼が不可欠なことを十分自覚すると同時に、それは常に問い返され、更新される必要があると考えた。そうしてこそ人々の信頼は維持され、社会の安定につながるのである。

「最大多数の集合的理性」に従う際に、多数者の間の権利と利益における平等が強調されたが、コンドルセは共和国と平等の結びつきについても改めて注意を喚起する。「平等への愛はすべての共和国、貴族的制度によって堕落している共和国においてさえ、全般的で支配的な感情である」。[101] ここで「支配的な感情」と言われるように、平等が社会全体で尊重されることが重視されている。ただしコンドルセは平等を絶対的なものとは捉えない。彼にとって平等は、古代の共和国のイメージとは完全に切り離されている。それによれば、たとえ法律において最も完全な平等が維持されたとしても、人間の本性に由来する不平等は常に存在する。例として次の三つが挙げられる。[102]一つは自然な能力の不平等である。個人の才能はその個人を越えて社会にとっても有益であると考えるコンドルセは、公教育がすべての市民に他者への依存に陥らないために必要な知識を与えることができれば、能力の不平等は有害ではないとする。次に富の不平等に対しては、良き法律により適切な限界を設けることが必要であるという。残るは統治権力に関わる不平等である。「あらゆる社会は必然的に二つの階級、統治する人々と統治される人々に分かれる。そこからおそらくまだ遠く離れているが、法律を作成し、判決を下す仕事を、本を作り、機械を組み立て、問題を解決する職業と同じ類の単なる職業と見なす時までは、現実の、必要な不平等が生じる」[103]。しかしこの区別が世襲的区別により法律上固定されず、富から独立し、公教育の発展により、知識や才能の「優越性」ではなく「相違」を示すに過ぎないといった条件が整えば、人々を分かつ境界線も流動的なものとなり、屈辱的なものではなくなるという。ただしこの場合にも頻繁な選挙は重視される。そうして統治者に対する「支配権（empire）」を被治者に与えることで、有害な選択や、徳や知識や才能に対する憎悪、「平穏の敵」である不信の回避につながると考えられるからである。

コンドルセの現状認識では、人民の信頼を確立するには、多数者の意向が真に表明される選挙が行われるべきだが、フランス革命の必然的な帰結はさらに諸困難を増大させた。狭い地域を越えて名声を得た人物が候補者から排除され、社会は階級に分裂し、名前や地位、財産ばかりが知られ、人物の中身は知られない、という状況にフランス社会は置かれている。

さらにコンドルセは、政府の活動が過度に複雑になること、つまりその作用の程度においても対象の範囲においても過剰になることに、近代の国民に固有の猜疑心の原因を見出す。そこから必然的に漠然とした間接的な影響力が生じ、人々の不安を掻き立てる。印刷術や自由な出版のおかげで高まった公開性にもかかわらず、依然として政府や役人の活動に市民全般の目が行き届かないと指摘するコンドルセは、「自由で平穏でありたいと望む人民にとっては、政府の活動を可能な限り少なくする法律や制度が必要である」と主張するに至る。[104] ただしそれは社会の無秩序とは区別される。「不信や放埒な独立の漠然とした感情によってのみこの原理に気づいたアナーキストたちは、混乱や嫌疑、諸権力の抗争、一貫性のない小さな断片へのそれらの分裂から生じる政府の無機能（nullité）を生み出すことしか追求しなかった。反対にこのほとんど無機能な状態は、根本から組み立てられた法律のシステムの帰結となるはずである」。[105] このようにコンドルセが思い描くのは、法と制度の確立により社会全体の仕組みの透明性が可能な限り高められ、人民の不信や抵抗運動など、社会秩序の不安定要素が可能な限り除かれた社会である。もちろん大規模な革命後の複雑な現状のなかで、こうしたシステムを確立するのは困難を極めることもコンドルセは自覚している。社会の変革とそれに続くべき事態の鎮静化という、二つの性質の異なる課題に同時に対処する必要があるからである。

だからこそ、政治制度や法に対する人民の信頼のためにコンドルセが最も重視するのは、「望むときに諸法律の、そして主として社会的職務を確立する憲法的規則の変更をなしうるという内面的確信」である。[106] そこから法律への敬意という感情や正統な権威への服従も生まれ、この感情こそが自由に値する人間が誇りをもって示すべきものであるとコンドルセは主張する。[107] そして統治の技術とは、不安定な党派的意見に対して、人民全体の共通の意見、信頼を対置することにあるとされる。もちろんこのような統治の技術は、一人の立法者によって為されるわけではなく、例えば様々な意見表明の回路の組織化といった制度の確立による。コンドルセは、意見の表明こそが抵抗の武器に代わりうるという信念のもと、正規の異議申し立て（réclamations régulières）の諸制度を組織化することを提案し、「こうして、自由と平和、法律の尊重と独立、すべての行為における平穏、公的な利益への最も熱い情念、理性と情熱は同じ国のなかに共存し、同じ魂のなかに結集することができる」と、その秩序構想が目指すべき方向性を改めて示した。[108]

二　憲法の構想

「専制から自由への急激な移行、立憲的と呼ばれた王政から共和国へのそれに劣らず急激な移行、相次ぐこれらの革命により引き起こされた騒乱、これほど多くの人間が巻き込まれた誤謬と過ちの必然的な帰結である不信の精神」[109]（『憲法構想の諸原理と諸根拠についての報告』一七九三年）。憲法案の構想にあたってコンドルセが直面したのは、このようなフランス社会の状況であった。相次ぐ急激な政治の変動により社会全体が騒乱に巻き込まれ、その必然的な帰結として、人々の間には漠然とした不信感が蔓延し、不安に駆られての性急な行動は収まるどころかますます加速していく。新しい憲法はこうした目前の状況への対応を視野に入れながら、いかにして新しい共和国の創設という長期的なヴィジョンを描くことができるか。そして共和国に対する人々の信頼をいかに維持しうるか。コンドルセはそれまでに温めてきた構想を最大限に生かしながら、もちろんそれらを現状に照らして新たに検証することも忘れず、この課題に臨むことになる。その際、彼の構想を支える基本的視点は次のようなものだった。「新しい憲法は、革命の運動が成し遂げられる人民に相応しくあるべきだが、それはまた穏やかな人民にとっても良いものとなるべきである。公共精神の活動を弱めることなく騒乱を鎮めることで、それはこの運動を、抑圧してより危険なものとせずに、また一時的には有益なこの熱情を崩壊と無秩序の精神に変えてしまうような杜撰な、あるいは不確かな手段により永続させることなく、鎮めることを可能にする」[110]。コンドルセにとって重要なのは、革命の完遂を目指すことだけではなく、それが無秩序をもたらし社会を崩壊させることなく、新しい秩序の構築につながることである。しかしそのために抑圧的な力に頼って騒乱を収拾しても、それは一時的な解決策に過ぎず、かえって人々の信頼は失われ、ますます社会に混乱が広がるだけである。そもそも力による制圧は自由な社会の原理に相反する。共和国の確立に向けられた人々の精神的な活力を生かすべく、それに一定の形を与えることをコンドルセは憲法草案を通して目指していく。

憲法草案全体は人権宣言と憲法条項から構成されるが、その前文として長大な『憲法構想の諸原理と諸根拠についての報告』が加えられ、ここで具体的な条項が依拠する諸原理について論じられている。そこでは法への服従、個人的意志の一般意志への服従、人民主権、市民の平等といった骨格となる諸原理が提示されたのち、王政の廃止が宣言される。すなわち政治的世襲制の否定であり、その根拠がいくつか示される。それによれば、あらゆる政治的世襲制は人間の生まれながらの平等の侵害であると同時に、公職を果たすに適した資質の継承を想定する愚かしい制度である。共通の法への例外を一人に認めることも、すべての人の権利に対する侵害である。さらに君主という一個人への敬意は、ある種の陶酔であり、盲目的な献身の感情へと導くものであるという。加えてコンドルセは政府の統一性や活力は、「単純に賢く組み立てられた諸権力の組織化の成果でありうる」と考え、それらを世襲的君主はもちろん、唯一の個人に託するシィエスのような見方も拒否する。[111] 前節で見たように、コンドルセは共和政を執行権力のあり方に注目して理解し、世襲制の廃止と責任制をその要素としていた。ここではさらに、執行府の合議制と結び付けた理解が明示されている。

次に具体的な提案を見ていく前に、地方議会論と比べて考えに変化が見られる点を指摘しておこう。まずは土地所有者市民論に対するコンドルセの見方である。彼は地方議会論を執筆していた革命前の時期、土地所有者のみに市民権の行使を認めるとしていたが、ここでは政治的権利を土地所有者のみに帰属させるという意見の論拠はもはや弱いとして退けている。[112] コンドルセによれば、この意見の論拠が唯一あるとすれば、彼らのみが独立した仕方で一定の領域に居住し、他者の恣意的な意志によりそこから排除されないというものである。この見方は他者に対して依存関係にある人々には政治的権利を認められないという考えに基づくが、コンドルセは自由な国制のもと、平等の尊重によって特徴づけられる公共精神が人々の間に普及すれば、そうした依存関係を想定するのはもはや不可能であるとする。そのような線引きは困難であるし、新たな排除の口実にもなりかねず、社会の大半の人々を社会的利益から切り離し、自由の敵に回してしまう危険がある。依存関係が残るとすれば、むしろ市民的平等と合わせて、あらゆる市民の政治的平等を認めることで解消すべきであると主張する。こうして、フランスの領土に一年以上居住する二十一歳以上のすべての男性は共和国の市民として認められる。[113] さらに二十五歳以上という条件を満たせばすべての男性に被選挙資格が認められる。

また政治的権利の行使における平等の主張は、土地所有者市民論だけでなく、例えばシィエスなどが主張する、社会の共通の有用性という視点に立つ政治的分業論や、その考えに基づいて政治的権利行使からの排除を正当化する意見への反論でもあった。[114] コンドルセによれば、憲法が認める政治的権利の行使の主体に関して、政論家の間には二つの対立する意見が認められるという。「一方は政治的権利の行使を、共通の有用性に基づく諸条件を要求しうる、ある種の公職として見なした。彼らはすべての人の権利の行使を、市民の一部がそれを濫用するいかなる利益ももたず、動機ももちえない限り、そしてとりわけ彼らが社会の一般的利益にとってより良くそれらを行使するだろうと信じる理由がある場合には、その市民の一部に排他的に委ねうると信じた」[115]。これはシィエスに代表される見方である。これに対し「また別の者は、反対に、政治的権利はすべての個人に完全に平等に属するべきであると考えた」。コンドルセはこれまで多くが前者の意見に従い、一七九一年憲法もそれに従ったが、後者の見方こそが真に開明的な政治に相応しいと主張する。

もう一点、絶対的な統合か連邦制かという論点をめぐっても、フランスは「単一、不可分の共和国」であるとし、その統合の側面が強調され、アメリカとの違いが明確にされる。その理由として国境の防衛がまず挙げられるように、ここには対外戦争への危機意識が窺われる。アメリカについては、フランスよりも障害が少ないにもかかわらず、連邦的紐帯の弱さや諸邦の協調の欠如が独立戦争での成功を損なったのではないかと、むしろ負の側面に焦点が当てられている点が、これまでの論調とはやや異なる。

ところで、コンドルセの関心は社会の混乱の収拾、秩序の再建に向けられていたと先に指摘したが、だからといって彼の構想する政治社会が静的な性格のものではない点は重要である。むしろコンドルセの国制構想の最大の特徴であり独自性でもあるのは、それが全体として非常に動的なイメージを与えるところにある。社会の制度は常に多くの人々に開かれた検証にかけられ、刷新され続けるものである。社会の成員も常に新しく入れ替わり続けること、つまり制度を作った人々とそれを運用する人々は異なり、作った時点とそれを運用する時点の間にも常に隔たりが生じ、隔たりはさらに拡大を続けることが意識されている。

ただし、このように常に変化を続ける社会において守るべきものは存在する。それは何よりも人間の自然権であり、人間の作り上げた制度ではない。人間は決して誤謬を免れない存在である以上、人間の作為の産物を唯一絶対であると称することほど傲慢な態度はないとコンドルセには思われた。こうした見方のまさに対極にあるのが、人為的制度を永続的なものと信じてそれに固執する態度であり、彼の理解では、それは古代の立法者が作り上げた政治社会の特徴であった。

憲法草案における様々な提案もこのような視点に支えられたものである。そこには革命期に入って、あるいはそれ以前からコンドルセが国制における自由の条件として主張してきた考え、人間本性に対する見方が反映されている。コンドルセは民衆運動という人民の意志の直接的な表明ではなく、共通の法という形式を重視した。ただし法律もまた誤謬を免れない。そこで彼は法律への敬意を訴えながらも、それは決して法律への盲従ではありえないと強調する。むしろ、人々の真の信頼を確立するには、その検証が常に欠かせないと考える。法律に対する「暫定的な服従」という言葉が頻繁に用いられるように、常にその見直しが見込まれている。[116] 代表者や議会に対しても同様に、立法府の頻繁な刷新が提案される。「立法府の非常に頻繁な刷新、自由に反すると判断する法律に対して人民が為しうる異議申し立て、人民の声を聞くことを拒否する議会の即座の変更、これらは権力簒奪の計画、すべての社会的権力の唯一の源泉である唯一の議会に対して危惧されている、自由を破壊するシステムに対する十分な予防策である」[117]。先に触れた立法府の「間接的専制」に対して、議員の頻繁な改選や異議申し立ての手段により、人民による統制を及ぼすことが試みられるのである。

そしてこれらが代表制における人民の主権行使のあり方と考えられている。つまり法律に対する人民の異議申し立ての合法的手段、人民の権利を侵害する憲法の改正の合法的手段、そして人民による直接の憲法の承認、これらは「人民により広範に主権の享受を保持させる手段であり、代表政体の下でさえ、おそらくその直接の行使が市民に主権の存在と実態を想起させることは有益である」とコンドルセは述べる。[118]また正統な権力から発せられる「明白に不正な法」に対する人民の抵抗権の問題についても、人民の多数者こそがその不正の判定者となりうるとされる。[119]

このように、コンドルセの代表制の秩序構想において、人民による主権の直接行使は、法や憲法の改廃の権利、権力に対する異議申し立ての権利の行使を通じて実践されることが期待されるのである。

そこで次に、コンドルセの政治秩序構想における具体的な人民の主権行使の様態について、第一次議会(assemblées primaires)の役割を中心に見ておきたい。前章で検討した地方議会論では、地方議会の下位に置かれた地区議会が階層秩序の要に位置し、重要な役割を担っていた。これに対して憲法草案においては、第一次議会が人民の主権行使の場として非常に重要な役割を担うものとされる。[120]

まず注目したいのは、第一次議会への市民の参加は、社会の安定を脅かすものではなく逆に社会の秩序と自由を両立させる手段と捉えられる点である。「第一次議会への市民の集合は、公共の平穏への危険としてよりもむしろ、平和と自由を両立させる手段として捉えるべきである」。[121]この第一次議会は各県に配置されるが、その設置区域は市町村行政の区域とは全く区別され、第一次議会に参加する市民は、個別の地域の住民としてではなく、国民の視点から政治的権利を行使し、投票を行うものとされる。[122]

第一次議会の役割は、憲法が定めた選挙の実施と、「共和国の一般的利益に関する事柄」についての議決にある。[123]前者の第一次議会における市民による直接の選挙としては、立法議会の議員、憲法改正のための特別議会の議員、中央行政府である執行評議会の構成員、各県の地方行政官、国民陪審院(jury national)の裁判員の選出などがある。[124] 後者に関しては、新憲法草案あるいは憲法改正案の承認あるいは否認、特別議会の召集の提議、共和国全体に関する問題についての立法府の諮問に応じる場合、立法府に対して審議事項の採択を要請する場合、国民代表の行為について「人民による審査（censure du peuple）」を実施する場合が含まれる。[125]

この「人民による審査」と呼ばれる異議申し立ての手段は、非常に重視されるものだが、コンドルセがこうした「正規の合法的な」異議申し立てにこだわるのは、それが不正規の手段にとどまる場合、人民の蜂起の危険を懸念するためである。それに加え、共和国における平等の観点からも望ましくないとされる。例えば首都など国家権力に近接した場所、あるいは経済的に恵まれた都市などの重要な場所で異議申し立てがなされるか否かにより、それが及ぼしうる政治的影響力にも差が出るからである。コンドルセの関心は、こうした弊害を避けるため、部分的で衝動的な、不正規の異議申し立てを、第一次議会を通じた合法的で正規のものに制度化することに向けられる。具体的には、一市民が五十名の署名を集めれば、法律の新たな検証を第一次議会に対して請求可能とされる。[126]

ここで一般意志の観点から見ると、一般意志は立法府によって独占的に体現されるわけではない。それは立法府と全国の第一次議会の間の継続的な相互作用を通して表出されると考えられる。「人民による審査」の例として、市民による法律改正の発議について見ると、第一次議会の多数意見が市民による審議の要請を認めた場合、それを検証するために、同一市町村区域内のすべての第一次議会が招集される。[127] そこで審議について多数の意見の同意が得られた場合、さらに同一県内のすべての第一次議会が招集され、そこでも多数の意見の同意が得られた場合、立法府にはその審議を検討する義務が生じる。ここでもし立法府が拒否した場合、共和国のすべての第一次議会が審議すべきか否かを判断するために召集される。つまりこの時、全国の第一次議会と立法府が対峙する形となる。ここから二通りの可能性が考えられる。一つは、全国の第一次議会における多数者が立法府の意見と一致し、審議を却下する場合である。反対に全国の第一次議会における多数者が立法府とは反対の意向を表明した場合には、立法府はもはや国民の信頼を失ったと考えられ、その改選が求められることになる。

この仕組みは、第一次議会の要請に応じて作成された法律についても同様であり、同じ「審査」にかけられる。それにより「決して、人民の代表者の意志も、一部の市民の意志も、一般意志の支配を免れ得ない」とされる。[128]

要するに、たとえ立法府であっても、一つの議会のみで法律の批准は完結せずに、常に全体が連動する仕組みができあがっている。ウルビナティの表現を借りれば、この仕組みは次のようなイメージで捉えられる。「水面に投げ入れられた小石のように、いかなる決定も討議の波動を創り出す」[129]。一市民の異議申し立ては五十名の賛同を得て第一次議会に伝えられ、さらに複数の第一次議会へ広がっていく。それが立法府にまで届くと、逆にそこから再び第一次議会へと送り返される。このように一人の市民が投じた石が、決定と討議の波を生み出し、全体に広がっていくイメージが浮かびあがってくる。

以上の仕組みは憲法改正の手続きについても同様に作動する（『憲法草案』一七九二年[130]）。憲法改正のための国民特別議会（convention nationale）については、コンドルセのそれまでの主張通り、定期的なものと人民の意志に基づくものとの二種類が提案される。前者は憲法の受諾から二十年目に「憲法の見直しと完成のために」立法府により召集され、後者は市民の多数が必要と判断した場合に立法府により召集される。[131]また立法府が必要と判断した場合も特別議会の召集を提議できるが、その場合は人民の多数の同意が召集の要件とされる。

続いて統治機構について見ておきたい。ここでモンテスキュー流の権力均衡論に対するコンドルセの批判的姿勢は貫かれている。例えば、諸権力の抑制均衡に基づく国制は二つの党派をもたらし、公共の自由、平穏に対する脅威になるとして退けられ、一院制立法府が採用される。立法府の議員は各県の第一次議会において選出され、毎年改選される。また議長と書記は臨時の役職として任期が一カ月と非常に短く設定されている点が特徴である。さらに各県の代表者数を定める基準となる各県の人口も、十年ごとの見直しが定められている。

行政機構に関しては、地方行政機構、中央の共和国執行評議会（le conseil exécutif de la République）のいずれにおいても公選制が採用され、執行権力にも人民の統制が及ぶ点に大きな特徴がある。執行府は合議制とされ、中央の執行評議会は大臣七名と書記一名から構成される。彼らは「人民の役人」であり、立法府からではなく、第一次議会において市民により直接に選出される。[132] また毎年半数を改選することで、継続性を保ちつつも、「有益な改革に反し、すべてを因習的行動の支配のもとに置いてしまう、意見やシステムの永続性」が生じる危険への対処がなされている。[133] 執行評議会の統一性を確保する方法として、すべての決議について権限を握る議長の設置が考えられるが、それは「王政的形態の何らかの外観」を呈するとして却下され、決議を評議会全体に委ねる合議制が採用されることになる。コンドルセが合議制を好むのは、個人に過大な権限を与えることへの危惧だけでなく、単独でそうした能力を備えた人間を見つけることの困難さを認識するためでもある。彼の目線は低く、ほどほどの能力を多数の人間のなかに見つけることに向けられている。「見解の統一性や活力が単一の主体を用いるという条件に専ら依存していると信じるのは誤りである。そうした諸利点は少数の主体に付随するということもまた、理性と経験は示している。ただ一人の人間のなかで、同一の原理のみに従って行動するために必要な頭脳と、大きな課題にも事柄の細部にも同時に対応できる行動力が出会うことの難しさは、程度は劣るもののより限定された職務には十分な程度それらの資質が備わっている複数の人間を見つける難しさに勝る」。[134] このように、執行権力の活力や統一性は複数の人間によってこそ担われるという考えが、コンドルセの合議制の主張の核心にある。

執行評議会と立法府や市民との関係については次のように理解される。評議会を設置する目的は、立法府と市民、立法府と公職者の間に「行動と諸原理の統一性」を維持することにある。その役割は「法の遵守と執行を監督し、行政の全般的措置の詳細を、直ちに実現されるように設えること。国民の意志が取り決めたことに従って行動し、新たな決議を要する事実について人民の代表者に知らせること」、つまり国民の意志を正確に順序よく、安全に執行されるよう「監視すること」とされる。[135]

執行府は、立法府に対しては本質的に従属の関係に置かれる。ただし執行評議会の構成員の罷免については、立法府による恣意的な罷免は立法府に対する執行府の過度の依存を招くとして退けられる。そこで立法府にはあくまで「監視」の権限として、国民陪審院の裁判に付す権利が与えられ、国民陪審院が人民の名の下にある種の「監察」の権限を行使するとされる。

地方行政については、各県に十八名から構成される行政評議会（conseil administratif）が置かれ、それに従属する形で各コミューン、各地区にそれぞれ下級行政機関が置かれる。[136] 地方行政機関と中央の執行評議会との間の繋がりを保つために、執行評議会により国民委員（commissaire nationale）が選出され、執行評議会との連絡、法の執行の要請や監視を担う。[137] ただしこれは中央から一方的に派遣されるのではなく、予め人民が選出した行政評議会のメンバーから選ぶことで、市民の信頼が維持されるように配慮されている。

最後に司法権については、立法府や執行府が行使しないこと、逆に裁判所や判事が立法権の行使に介入しないことが明示され、一定の独立が保証される。ここで注目できるのは、同時代のアメリカ連邦憲法制定をめぐる『ザ・フェデラリスト』においてハミルトンが主張するような、司法の重要な機能としての違憲立法審査制の提案がされない点である。法の登録権を担う高等法院による立法権力の行使を批判してきたコンドルセとしては、立法権力の審査を司法が積極的に担うという考えは到底受け入れられるものではなかったと考えられる。

一方で、コンドルセが長年関心を抱いてきた陪審制が採用されている。陪審制こそは、他の制度に比べて、人民の信頼に基づき、より公正で危険の少ない権威をもつ制度とされる。[138]

ここまで本節で展開した議論を、改めて前章で検討した地方議会論を中心とする革命前の国制構想と比べてみたい。地方議会の議論は、あくまで王国の行政機能に関わる行政議会の再編構想であった。ただしその視点は、租税の割当てなどの狭い意味での行政機能のみに限定されず、政府（君主）への異議申し立てや、市民の諸権利を守るための討論などの役割なども重視するものであった。それは伝統的な地方三部会とは全く異なるもので、身分制を廃した新たな代表制の確立の試みでもあった。さらに将来の国民議会の創設、立法全般の改革まで視野に収められていた。コンドルセが思い描いていた「代表民主政」というこの新たな政治形態は、二院制立法府論者の依拠する権力均衡論への対抗を意識したものでもあり、権力均衡の仕組みをもって立法権力の歯止めとするのではなく、地区議会という下位の議会が上位の議会を監視するという発想に基づいていた。

そして本節で見てきたとおり、このような視座は、革命期の秩序構想においても引き継がれることとなった。ここでは人民の「集合的理性」という新たな概念が加わり、全国の第一次議会を通じて集合的な国民の意見が、立法府に対抗して表明されうると考えられた。人民の主権行使の場として、第一次議会が政治秩序全体の中心的役割を与えられている点こそ、コンドルセの憲法構想の大きな特徴と言える。人民の異議申し立ての制度に見たように、たとえそれが一人の市民が発したものであっても、末端の共同体から県のレベルへと段階的に多数意見の同意を調達することで、立法府の決定を検証させる仕組みが構想されていた。また議員や公職者の任期を短く設定し、頻繁に入れ替えることで、人民の信頼を更新しながら維持することが重視された。コンドルセは、政治的危機や社会の混乱により人々の不信が蔓延する革命期の状況を前に、憲法草案を通じて、いわば政治社会全体を下から継続的に刷新する仕組みを制度として内在させることで、人民の信頼に支えられた共和国の秩序構想を提示するに至ったのである。

終章

長らくコンドルセの名は、革命期に執筆され、彼の「思想の集大成」と見なされてきた『素描』がもたらすイメージとの密接な結びつきのもとに記憶されてきた。そのためコンドルセといえば、進歩観念の主唱者であるか、不幸にも革命で命を落とした数学者としての側面ばかりが注目を集めてきた。その政治思想にしても、真理や理性に彩られた、楽観的で浅薄なものという印象が先行し、そうした一面的な理解に規定されがちであった。このような理解に対して、コンドルセ像を刷新することを目指した本書の試みは、彼の政治学の歴史における重要な貢献はむしろ、革命前の一七八〇年代後半から温められていた政治秩序の構想にこそあるとの見方を示し、その内容を、彼の知的背景や一貫する問題関心、思想的伝統や同時代状況に対する応答という多角的な視点から明らかにすることにあった。果たしてこの試みは、新たなコンドルセ理解に資するものとなったのか。またコンドルセの生きた時代の歴史的理解にとって、あえて彼のヴィジョンを通すことで見えたものとは何か。最後にこうした点について考えてみたい。まずはコンドルセが先行きの見えない時代状況の只中で、それとの格闘の末に提示した革命期の共和国の秩序構想という、本論の一応の到達点から、改めて全体の議論を振り返ってみよう。

コンドルセは、政治社会における人為的な法や制度、意思決定は、常に市民による自発的な問い直しに開かれるべきであり、政治社会とはそうした継続的な反省作用によって調達される市民の信頼のうえに成り立つものである、ということに対して極めて鋭敏な意識を向けていた。そうした意識をよく示すのが、第一章で検討した、確率論において用いられた「信念の根拠」という表現である。それは個人がある判断や選択を行う際に、つねにその根拠を問うという姿勢であり、集合的意思決定においては、多数者の意見に従う少数者の服従の根拠を常に問うことで、その正統性を問い直すことにつながる。ここで反省と信頼は常に表裏一体の関係にある。法への服従は常に「暫定的服従」とされ、反省の契機が織り込まれている。コンドルセが社会の秩序に目を向ける場合も、それは固定された絶対的なものではなく、常に問い直しと信頼の相互作用の上に成り立つ均衡ともいえる状態である。この視点は彼の制度構想を隅々にわたり支えるものであり、例えば公職者の任期は短く、頻繁に改選される。それは憲法すらも例外ではなく、憲法改正のための特別議会の制度が、自由な国制の条件として重視されていた。また政治社会の持続と発展のためには、常にそれ自体を改善していく仕組みを制度に内在させることが重要であるとされ、市民の異議申し立ての声を取り入れるための様々な回路が予め用意された。コンドルセは制度を通じて表明された多数者の意向を、ルソーの一般意志の代わりに「集合的理性」と呼んだが、それは多数者の意向を絶対視するからではなく、逆に常に新たな検証にかけることで、その正統性を問い続けるべきであると考えたからである。そこでは他者との共存を前に、自己の理性すら相対化する視点も維持されていた。代表制に即していえば、コンドルセはそれを代表者と委任者の同一性に基づけて捉えずに、あえて相違に基づくことを自覚したうえでの一時的信任として理解していたといえるだろう。

以上の描写からは、常に変化を受け入れる、非常に流動的な秩序イメージが浮かび上がる。時間の経過のなかで、社会の構成員は常に入れ替わり続け、制度が設立当初に人々との間に有していた関係にも変化が生じる。こうした時間意識もまた、コンドルセの視点の特徴といえる。ただし、そこには人間の本性に由来する自然権が、不変の判断根拠として存在している。そのため、あらゆる権利の侵害を明らかにする人権宣言に重要な役割が与えられ、個々人は自然権に照らして、政治権力に対する異議申し立てをすることが可能になると考えられた。ただし人権宣言にしても、政治社会の外部に位置する立法者が上から与えるものではなく、あくまで時間をかけて多数の人々による修正を繰り返すなかで、より完成が目指されるものと考えられた。

コンドルセがこのような秩序原理のもとに提示した憲法構想では、全国の第一次議会が人民の主権行使の場として重要な役割を担い、それを通じて表明された多数者の意見が立法府による決定を検証にかける、「人民による審査」と呼ばれる仕組みが重視されていた。

ただし頭のなかで設計された理想の政体を、社会の現状や人民の意見を無視する形で上から与えることなど不可能であり、望ましくもない。政治社会の持続と発展のためには、理想君主の存在ではなく、多数の人民による自発的な協働こそが重要となる。そのために、まずは人民の利害関心に直接関わる、地方の行政議会の再編から取りかかる必要があることをコンドルセは痛感していた。第三章で検討したように、それは身分的区別を排し、平等な代表制の原理に基づく三層から成る地方議会の構想であった。そこでは委任者の直接の監視下におかれ、市民を真に代表するとされた地区議会が階層秩序の要に位置づけられ、上位の地方議会を監視する役割が与えられた。地区議会は単に税の割当てなど個別の行政機能を引き受けるだけでなく、人民の改革への自発性を引き出し、それを制度化することで、下からの国制の刷新を進めていく役割を積極的に担うものとされた。コンドルセはこの階層的な地方議会を確固とした諸原理のもとで確立したうえで、やがては国民議会を創設することを展望したのだった。

この構想は結局、政治状況の急展開を受けて、コンドルセにとっては全国三部会に始まる新たな政治的文脈のなかで完成させるべき課題として持ち越された。そして彼は革命期に入り、何より重要だと考えた人権宣言が制定され、国民主権と王政の廃止が明確になったのを受けて、また政治社会の状況や世論についても、政体の変更を受け入れる諸条件が整いつつあると判断し、新しい共和国の政治秩序構想を提示したのである。ただしその骨格となる重要な諸原理は、すでに革命前から準備されており、その意味で、それはコンドルセが革命前から温めていた秩序構想の延長線上にあると考えることができる。すでに彼は地方議会論と平行して、代表制による立法議会を前提とした「代表民主政」の秩序構想も思い描いていた。それは二院制立法府の論拠とされる権力均衡論、同時代のイギリスの国制に対置されたものであり、一院制立法府とその選出母体である下位の地区議会による権力抑制の仕組みを支えとする民主政の構想であった。この言葉自体が登場する頻度は少ないとはいえ、地方議会論と革命期の憲法草案に通底する秩序原理と考えられる。「代表民主政」の特徴は「平和」と「平等」にあるとされたように、身分制を排した平等な代表の仕組みを軸とし、権力分割がもたらす党派抗争の回避、社会の統合を目指したものであった。

本書はまた十八世紀思想史の諸潮流のなかでのコンドルセの位置づけを考えるための補助線として、テュルゴからコンドルセへの継承関係に注目した。それは王権と高等法院の緊張関係という、フランスの重要な時代状況を反映する思想的系譜に着目することでもあった。彼らはいずれも、高等法院をはじめとする特権階層に対抗し、徴税制度の不平等に代表される特権社会の解体を目指していた。それは君主の専制権力から自由を守る中間団体として高等法院の役割を重んじるモンテスキュー流の議論とは対照的に、特権集団である高等法院こそが人民を抑圧し、国家を疲弊させる元凶であるとの見方に立った、社会の改革の試みであった。ただし重要なのは、第二章で見た通り、彼らの視線は一国内の政治党派対立という狭い世界を越え、より広い歴史的文脈に向けられていた点である。すなわち彼らは独立して間もない新しいアメリカ社会を加えたヨーロッパ世界という空間のなかに身を置き、そのなかでフランス社会の将来性について考察したのであった。

特権社会の解体というテュルゴの遺志を継承するコンドルセは、テュルゴの業績に敬意を払いつつも、やがて理想君主による上からの改革の限界を見極め、代表制に基づく地方議会の構想に向かった。政治社会全体を視野に収めた新しい秩序を構想するにあたり、コンドルセの重要な参照項となったのが、やはり同時代のアメリカ社会の経験である。コンドルセのアメリカ論を改めて振り返れば、そこにはすでにその後の彼の政治論における主張の萌芽がいくつも認められる。自然権の尊重、平等の原理、出版・意見の自由、批判的討議と法の尊重の両立、中央政府の権力に対する市民の監視活動など、アメリカ社会のなかに現実に根付きつつあると思われたこれらの諸要素を、コンドルセは自らの政治構想の糧としていった。平和を志向するアメリカ社会は、君主の野心、戦争や征服と結びついた古いヨーロッパと好対照をなすものと捉えられ、イングランド国制に替わる新たな模範の出現をも意味していた。それは政体論に着目すれば、大きな共和政国家の実現を意味し、伝統的理論に捉われない新鮮な視点を提供したのであった。

ただし、コンドルセはアメリカ社会に大いに触発される一方で、アメリカ社会とフランス社会の間の、歴史的条件をはじめとする様々な相違についても十分に自覚的であった。生まれながらにして平等であるアメリカ社会と比べ、平等が確立していないフランスであるからこそ、まずは地方議会の再編から着手し、段階的に国民議会を設立するのが望ましいと考えたのであった。

このようなコンドルセの改革に対する姿勢は、計算された完璧な設計図に従って完璧な制度を一気に実現しようとする、数学者に想像されがちな姿勢とは全く異なるものであった。彼は性急な行動を警戒し、時間をかけて修正を重ね、漸進的に改良すべきと考えた。人々の偏見や意見に対しては、力による正面対決を迫るのではなく、彼らの自発的な変化を促そうとした。コンドルセがフランクリンのなかに見出し、賛辞を送ったのも、そうした教育者としての姿勢であった。そこには常に人間の判断の可謬性への認識があり、決して全知全能ではない、人間の不完全さに向き合おうとする姿勢が見られた。また投票方法について見たように、人間の弱さに配慮するコンドルセは、法や制度を制定する際、古代の立法者のような極端な知性に依拠することは危険であり、平均的な知性や徳性を基準にすべきであると考えていた。彼の目線がそうしたあるがままの人間に向けられていたことを考えれば、彼の「集合的理性」という表現も、理性の極致などではなく、むしろ多数の平均的知性の意見の先に成り立つものと考えられるだろう。多数者のなかには、おそらく世論を率いる知識人階層が想定されるが、彼らの主導力は強調されることなく、一般の市民と彼らの間にはゆるやかな繫がりが保たれ、その境界線はほとんど意識されない。

こうした姿勢とコンドルセの科学観との間にも、共通性を見出すことはできるだろう。数学者コンドルセの視線は、おそらく大方の予想に反して、人間の認識の不完全性、人間世界の不確実性に向けられていた。彼の関心は、そうした不確実性のなかで、人はいかなる確信のもとに判断し、行動しうるかに向けられた。そしてその指針を確率論が与えてくれることに彼は期待を寄せたのである。不確実な政治の領域においても、最初から完成を目指すのではなく、多数の人々の知性を結集し、比較検討し、修正を積み重ねながら漸進的に進める改革は、このような視点に支えられたものと理解できる。

ではそのようなコンドルセにとって、フランス革命および王政から共和政への移行は何を意味したのだろうか。彼の革命に対する見方には両面性が窺える。一方で、彼は革命もフランス国内に限らず、国境を越えた観点から捉えていた。すなわちアメリカ独立革命がヨーロッパにもたらした好影響の波及という文脈のなかでフランス革命は捉えられた。これはもはや人民の知性に見合わない劣悪な政治制度を抱えたフランスこそが、アメリカの革命を引き継ぎ、それを完成させ、他のヨーロッパ諸国に対して影響を与えうるという、ある種の使命感すら感じさせる視点でもある。こうした革命に対する肯定的な受け止め方は、革命期に彼が執筆した公教育論にも共通している。

他方でフランス国内の改革の視点からは、地方議会から国民議会へと段階を踏んだ改革を展望していたコンドルセにとって、革命の皮切りとなる全国三部会開催は当初、改革の進展を阻む唐突な決定に思われた。それでも彼は状況の変化を受け止め、長い目で人民の利益を見極め、すでに温めてきた新しい政治社会の諸原理の確立を実現すべく、積極的に世論に働きかけていった。しかし、長期的な展望のもと、時間をかけた漸進的な完成を目指すコンドルセは、革命運動を前線で率いるパリのセクションの活動や民衆運動、党派的行動に対しては、懐疑的にならざるを得なかった。社会的不安や不信の蔓延、混乱や無秩序を警戒するコンドルセは、民衆による直接行動は、結局のところ一部の人民による人民の名のもとでの恣意的な権力行使につながる危険があり、人々の全般的な信頼に支えられた持続的な社会秩序の確立につながる有効な手段とは考えられなかったのである。

ではは王政から共和政への移行はどのように捉えていたのか。アメリカ連邦憲法に対する批判で見たように、コンドルセは拒否権を握る強力な大統領制を警戒していた。彼は一人が強力な個人的影響力を及ぼしうる体制は、恣意的な支配あるいは腐敗に結びつきやすいと考え、むしろ複数の人間の協働を望ましいと考えていた。こうした視点が、積極的に王政を支持するとは考えにくい。また革命以前のコンドルセの政治的著作には、君主の存在感は希薄である。おそらくコンドルセにとって、君主の存在は人々の社会への信頼を繋ぎ止める象徴的な意味しかもたなかったように思われる。そうした信頼関係を踏みにじったヴァレンヌ事件は、共和国の確立に向けて世論に積極的に働きかける機会を彼に提供したのであった。

コンドルセは、フランス共和国がアメリカやイギリスに比べて、市民的権利の平等だけでなく、政治的権利の平等をも人民に保証していることを誇っている。ただしそれには権利の保証だけでなく、市民自らが権利について知り、権利を行使する能力を養う必要があることも十分に自覚していた。革命以前にコンドルセが共和政の実現に躊躇したのも、おそらくはその点にあった。したがって、地方議会論においても国民議会の創設を展望しながら、同時に公教育について提案がなされたように、市民のより積極的な参加を求める社会の確立のためには公教育が求められた。コンドルセは革命期にも政治制度の確立と同じかそれ以上の熱意をもって、制度を十分に運用しうる市民を育成すべく、公教育の確立に精力的に取り組んだのである。彼は憲法草案の提出後、党派抗争からは距離を置き、再び公教育委員会に戻っている。一時的な成果を性急に求めることよりも、常に長期的な視点から、確実に持続する成果を求めたコンドルセは、将来の社会にとって最も重要なことは、目先の党派的利益ではなく、市民の育成にあることを確信していた。

しかしながらコンドルセの考えは、貴族には民衆に寄り過ぎ、他の人々には穏健過ぎると捉えられたと彼自身が分析するように、当時の人々にとっては明快さを欠くものと映った。それは彼が巧みな弁舌や政治的駆引きなど、政治家に必要な才覚を欠いていたことに加え、衝動的な多数による行動を苦手とし、積極的に民衆運動に関わろうとしなかったこと、そうした手段について懐疑的で距離を置いていたことにもよるだろう。政治的野心や権力政治よりも平和、利害の対立を越えた統合、意見の多様性をつなぐ共通性に目を向けたコンドルセは、権力闘争に関わることに何も積極的な意義を見出すことはできなかったのである。

皮肉なことに、コンドルセの地方議会構想も憲法草案も、まさに政治的対立が緊迫した状況のなかで提示され、実際に同時代に制度として実を結ぶことはなかった。それどころか国内外の危機的な状況のなかで、十分な審議すら為されていない。それでもコンドルセの政治秩序構想を検討することに何らかの意義があるのだろうか。

序章でも触れたように、コンドルセの思想の継承については、総裁政府期に政治的実権を握ったイデオローグが注目される。しかしながら、彼らの課題はむしろ革命による社会的混乱を収め、体制の基盤を強化することにあり、その過程でコンドルセの秩序構想のもっていた柔軟性や活力は失われた可能性が考えられる。例えば一七九五年八月に制定された憲法では、納税額、読み書き能力などが選挙資格として課された。また二院制（五百人会と元老会）を備えるなど、エリート主義的な要素を備えていた。いずれもコンドルセの憲法草案では認めないものである。コンドルセの目指した社会は、決して少数の固定されたエリート層の支配ではなく、社会の多数の人々の協働に支えられ、常に流動的で、変化を受け入れるものであった。

また地方議会に関しては、その後のフランスにおける地方行政の歴史的展開を一瞥すると、ナポレオンは統領政府の樹立後、新しい国内秩序の確立にあたり、地方制度の改革に着手している。[1] この時、一八〇〇年二月のデクレによって創設されたのが任命知事制度である。そしてこれが、以後百八十二年間にわたり、フランスの中央集権的政治・行政システムの中心的位置を占めることになる。この制度は、第一統領が任命した知事が、いわばその代理人として県の行政権を掌握し、中央政府に対してのみ責任を負うものであり、それはまさにモンターニュ派が臨時の措置として採用した集権制を、社会秩序の維持という目的のために恒久化したものとされる。つまり革命が急進化する過程で、県議会やコミューン議会がジロンド派、王党派によって占拠された地方に、モンターニュ派が人民委員を派遣し、その自治権を停止したわけだが、これがいわば継承されたものである。言うまでもなく、中央から地方への議員の派遣による集権的統治は、コンドルセの地方議会構想の方向性とは正反対のものである。その後、第三共和政の成立から第一次世界大戦までの分権化が進行した一時期を経て、フランスの地域政治が新たな局面を迎えるのは第二次世界大戦後であり、中央集権的行政の本格的な見直しは、一九八〇年代のミッテラン政権下での分権改革法の成立を待つことになった。

こうして見ると、コンドルセの構想は、彼の死後、モンターニュ派の独裁からナポレオンを経て、十九世紀を通じて中央集権的国家建設が進められる一方で見失われた、地域政治の活性化につながる視点も秘めていたと見ることもできる。少なくともコンドルセの議論は、十八世紀後半以降のフランスにおける中央集権国家の歴史的形成過程について、もう一つの可能性を示唆する視点を提供しうるものと考えられるだろう。また、コンドルセの秩序構想は、歴史的条件に規定されている部分はあるとしても、いかなる政治権力をも絶対視せず、常に検証にかけようとする視点、代表制を通じた立法権力の行使それ自体に限らず、執行権力も含めた政治権力に対する市民の下からの異議申し立ての声を積極的に取り込むべく制度設計を行った点など、様々な社会の亀裂や市民の政治に対する不信の拡大を前に、代表制に基づくデモクラシーの新たな可能性が模索される現代の政治社会にとっても、決して時代錯誤ではない、再考に値する視点を示していると言えるだろう。

あとがき

本書は、二〇一五年三月に東京大学大学院法学政治学研究科に提出した博士論文「コンドルセの政治秩序構想――信念の根拠、アメリカ、地方議会」に、内容に関わらない程度の僅かな修正を加えたものである。本書の刊行にあたっては、東京大学学術成果刊行助成制度による助成を受けている。

修士論文でコンドルセの公教育論を取り上げて以来、「なぜコンドルセの研究をしているのか？」と問われることが多い。ごく自然な問いかもしれない。コンドルセは流行りの思想家というには程遠いし、もともと数学者であり、進歩論の主唱者として知られてきたとなれば、今さらなぜ、と思われるのだろう。レトリックなどを嫌う彼の文体は、良く言えばシンプルだが、悪く言えば無味乾燥としており、はっきり言ってしまえば、あまり読んで心踊るものではない。そんな思いもあって、筆者自身もこの問いを、今にして思えばやや大げさに、自分に対して向けすぎてきたところがあった。長期にわたるフランス留学中には、研究から心が離れてしまう時期もあった。それもコンドルセの文章が頭に入らないだけでなく、そもそも言語のみに頼る世界を、とてつもなく窮屈なものに感じてしまう自分すらいた。言葉に何よりもこだわりをもつ政治思想史という学問を志したはずなのに、これは致命的ではないのか。

このような葛藤を抱えながらもなんとか書き継いだ論文が、著書として公刊されようという今、この問いについては、最近、偶然に目にとめた政治思想史家ダンカン・フォーブス氏の次の一節が、筆者の心にすっと響いてくる。

「美学的／感性的《エステティック》な思考というのは、卑俗な意味における印象〔批評〕的なものを意味していない——これが意味するのは緻密化〔particularizing〕であって、それはつまり自分に能うだけの論理的厳密性と分析力を総動員させて個別の議論をたどる、ということだ。思想史家が概して有する社会的役割があるとすれば、一般化や簡略化のせいで生じる知的曖昧さへの敵対者という役割こそがそれである。他方で、思想史家がある議論をたどる際には、あくまで特定の議論や特定の思想家、文脈などのためにそうするのであって、議論そのもの、論理そのもののためにそうするのではない——後者は同じことを為すにも哲学者たちが採るやり方である」（「思想史という営みの感性的側面について」吉田朋正訳、『思想』二〇一七年五月号、岩波書店）。

本書を振り返ってみれば、筆者が試みたのは、コンドルセの生きていた世界を、できるかぎり彼の視点を通して見ることにより、十八世紀後半から革命にかけての時代を、既存の道具立てを頼りに安易に理解したつもりになっていないかと問い直すことであった。コンドルセは、ある意味では生涯を終えるときまで現実に裏切られつづけたわけだが、そのような彼が最後まで拠り所としたのは「知の交流」であり、〈光〉の世紀（Siècle des Lumières）としての同時代への揺るがぬ信頼に他ならない。もっとも、その視線は目の前の「現実」など遥か超えたところに向けられていたと言えるのかもしれない。

本書は、筆者がこれまでの人生でお世話になってきた多くの方々の支えがなければ、到底、形になることはなかった。幸運にも授かることのできた数々の恩恵に対しては、比べようもないが、本書が筆者の今できるかぎりの力を尽くした応答となることを願うほかない。そのなかでも特にお礼申し上げたい方々のお名前を、以下に挙げさせていただく。

まずは、筆者が大学院に入って以来ずっとお世話になってきた指導教授である宇野重規先生に、心からの感謝を捧げたい。学部生だった筆者が初めて先生の研究室を訪ね、フランスの在外研究から戻られて間もない先生にフランスの共和主義についての関心を聞いていただいたのが始まりだった。それ以来、研究の相談から時には人生相談まで、先生はつねに時間を惜しまず話にお付き合いくださった。長いトンネルの中にいた筆者が、研究に改めて向き合うことを再確認できたのも、寒い冬のパリでお会いした時の先生の温かい励ましのおかげであった。あれこれ逡巡しがちな筆者が自分なりの答えを見つけるのを、的確な道標を示してくださりながら、本当に辛抱強く待ってくださったことと思う。

そして博士論文審査の主査を務めていただいた川出良枝先生にも、院生時代を通じて大変にお世話になった。モンテスキューをはじめ、広く十八世紀フランスの政治思想をご専門とされる先生からは非常に多くのことを学ばせていただいているが、博士論文に対して頂戴した核心を突く貴重なご助言の数々は、今後の研究を続けていく上での大きな糧となっている。

また博士論文審査に加わってくださった苅部直先生にも、院生時代を通じてこれまで多くのお気遣いをいただいたことに感謝したい。演習や研究会という場ではいうまでもなく、懇親会の席での先生とのちょっとした会話からも、思想史研究を進める上での様々なヒントをいただいている。

さらに筆者が政治学の一分野としての「政治学史」という学問の魅力を知り、その研究の世界に導かれたのは、学部時代に受けた故福田有広先生の講義と演習を抜きにしては考えられない。これから大学院に入り研究者を目指そうとする筆者に対してかけてくださった言葉の一つひとつは、今なお鮮明に思い出されるが、研究生活を続けていく支えとして、大切に胸にしまっておきたい。

途中留学などを含めると、筆者は十数年も東京大学に在籍していたことになるが、やはり演習の時間や研究室を共にした先輩後輩、そして友人たちから受けた学問的刺激こそは、計り知れない貴重な財産となっていると今改めて感じている。すべての方々のお名前を挙げることはかなわないが、犬塚元、井柳美紀、酒井弘格、古城毅、河野有理、髙山裕二、安藤裕介、川上洋平の諸氏のお名前は、感謝を込めて記しておきたい。

また筆者の現在の勤務先である立教大学法学部政治学科の諸先生方からも、研究会で報告させていただいた折には、数々の貴重なご意見を賜った。この場を借りて、お礼を申し上げたい。

最後に、博士論文の刊行を強力に後押しし、筆者をここまで導いてくださった白水社編集部の竹園公一朗さんに、心からのお礼を申し上げたい。実は筆者が留学時代、訪ねて来てくださった髙山裕二さんからお話を伺ったのが、竹園さんとのご縁の始まりであった。パリのカフェで、竹園さんと二人三脚で進めた著書の刊行作業について熱く語ってくださった髙山さんとの会話から現在までが、こうして繋がったのかと思うと、感慨に堪えない。

筆者がこれまで好きなことを思うように続けることができたのは、筆者を信頼して見守り、時にはさりげなく助言を与え、支えてくれた家族のおかげである。文学と芸術の二つの世界をともに愛する両親に、このうえなく大きな感謝の気持ちを伝えたい。

二〇一七年十二月末日

永見瑞木

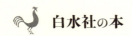

大正大震災

忘却された断層　　尾原宏之

関東大震災はそもそも「大正大震災」だった。なぜ、当時の日本人はあの大地震をそう呼んだのか？　この問いかけから紡ぎ出された、もうひとつの明治・大正・昭和の物語！

娯楽番組を創った男

丸山鐵雄と〈サラリーマン表現者〉の誕生　　尾原宏之

丸山眞男が畏れた兄とは？「日曜娯楽版」や「のど自慢」をはじめ現代の娯楽番組の基礎を創ったＮＨＫきっての「大奇人」の生涯。

偽史の政治学

新日本政治思想史　　河野有理

近代日本の光と闇のコントラストに留意することで、明治・大正・昭和というそれぞれの時代を象徴する一齣を提示する試み。

フランス革命という鏡

十九世紀ドイツ歴史主義の時代　　熊谷英人

「歴史主義」的転換が徹底的に遂行されたドイツ。ナポレオン戦争からドイツ帝国建国に至る激動の時代を生きた歴史家に光を当てることで、その〈転換〉の全容を描く。

トクヴィルの憂鬱

フランス・ロマン主義と〈世代〉の誕生　　髙山裕二

初めて世代が誕生するとともに青年論が生まれた革命後のフランス。トクヴィルらロマン主義世代に寄り添うことで新しい時代を生きた若者の昂揚と煩悶を浮き彫りにする。

著者略歴

永見瑞木（ながみ・みずき）

東京大学法学部卒業。二〇〇七年から二〇一二年にかけて、パリ第一大学哲学科博士課程に在籍。二〇一四年、東京大学大学院法学政治学研究科博士課程単位取得退学。二〇一五年に博士号（法学）取得。現在、立教大学法学部助教。専門は政治学史。主な論文に「コンドルセにおける公教育の構想——科学と権力の関係をめぐって」『國家學會雑誌』一二〇巻、一・二号。

コンドルセと〈光〉の世紀
科学から政治へ

二〇一八年 二 月一〇日 第一刷発行
二〇一八年 三 月三〇日 第二刷発行

著 者 © 永 見 瑞 木
発行者 及 川 直 志
印刷所 株 式 会 社 三 陽 社
発行所 株 式 会 社 白 水 社

東京都千代田区神田小川町三の二四
電話 営業部〇三（三二九一）七八一一
　　 編集部〇三（三二九一）七八二一
振替 〇〇一九〇-五-三三二二八
郵便番号 一〇一-〇〇五二
www.hakusuisha.co.jp

乱丁・落丁本は、送料小社負担にてお取り替えいたします。

誠製本株式会社

ISBN978-4-560-09596-6
Printed in Japan

索引

た行

な行

は行

ま行

ら行

註

序　章

1　この言葉はコンドルセ自身が『アメリカ革命のヨーロッパに対する影響について』のなかで用いている。詳細は第二章第三節において論じる。
2　革命期のコンドルセの公教育論については、すでに別稿において論じており、そちらを参照されたい。永見 (2007). コンドルセの公教育論は、古代人を模倣するタイプの徳育型公教育論とは一線を画する内容である。
3　この著作は、一七七〇年頃より執筆計画のあった『人間精神の進歩の歴史表（*Tableau historique des progrès de l'esprit humain*）』に関係する膨大な草稿類の一部である。もともとコンドルセ自身はこの草稿類に「素描（Esquisse）」ではなく「案内書（Prospectus）」という語を用いて『人間精神の進歩の歴史表の案内書』という表題をつけていた。彼の死後、一七九五年に『人間精神の進歩の歴史表の素描』の表題のもとに初版が公刊されて以来、この著作は多くの関心を集め、コンドルセ思想の解釈の中心に位置し続けてきた。ところが近年、資料面での研究の進展により、一七七〇年代からの草稿類が広く読者に開かれたものとなった。これに伴い、コンドルセの思想全体のなかでの『素描』の位置付けも、より相対化されることになり、『素描』をコンドルセの思想の集大成と見なす従来の解釈も、様々に再考を迫られている。Binoche (2011).
4　こうした例は枚挙にいとまがないが、例えばトドロフ（2016）が挙げられる。同書はコンドルセのなかに「意志の楽観主義」「無制限で連続的な進歩への信仰」（p.41）を見出している。またバーリン（1992）は、一切の諸価値が完全に調和したプラトン的世界が創出可能であるとの信念のもと、未来を夢想したのがコンドルセであるとする。
5　そもそも「旧体制（ancien régime）」という言葉が使われだしたのは、過去の時代との断絶が自覚された革命期に入ってからとされる。Christin(2010).
6　コンドルセの伝記としては次を参照。Élisabeth et Robert Badinter (1988), Williams (2004), pp.10-44.
7　コンドルセの本名は、マリー＝ジャン＝アントワンヌ＝ニコラ・ド・カリタ、マルキ・ド・コンドルセ（Marie-Jean-Antoine-Nicolas de Caritat, Marquis de Condorcet）。コンドルセの名は、父方カリタ家の祖先がフランス南東部ドーフィネのニヨン近郊のコンドルセの地を封土として与えられ、城を構えたことに由来する。コンドルセ侯爵の名で呼ばれることもあるが、本書では研究上の慣例に従い、コンドルセと表記する。
8　背景には、ビュフォン派に対抗し、科学アカデミー内での勢力拡大を目指すダランベールの画策もあったとされる。
9　『体系百科全書』を手がけた出版業者シャルル・ジョゼフ・パンクックの妹であるアメリー・シュアールとコンドルセの間で一七七一年から革命期までの二十年にわたって交わされた書簡では、コンドルセの公私にわたる話題が挙がり、当時の事情

がうかがえる貴重な資料となっている。

10 「イデオローグ」の語は、フランス革命後、一七九五年の公教育組織法（ドヌー法）に基づき設置されたフランス学士院の第二部門「精神・政治科学」のメンバー（『観念学の原理』を著したデステュット・ド・トラシら）に対して、後に政治的に対立したナポレオンがあてた蔑称に由来する。十八世紀啓蒙思想のなかでもコンディヤックの感覚論哲学の流れを汲む哲学者を指す。

11 ヴォルテールの本名は、François-Marie Arouet (1694-1778)。以前から、コンドルセはダランベールを通じて、ヴォルテールの著作のほか、一七六〇年代のカラス事件やラ・バール事件など、一連の訴訟事件に対する彼の精力的な活動について身近に接しており、その姿勢に共感していた。

12 ただし近年の研究によると、テュルゴ改革期における科学者の政治への動員は、組織としてのアカデミーをむしろ迂回する形でなされ、政治から距離をおく科学アカデミーの体制の変化には至らず、そうした意味での科学と政治の関係の決定的な転換は、一七八〇年代に入ってからとされる。隠岐さや香（2011）、第5章を参照。

13 コンドルセがテュルゴとレスピナスのサロンを通じて知り合ったのは、テュルゴがリモージュの地方長官であった一七六〇年代末に遡る。以来、テュルゴの亡くなる一七八一年まで、政治、社会の諸問題のほか、より私的な話題ものぼる書簡が交わされていた。

14 コンドルセはこの時期、穀物取引や出版の自由、賦役に関する論考などの具体的な改革に関わる著作や論争的な小冊子などを多く発表している。

15 コンドルセはヴォルテールに対して、テュルゴの解任から受けた衝撃と悲痛な心境を伝えている。「親愛なる高名なわが師よ、致命的な出来事がすべての誠実な人々から希望と勇気を奪ってしまってから、私はあなたに一筆も書かずにおりました。怒りが少しは過ぎ去り、悲しみだけが残されることを待っていたのです。この出来事は私にとってすべてを変えました。幸福を生み出したはずのこの美しい田園を眺めることにもはや同じ喜びを感じることができません。……われわれは美しい夢を見たわけですが、それはあまりに短いものでした。私は幾何学と哲学に戻るつもりです。少しの間、公共の善のために尽くすことができる気になっていた後で、もはや虚栄心のためにしか働くことができないというのは、あまりに酷なことです」(Condorcet, *Correspondance entre Voltaire et Condorcet*, Œuvres de Condorcet, t.I, pp.113-115)。

16 一七八二年にコンドルセはアカデミー・フランセーズ会員に選出されている。またこの時期の政治的著作は、モンテスキューの『法の精神』に関する論考、『黒人奴隷についての考察』など数は少ないものの、以前から温めていた確率論の応用可能性に関する重要な論考、『多数決の蓋然性への解析学の応用の試論』を発表している。

17 Benjamin Franklin (1706-1790).

18 Marie-Joseph Paul Yves Roch Gilbert du Motier, Marquis de Lafayette (1757-1834).

19 Sophie de Grouchy (1764-1822). 実はソフィーとの結婚についても、世論の注目を集めたある司法事件が介在している。当時、刑法改革に積極的な司法官でありボルドーの高等法院院長であったシャルル・デュパティが執筆した「三人の車刑囚事件」の訴訟趣意書が社会的反響を呼んでいたが、その趣旨に共鳴したコンドルセは、

デュパティを援護する演説を行い、この事件に関して刑法改革を訴える小冊子を発表している。この時、デュパティを介して彼の姪にあたるソフィーと知り合うことになった。Condorcet, *Réflexions d'un citoyen non gradué sur un procès très connu*, Œuvres de Condorcet, t.VII. デュパティ事件については次も参照。Williams (2004) : pp.182-186.

20 テュルゴとの書簡では当時の高等法院の横暴についてしばしば話題に上るが、高等法院は「ラ・バール事件の殺人者（les assasins de La Barre）」などと呼ばれている。*Correspondance inédite de Condorcet et de Turgot 1770-1779*, p.38.

21 一七八九年協会は、一七八九年十月の政治的混乱のなか、秩序の回復を図る穏健派によって計画され、一七九〇年春に設立された。中心メンバーにはコンドルセの他、ラファイエット、シィエス、ラ・ロシュフーコー公爵、デュポン・ド・ヌムールらが含まれた。また憲法友の会（後のジャコバン・クラブ）にもこの頃より加わっている。

22 この頃すでにコンドルセはジロンド派からも距離を置き、ジロンド派、モンターニュ派のどちらにも与さない独自の立場を貫こうとしていた。革命期の政治党派に関して、コンドルセはジロンド派とされることが多い。だがそもそもジロンド派という集団も思想面での統一性を欠くものである（Furet et Ozouf (1991)）。コンドルセとジロンド派との関係も様々な矛盾を孕むものだが、敵を共通とするなどの政治的理由から立法議会期に彼らは接近し、やがて国民公会期になるとコンドルセはジロンド派から離れていく。両者の関係については次を参照。R.Badinter (1991), pp.351-366.

23 コンドルセ思想の十九世紀全般にわたる解釈史についての詳細な研究として次を参照。Schandeler (2000). この研究はコンドルセの没した一七九四年から、没後百周年であり、十九世紀を通じて形成された「共和主義者」コンドルセについての言説が一定の到達点に達したとされる一八九四年までを対象とする。

24 これはイデオローグの思想的先駆としてコンドルセを捉える見方につながり、例えばピカヴェによるイデオローグに関する古典的研究 Picavet (1891) では、コンドルセは第一世代のイデオローグとして扱われる。同様の視点に立つものに、Nicolet (1982)、田中拓道（2006）などがある。ニコレの研究は、フランスの共和主義の伝統の特質を第三共和政成立期の実証主義思想に見出し、その淵源にコンドルセを位置づける。

25 例えば、彼らが活躍の場としたフランス学士院の第二部門「精神・政治科学（sciences morales et politiques）」は、コンドルセの公教育案にある国立学術院構想の一端を実現したものとされる。« sciences morales » には「道徳科学」という訳語もあるが、本書では広く精神活動に関わる領域という本来の語義に従い、「精神科学」に統一する。コンドルセの「科学」に関する用語、学問分類については、本論の第一章第一節、註１を参照のこと。なお、コンドルセの初の著作集は一八〇四年にカバニスとガラにより出版されている。

26 Schandeler (2000) : pp.13-86.

27 『素描』に関しては、出版直後に大きな反響があり、フランス革命の歴史的位置づけをめぐり歴史への関心が高まる十九世紀前半には版を重ねたが、後半になると新版の出版は長く途絶えることになる。イデオローグに限らず共和主義者、社会主義

者、自由主義者それぞれが各々の問題関心をそのなかに読み込んでいた。Schandeler (2000) : pp.1-11.

28　Schandeler (2000).

29　こうした視点からゲーノは、総裁政府期にコンドルセの思想に拠り所を求めたのが、イデオローグなどの体制派に限られなかったことに注意を促す。Gainot (1997). それによれば、一七九五年憲法の寡頭政的性格を批判し、より民主的な方向性を模索したアントネル、ル・ペルティエといったネオ・ジャコバン派とされる人々も、コンドルセの憲法案や『素描』から着想を得ていた。彼らが目指したのは、恐怖政治の否定の上にデモクラシーの再生を図る道であり、それは人民の第一次議会を基盤とする下からの代表民主政として構想されたものであった。コンドルセの思想に「民主主義の精神」を読み取った彼らに注目しながら、ゲーノは「リベラル」と「ジャコバン」あるいは「急進派」の間の架け橋となる可能性こそコンドルセの思想のなかに見るべきだとする。コンドルセからイデオローグへの連続性が強調される陰であまり注目されないが、重要な観点として注目したい。

30　例えば、コンドルセを共和主義精神の確立者、共和国の学校制度の創設者とするのが、Coutel (1996), 同 (1999). 革命期の公教育論という主題では、Baczko (2000) , Kintzler (1984) などがある。

31　Cahen (1904).

32　こうした研究動向の端緒は、グランジェやラシェドらによるコンドルセの「社会数学」に関する次の研究に求められる。Granger (1956)、Rashed (1974). これらに共通する問題関心は、サン＝シモンやオーギュスト・コントを通して歪められた形で受容されてきたそれまでのコンドルセの「社会科学」の概念を本来の姿に戻し、コンドルセの構想に立ち戻って提示することにあった。

33　例えばブリアンは、十八世紀後半の科学・数学史と行政・統治の歴史の接点を、王国の人口調査という主題のなかに見出し、その中心で役割を果たしたコンドルセの科学・数学思想に焦点を当てる。Brian (1994). また科学アカデミーと革命の関係について、ハーンやギリスピーらの古典的研究は科学アカデミーを、権威的構造をもつ旧体制の象徴と見なし、科学の専門分化に基づく近代的諸制度に取って代わるべきものとし、革命期における科学アカデミーの廃止をある種の必然とみる傾向があった。コンドルセの科学思想への従来の評価はそうした見方と連動していた。隠岐（2011)、第 8 章を参照。

34　隠岐（2011)、同（2012）: pp.177-224.

35　隠岐（2011）: p.376.

36　「私の副題、自然哲学から社会数学へはそれゆえ、コンドルセの知的発展という特定の道筋と、彼が寄与した啓蒙におけるこの概念のより一般的な進化の双方を提示することになる」、Baker (1975) : p.7. この著作は、コンドルセの数学・科学思想と政治思想という二つの領域を「社会科学」の視点から統一的に解釈し、コンドルセの思想の全体像を捉えようと試みる総合的な研究であり、出版から四十年以上経った現在でも、コンドルセ研究における主要文献としての位置を占めている。コンドルセの思想の統一性については次の論文も参照。Baker (1989).

37　コンドルセの「理性」中心の政治と同時代人の目指す「徳」による政治の二項対立の図式が強調される。一方で、ベーカーによれば、コンドルセの「社会科学」はあ

くまで個人の行動のための科学として考案され、それは当初、開明的エリートによる集合的意思決定が想定されていた。やがてより一般的な社会的意思決定へとその射程が広げられ、いわば「民主的技術」としての「社会数学」が考案されることになったとされる。それはベンサム的立法者の効用計算に基づく社会の権威主義的統治とは異なり、その逆を目指すものであった。また十九世紀のコントやサン＝シモンにより展開された技術官僚支配とも異なる。ここからベーカーは、コンドルセは科学におけると同様に、政治における合理的選択を目指したが、同時に、各々の領域の有する特性についても十分に認識し、「社会数学」を、民主的な政治にとって替わるのではなく、その保持と合理的な作動のための必要条件を創出するためのものと位置づけている。Baker (1975) : Chapt.4, Chap.5.

38　その結果一七八〇年代後半から革命期にかけてのコンドルセの政治構想の展開については、革命への政治状況の変化のなかに解消され、十分な説明がなされたとは言い難い。

39　ベーカー以降のコンドルセ研究のなかでは、ベーカーの視点とは対照的に、コンドルセ特有の普遍主義に注目し、彼の関心は人間の多様性／統一性、諸価値の対立／調和という二分法自体を解体するものであったと見る、エマ・ロスチャイルドの研究 Rothschild (2001) にも注目できる。この研究はスミスやコンドルセの経済思想および、その基底にある人間観（特に感情論）、政治社会像に関心を寄せ、両者の共通性を捉えようとする。コンドルセに関してはその経済関係の著作が中心に扱われ、投票や政治的意思決定に関する著作、公教育論についても部分的に言及される。またコンドルセが関わった様々な主題を包括的に扱う研究としては、Williams (2004) が挙げられる。これは「社会科学」に着目するベーカーの視点を引き継ぎながらも、コンドルセの「社会科学」に分かちがたく結びついた「道徳性」の観点、科学には還元できない人間の営みとしての政治への関心に、コンドルセの思想の核心を見ようとする。この研究は、テュルゴ改革期から革命期までのコンドルセの政治思想の諸側面を、人権、政治社会の改革、社会数学、奴隷解放と女性参政権、司法問題、代議制など、多岐にわたる主題を取り上げて概観するなかで、コンドルセにおける理論と実践の連結に注目する。ウィリアムズによれば、コンドルセの独自性は科学と先見性のある理想主義、プラグマティズムの独特な融合にある。それは漸進的な改革を志向し、立憲君主制から革命・共和主義の擁護へと政治的態度を徐々に変化させた。一方でテュルゴをモデルとしながらも、八〇年代以降、より人間の道徳性への関心に導かれ、独自の方向へ進んだとされる。こうした視点は、ベーカーと同様に「科学」に注目しながらも、ベーカーの議論を相対化する視点をコンドルセにおける道徳性への関心に見出している点で注目できる。

40　Rosanvallon (2000).

41　Urbinati (2006). またジョームの諸論考もコンドルセの憲法案を検討したうえで、それをロベスピエール（ルソー）とシィエスの中間に位置づけている。Jaume (1989a), 同 (1989b).

第一章

1　コンドルセによる「科学」に関する用語の使い分けについて触れておくと、ベーカーによれば、コンドルセの一七七〇、八〇年代の著作では「精神科学（sciences morales）」「政治科学（sciences politiques）」「精神・政治科学（sciences morales et politiques）」が頻出し互換的に用いられたが、後年には次第に「社会科学（sciences sociales）」「超自然《メタフィジック》科学または社会科学（sciences métaphysiques ou sociales）」に取って代わられた。ただしそれらの語彙の正確な定義は、わずかな著作に見られるものの、十分なものではない。Baker (1975), p.197. 例えば「社会数学（mathématique sociale）」という語が初めて用いられた一七九三年の『政治・精神科学への計算の応用を目的とする科学の一覧表』では、「精神的・政治的」よりも「社会的」を好むのは、後者の意味のほうが前者に比べてより広範で正確であるためとされる（Condorcet, *Tableau général de la science, qui a pour objet l'application du calcul aux sciences politiques et morales*, Œuvres de Condorcet, t.I, p.541）。またコンドルセの『人間精神の進歩の歴史表』に「科学と技術という語の意味について、科学と技術の分類について（Sur les sens des mots sciences et art, sur les classifications des sciences et des arts）」と題された原注（Note 4）があり、そこには次のような定義が見られる。「同類との関係において考えられた、人間の義務と利益の諸関係。社会科学という名はこれに相応しいように思われる。もしそれが諸個人に対する諸関係を想定するならば、この部分には精神的という名を維持することができる。もし諸個人の集合全体における諸関係を捉えるならば、それには政治科学という名を与えることができる」（Condorcet, *Tableau historique*, p.768）。このように「社会的」という言葉は「精神的」「政治的」を含む、包括的な人間の諸関係を示している。本書ではコンドルセの科学観については主に一七八〇年代までの議論を扱い、「社会科学」の語は登場しないこと、コンドルセにおける「自然科学」と「精神科学」の比較に焦点を当てることなどから、ベーカーがより「近代的」な語彙として注目する「社会科学」を特に区別せず､「精神科学」あるいは「精神・政治科学」の語に統一する。

2　Baker (1967), pp.255-280., 隠岐さやか（2011）第 8 章を参照。

3　Condorcet, *Tableau historique*, Fragment 9, *Atlantide ou efforts combinés de l'espèce humaine pour le progrès des sciences.* ベーカーはこの草稿を、コンドルセが一七七〇年代に企てた科学研究再編の構想の延長上に位置づけている。

4　具体的には、科学研究の計画案の執筆を担当する少数の科学者の選出に、その計画に協力することを望む人々すべてが参加できるなど、科学研究への市民の自由な参画が想定されている。Ibid., p.913.

5　こうした科学の「有用性」について、コンドルセは直ちに実践に応用しうるという意味での短期的な有用性だけでなく、抽象的な理論研究のもつ長期的な射程での有用性を擁護する議論も行っていた。隠岐によれば、後者の議論こそが、科学アカデミー内部のビュフォンら非ダランベール派に対する反論が込められたコンドルセの真の主張であるとされる。ただし同時に「常に何らかの潜在的な応用（例えそれが

数世紀先のことであろうとも）を前提として理論というものを捉えていたということをも示している」とされる。隠岐さや香（2011）第4章「再定義される科学の「有用性」」を参照。

6 Condorcet, *Cinq mémoires sur l'instruction publique*, Œuvres de Condorcet, t.VII, p.284.

7 Condorcet, *Rapport et projet de décret sur l'organisation générale de l'instruction publique*, Œuvres de Condorcet, t.VII, p.501.

8 後にコンドルセ自ら演説に注釈を加えているが、その執筆時期については、ベーカーによれば一七八二年の就任演説直後から『多数決の蓋然性に対する解析の応用の試論』の書かれた一七八五年の間とされる。Baker (1977).

9 Condorcet, *Discours prononcé dans l'académie française, le jeudi 21 février 1782*, Œuvres de Condorcet, t.I, p.392.

10 Ibid., p.392.

11 Baker (1977), p.44. コンドルセは幾何学や形而上学を除く諸科学における真理について、その明証性（évidence）と実在性（réalité）との区別に注意を促しており、関心を後者に向けている。

12 この点に関してコンドルセとフィジオクラット、とりわけル・メルシエ・ド・ラ・リヴィエールの視点との根本的な違いを指摘できるだろう。快楽を求め苦痛を避けるという人間内部の「自然的秩序」から社会全体の「自然的秩序」を演繹するラ・リヴィエールは、人間と社会双方における「自然的秩序」の「明証性」を主張し、「幾何学的真理」から「社会的真理」への移行を連続的に捉えている。この視点はさらに統治権力に関する「合法的専制」論へとつながっていく。ラ・リヴィエールのこの議論については、安藤裕介（2014）第3章を参照。コンドルセの精神科学、自然科学と数学の区別に関して付け加えると、彼は人間の認識能力の蓋然性という視点を徹底しており、さらに数学についても、一瞬でその真理が認識できる「明証的な命題」を除き、複数の命題の連鎖からなる数学的論証は、過去の記憶に頼る限りで、蓋然性の領域に属するものと考えた。後で触れるように、『多数決の蓋然性に対する解析の応用の試論』ではこの視点から、数学と他の科学はほぼ同列で論じられることになる。詳しくは次を参照。隠岐さや香（2010）。コンドルセが「絶対的な確実性（certitude absolue）」の領域を極めて限定していることは、例えば次の引用にも明らかである。「絶対的な確実性は、それ自体で明白か、同一の瞬間に意識できる論証によって結び付けられた諸命題にとってしか存在しない、あるいは存在しえないし、しかもその瞬間にしか存在しない。その他の真理は経験の真理であり、それゆえそれらに関しては多少とも大きな蓋然性しかもちえない。しかし、これらの蓋然性はわれわれに抗いがたい力をもっている。日常の行動にはそれらで十分である。そして多くの点においてそれらは決して否定されなかったということを、一定の経験がわれわれに示している」（Condorcet, *Remarques sur les pensées de M.Pascal*, Œuvres de Condorcet, t.IV, pp.293-294）。

13 Condorcet, *Discours prononcé dans l'académie française, le jeudi 21 février 1782*, Œuvres de Condorcet, t.I, p.392.

14 後の『人間精神の進歩についての歴史表』のなかでも、ロックは自然科学におけるニュートンと並ぶ貢献を精神科学において為した哲学者として非常に高く評価され

ている。「そしてついに、ロックが最初に思い切って人間知性の限界を定め、あるいはむしろ人間知性が知りうる真理、把握しうる対象の性質について明確にした」、Condorcet, *Tableau historique*, p.382. 精神科学の進歩に貢献した人物としてはデイヴィッド・ヒューム、アダム・スミス、アダム・ファーガソン、ルソー、エコノミスト、モンテスキュー、ベッカリーアなどの同時代人の名が挙げられる。後世にはフィジオクラット（日本語では重農主義者）と総称されることになる人々は、コンドルセを含めた同時代人からはエコノミストと呼ばれていた。彼らはフランソワ・ケネーを指導者として仰ぐ一つの学派を形成し、新たな統治原理や秩序構想を探求していた。

15 Baker (1977), p.46.

16 Condorcet, *Discours prononcé dans l'académie française, le jeudi 21 février 1782*, Œuvres de Condorcet, t.I, p.393.

17 Baker (1977), p.48.

18 ダランベールとビュフォンの科学観における対立に関しては次を参照。Rashed (1974) , I Le projet scientifique de Condorcet, 隠岐さや香（2011）第4章。

19 隠岐さや香 (2011), p.275, Rashed (1974), p.25.

20 Condorcet, *Éloge de M. D'Alembert*, Œuvres de Condorcet, t.III, pp.77-78.

21 Ibid., pp.78-79.

22 Ibid., p.79. こうした見方はビュフォンの見方に近いようにも思われるが、コンドルセはビュフォンが用いる精神的確実性（certitude morale）という概念に対しては、実践と理論の領域の混同であるとして批判的である。Condorcet, *Éloge de M. Buffon*, Œuvres de Condorcet, t.III, pp.346-347.

23 コンドルセの初期の研究は純粋な代数解析論であり、この傾向は一七七二年頃まで続いていた。だがその頃より確率論への関心が芽生えていることは、一七七二年九月三日のテュルゴ宛書簡などを根拠に指摘される。「私は確率の計算を楽しんでいます。これを題材にした小さな書物を書くつもりです。われわれはこの主題についてほとんど知らない、ということがそこから導かれるのではないかと期待しています」(*Correspondance inédite de Condorcet et Turgot 1770-1779*, p.98)。またコンドルセがこの時期まで確率論を公表しなかった理由、沈黙の意味については、コンドルセの数学論の展開において研究者の間で一つの論点となっており、個人的、学問的、制度的要因、『体系百科全書』への執筆依頼といったその他の外的要因など、様々な要因が指摘されている。Arithmétique politique, 隠岐さや香(2011)第7章を参照。

24 原題は *Essais sur l'application de l'analyse à la probabilité des décisions rendues à la pluralités des voix.*

25 Condorcet, *Essais sur l'application de l'analyse*, p.9.

26 確率論の歴史に関する古典的研究である Hacking (1975) 、ハッキング（2013）を参照。

27 例えば、六つの面に一から六までの数字が書かれたサイコロを n 回振ったときに一の目が m 回出たとすると、その相対頻度 m ／ n は、n を無限大に近づければその値が六分の一に近づくと考えられる。

28 この言葉自体は、一七七〇年半ばに執筆したとされる『魂の持続について（*Sur la persistance de l'âme*)』において初出（*Arithmétique politique*, p.317)。

29 Condorcet, *Essais sur l'application de l'analyse*, p.85.

30 Condorcet, *Essai sur l'application de l'analyse*, pp.14-15. コンドルセは九十個の白玉と十個の黒玉が入っていることが分かっている袋から玉を一個引き出す場合を例に挙げる。一番目の命題は、袋のなかに白玉が黒玉よりも多く入っていることを知っているとき、白玉を引き出すほうがより蓋然性が高いとする。二番目は、白玉が全体に占める比重が高くなれば（例えば九十九個）、白玉を引き出す蓋然性（＝信念の根拠）も高まるとする。三番目は、この蓋然性が白玉の比率に比例するということを示す。

31 Ibid., p.17.

32 数学的論証についても、論証の記憶が信念の根拠となるのは、論証を行う度に常に同じ真理を得られたことを経験が示すためであるという（ibid., pp.19-20)。

33 「絶対的で恒常的な確率を知ることの利点は、ここでは無限に近づくことはできるが、決して達することはできない極限〔を知ること〕にある」(ibid., p.85)。

34 Ibid., pp. 84-85.

35 Ibid., p.90.

36 Ibid., pp.10-11.

37 Ibid., pp.10-11.

38 Ibid., p.12.

39 Ibid., p.23.

40 Ibid., p.170.

41 コンドルセによるトスカーナ刑法典の注釈については、次を参照。Da Passano (1975). コンドルセ著作集に収められた刑法についての論考は、Condorcet, *Réflexion sur la jurisprudence criminelle*, Œuvres de Condorcet, t.VII, pp.1-24.

42 この頃のフィロゾーフの司法への関心とイタリア知識人との関係については、次を参照。Élisabeth Badinter (2011) : pp.127-150. フィロゾーフと刑法改革については Padoa-Schioppa (1994).

43 ベッカリーアはアレクサンドロ・ヴェッリと共に一七六六年十月から十一月にかけてパリを訪れている。またコンドルセはアレクサンドロ・ヴェッリとは実際に会っているが、ベッカリーアと直接に会うことはなかった（*Arithméthique politique*, p.24)。

44 コンドルセはそのなかで次のように述べ、ベッカリーアの著作について触れている。「この文章を執筆しながら、私は役に立つということ以外の利点は望んでいない。人間性への愛のみにより、私はこうした作業への嫌悪感を乗り越えられたのであり、名誉への期待に支えられたのではない。モンテスキューやルソーの著作のなかでは、数多くの輝かしい諸原則が目を引き、傍らには罪と罰についての考察を置いて、私はただ彼らの跡を辿り、彼らが人間の本性や国制のなかに見出した一般的原則を、フランスの法律に適用するだけである。こうした偉大な人間の才能を私はもち合わせていないが、彼らの熱意を私も感じ、彼らと同じ勇気なら私は持ちうるだろう」(Condorcet, *Sur les lois criminelles en France*, *Arithmétique politique*, p.233) 。

45 *Arithmétique politique*, 1-2 Du voyage à Ferney (septembre-octobre 1770) jusqu'au printemps-été 1772 : pp.34-37.

46 Condorcet, *Réponse au premier paidoyer de M.D'épresmenil dans l'affaire du comte de Lally*, Œuvres de Condorcet, t.VII.

47 Condorcet, *Réflexions d'un citoyen non gradué, sur un procès très-connu*, Œuvres de Condorcet, t.VII.

48 Troisième lettre de Mr.Turgot à Mr. De Condorcet, *Arithméthique politique*, p.48.

49 Ibid., p.46.

50 Première lettre de Mr.Turgot à Mr.de Condorcet, *Arithméthique politique*, pp.41-42.

51 Cinquième lettre de Mr.Turgot à Mr.de Condorcet, *Arithméthique politique*, pp.50-52.

52 Ibid., pp.56-57.

53 Ibid., p.58. 具体的には一審と二審の間に印刷し公表することで、新たな事実の提供を受けて、事実は可能な限り確実なものとなるとされる。

54 Ibid., p.59. 公平な裁判官を得るには、公選で常設の裁判所の形態、司法職の任期の限定、常設の裁判所で構成員の一部を毎年改選することなどが提案される。

55 この書簡で考察されるのは刑事陪審のみだが、一七八〇年代後半に執筆された『地方議会の構成と役割についての試論』のなかでは、コンドルセは陪審制をすべての国が採用するに値する有益な制度であるとし、民事陪審も提案している。Condorcet, *Essai sur la constitution et les fonctions des Assemblées provinciales*, Œuvres de Condorcet, t.VIII, pp.499-500.

56 Seconde lettre en réponse de Mr.de Condorcet à Mr.Turgot, *Arithméthique politique*, p.42.

57 Ibid., p.42-43.

58 Ibid., p.43.

59 「裁判役は可能な最大限の重要性を被告人の生命や身分に認めることが必要です。それゆえ、人民の一人の命がより高い身分の裁判官にとってほとんど関心のない対象となることや、人民のなかから選ばれた裁判役が、金持ちの権力者への憎悪からあまりに容易に彼らを有罪であると信じてしまわないように、裁判役を同じ身分のうちから選ぶことが必要です」(ibid., p.43)。

60 これは、実際の制度として陪審制が導入される革命期以前の時期に、法廷証拠主義の批判から自由心証主義の考えを主張したものとして注目されている。石井三記(1999) 第8章「フランス啓蒙期の「陪審制」論」を参照。

61 Seconde lettre en réponse de Mr.de Condorcet à Mr.Turgot, *Arithméthique politique*, p.44.

62 Ibid., p.44.

63 Sixième lettre de Mr.le marquis de Condorcet à Mr.Turgot, *Arithméthique politique*, p.64.

64 Ibid., p.64.

65 なおこの書簡では、陪審制の問題点を一定の程度解決するために、二審級制も提案されている。つまり上級審を「感受性と諸原理において真に開明的で人間性のある人物」で構成することで、陪審員が偏見、無知、党派の精神から犯す過ちや、有罪

判決への安易な傾向や、犯罪を放置することへの恐れから下級法廷が陥る過ちなどを正す役割がそこに期待されている。他の論点としては、予備審査を複数の裁判官が担当すること、有罪判決の票決は一定数の裁判官の全員一致によることなどが提案される。

66 Sixième lettre de Mr.le marquis de Condorcet à Mr.Turgot, *Arithméthique politique*, p.56.

67 Ibid., p.66.

68 フランス君主政下では、伝統的に穀物取引への規制措置は、君主の臣民に対する食糧供給の責務として、統治者と被治者の間の合意により正当化されてきた。

69 この論争については次を参照。Larrère (1992) : pp.221-268. 安藤裕介（2014）。

70 この主題に関わる同時期の著作として『ピカルディーの一農民から規制論者Ｎ氏への書簡』、『独占と独占者』、『小麦の取引についての考察』が挙げられる。また革命期には『食糧の流通の自由について』（1792）を執筆している。

71 Condorcet à Mme Suard (fin août/début septembre 1773) , *Correspondance inédite de Condorcet et Madame Suard 1771-1791*, pp.113-114.

72 Condorcet, *Réflexions sur le commerce des blés*, Œuvres de Condorcet, t.XI, pp.105-106.

73 Ibid., p.162.

74 第２部第２章「立法についての規制論者の考えについて」(ibid., pp.172-186)。

75 Ibid., p.172.

76 Ibid., p.172.

77 Condorcet, *Letrre d'un laboureur de picardie, à M.N***, auteur prhibitif*, p.15.

78 Condorcet, *Réflexions sur le commerce des blés*, Œuvres de Condorcet, t.XI, p.206.

79 Ibid., p.112. この頃から公教育論を執筆する革命期まで、コンドルセは一貫して公教育に対する多大な関心を寄せており、すでに一七七〇年代には教育に関するいくつかの草稿を残している。

80 Condorcet, *Monopole et monopoleur*, Œuvres de Condorcet, t.XI, p.54.

81 Condorcet, *Réflexions sur le commerce des blés*, Œuvres de Condorcet, t.XI, p.197.

82 Ibid., p.201.

83 Ibid., p.239.

84 この背景には、科学アカデミー内での検閲の問題、穀物取引の自由の賛否をめぐるパンフレットの応酬、コンドルセのものとされる賦役に関する小冊子の高等法院による差押えなどが指摘される。コンドルセとプレスの自由の問題については次を参照。Anne-Marie Chouillet, *Condorcet et la presse, in Condorcet. Homme des Lumières et de la Révolution*, sous la dir. de A.-M. Chouillet et P. Crépel, Fontenay-aux-Roses : ENS éditions, 1997 : pp.396-407., Charles Walton, *Policing public opinion in the French Revolution. The Culture of Calumny and the Problem of free speech*, Oxford : Oxford University Press, 2009, III Imaging Press Freedom and Limits in the Enlightenment.

85 Condorcet, *La Vie de M.Turgot*, Œuvres de Condorcet, t.V, p.207.

86 Condorcet, *Discours prononcé dans l'académie française le jeudi 21 février 1782*, Œuvres de Condorcet, t.I, p.393.

87 Condorcet, *Fragments sur la liberté de la presse*, Œuvres de Condorcet, t.XI, p.312.
88 Condorcet, *La Vie de M. Turgot*, Œuvres de Condorcet, t.V, p.207.
89 Ibid., p.209.
90 コンドルセは「政府が、その利益に反する政治や宗教の諸原理をある著作が広めうると確信するとき、それらの書物の著者に対する刑法を作るべきか、統制（police）による予防策にとどまるべきか、それとも自由に任せるべきか」という問題設定を行う。そして事後的な処罰のための刑法を制定することは政府の利益にならないと主張する（ibid., p.285）。
91 Condorcet, *Fragments sur la liberté de la presse*, Œuvres de Condorcet, t.XI, p.304.
92 Ibid., p.305.
93 Ibid., p.306.
94 Ibid., p.307.
95 Ibid., p.308.
96 Ibid., p.308.
97 Ibid., p.308.
98 Ibid., p.309.
99 ここでベーコン、ケプラー、ガリレイ、ホイヘンス、デカルト、ニュートン、ダランベールの名が挙げられる（ibid., p.309）。
100 裕福でなく、著作による収入もない場合には生計を立てるために職に就かざるを得ないが、そのために特権は必要なく、予約購読がその代わりを果たすとコンドルセは主張する。
101 Ibid., p.310.
102 Ibid., p.311.
103 Ibid., pp.285-293.
104 Ibid., p.287.
105 Ibid., p.260.
106 Ibid., p.262.
107 Ibid., p.258.
108 中傷とは「その責めを負わされた人が実際に害悪を被るような行為の偽りの嫌疑」、名誉棄損とは「偽りだが真実と信じられた事実の告発、あるいはその真実は証明されえない事実の告発、証明された事実の告発」、侮辱は「ある人がしかじかの行為を行ったとき、それに値する資格をその人に与えること」とされる（ibid., pp.273-274）。
109 Ibid., p.276.
110 Ibid., p.277.
111 Ibid., p.278.
112 Ibid., p.279.

第二章

1 近年では、高等法院についての研究の進展もあり、もはや単なる反動勢力とは見

なされず、実際には人的関係を含めて王権とも複雑な相互関係にあったとされる。Lemaître (2010) を参照。ここでは一七七〇年代以降の両者の緊張関係について注目する。

2　一七七〇年代の高等法院と王権側のそれぞれの「国制」像について、石井三記 (1988) を参照。

3　モンテスキューのイングランド国制論は、有名な『法の精神』第11編第6章「イングランドの国制について」において展開される。また君主制における中間権力としての貴族の重要性については、例えば『法の精神』第2編第4章において、次のように論じられる。「最も自然な従属的中間権力は、貴族の権力である。貴族はどういう様態においてであれ君主政の本質の中に含まれるのであり、その基本的格率は次のごとくである。君主なくして貴族なく、貴族なくして君主なし」(モンテスキュー『法の精神』(上)、野田良之ほか訳、岩波文庫、1989年、64−65頁)。

4　十八世紀フランスにおけるイングランド国制の参照項としての位置づけについては、次の研究が注目される。Tillet (2001). 本書は名誉革命からフランス革命までの時期を視野に収めつつ、ルイ十四世治世下、摂政時代(一七一五−一七四八)、世紀後半(一七四八−一七八九)の三つの時代区分に注目し、特に摂政時代にイングランド国制がモデルとしての地位に登りつめたとする。当然、時代を画する書物とされるのはモンテスキューの『法の精神』である。また世紀後半には、イングランド・モデルは賛同と批判の緊張を孕みつつ、アメリカという対抗モデルの登場にもかかわらず、革命期にまで無視しえない参照項であり続けたとされる。

5　例えば、シャンピオン・ド・シセ、ジャン゠ジョゼフ・ムニエ、ラリー゠トレンダルといった名前が挙げられる。Lacorne (2008) : p.171.

6　原題は、Jean-Louis de Lolme, *Constitution de l'Angleterre, ou État du gouvernement anglais, Comparé avec la forme république et avec les autres monarchies de l'Europe* (『イングランドの国制、あるいは共和政体や他のヨーロッパ君主政体と比較したイングランド政府の状態』)。先に挙げたムニエの他、マレ・デュ・パン、カロンヌなどもド・ロルムの書物に注目していた。Appleby (1971) を参照。

7　『体系百科全書』にもその抜粋が掲載された。ただしド・ロルムの議論の特色は、王権(国王の執行権力)の称揚にあり、この点でのモンテスキューの議論との相違に注意が必要とされる。またそのため、やはりモンテスキューの議論の影響力には及ばなかったとされる。Tillet (2001) : pp.311-315.

8　十八世紀から十九世紀初頭にかけてのフランス人によるアメリカ・イメージについての古典的研究としては、Echeverria (1957) を参照。また日本語ではフィロゾーフのアメリカ像に焦点を当てた、松本礼二 (1981)。

9　フランクリンはデュポン・ド・ヌムールらフィジオクラット(当時の呼称ではエコノミスト)との関係も深め、フィジオクラットの定期刊行物『市民日誌 (*Éphémérides du citoyen*)』に度々寄稿していた。

10　Appleby (1971). テュルゴと親しいデュポン、ミラボー、コンドルセ、ラ・ロシュフーコー公爵といった顔ぶれが中心で、彼らはアメリカ派 (Américaniste) とされる。テュルゴの死後も、このグループにはフランクリンの後を継いで合衆国全権大使としてパリに滞在したジェファソン、ラファイエット、レドレル、シィエス、タレーランらが加わった。

11　とりわけ一七八九年夏の人権宣言起草過程におけるアメリカの実例の果たした役割については次を参照。Gauchet (1989) : pp.36-59. ただし、アメリカを模範とする見方は一致した意見ではなかった。

12　Ansart (2012).

13　コンドルセがジェファソンの思想に与えた影響については、Albertone (1997), (2009) : pp.123-146. ペインとの直接の交流は、彼が二度目に来仏する一七八七年以降となる。フランス語の不自由なペインをコンドルセ夫妻は度々手助けし、革命期にコンドルセはより積極的に政治活動を共にすることになる。

14　Condorcet, *La Vie de M. Turgot*, Œuvres de Condorcet, t.V, pp.209-210.

15　Ibid., p.214.

16　Ibid., p.221.

17　テュルゴの連邦共和国の見方とフランス市町村行政改革の構想との関連性を指摘するのは、Pesante (2009).

18　「今日でも、彼らの将来について述べるのはまだ難しい。なぜなら、アメリカの自由の帰趨は、軍隊の将校たちがシンシナティ協会の名の下に設立を試みた世襲的、軍事的貴族政の存在と結びついているからである」とし、コンドルセは自由を脅かす存在として「世襲的軍事的貴族政」を懸念している。Condorcet, *La Vie de M. Turgot*, Œuvres de Condorcet, t.V, p.210.

19　Ibid., p.209.

20　Turgot, *Lettre au docteur Price sur les constitutions américaines*, 22 mars, 1778, Œuvres de Turgot, t.V, pp.532-540.

21　Lacorne (2008), p.172.

22　Turgot, *Lettre au docteur Price sur les constitutions américaines*, 22 mars, 1778, Œuvres de Turgot, t.V, p.534.

23　Ibid., p.534.

24　Ibid., pp.534-535.

25　テュルゴはその仕組みの有効性自体についてここでは特に問題にしていない。

26　Ibid., p.536.

27　Ibid., p.536.

28　Ibid., p.535.

29　Ibid., p.537.

30　Ibid., p.537.

31　Ibid., p.536.

32　Ibid., p.539.

33　Ibid., p.539.

34　Condorcet, *Influence de la Révolution d'Amérique sur l'Europe*, Écrits sur les États-Unis, p.50. コンドルセのこの著作は一七八六年に公表されていることから、構想および執筆時期は、懸賞論文が提起された一七八一年から八六年までの間と考えられる。またこれは一七八八年には、コンドルセの別の著作（『立法権力を複数の団体に分割する無益さについて、ニューヘイヴンのブルジョワからヴァージニアの市民への手紙』）と共に、コンドルセと親交のあったイタリア人外交官、フィリッポ・マッツェの著作『北アメリカ合衆国についての歴史的、政治的研究』に挿入されて

公刊された。

35 Ibid., p.50, 註を参照。

36 Ibid., p.50.

37 十八世紀フランス文学、思想における幸福の観念についての古典的研究として次を参照。Mauzi (1967).

38 Condorcet, *Influence de la Révolution d'Amérique sur l'Europe*, Écrits sur les États-Unis, p.50.

39 Ibid., p.63.

40 Ibid., p.50.

41 Ibid., p.51-52. 自然権については、この論文の他、複数のテキストで論じられる。ここで自然権の内容として挙がるのは、人身の安全（「家庭内においても、諸能力を用いる際にも、いかなる暴力をも被らない保証を含む安全」)、財産の安全と自由な享受、法の支配（「人間はすべての事柄について、一般的法律にのみ服する権利を有する」)、「法律の作成および社会の名において為されるすべての行為に、直接あるいは代表者を通じて加わる権利」の四点である。ここで列挙された自然権は、同列ではなく「公共の幸福」の観点から重要度の高い順に挙げられている。コンドルセは「熱心な共和主義者」は立法への参加権を最も重視するとし、開明的な国民においては、この権利が享受されれば、他のすべての権利も保証されると考えるが、無知や偏見があれば、その利点は失われるとし、現状ではこの意見には留保を示す。彼は「公共の幸福に関しては、専制的な法律をもつような共和国は、君主国よりもはるかに劣るだろう」と考える（Condorcet, *Influence de la Révolution d'Amérique sur l'Europe*, Écrits sur les États-Unis, p.52)。人間の生来の根源的平等の必然的帰結である立法への参加の権利をすべての人間が平等に享受する状態を、到達すべき地点としながらも、コンドルセは未だその実現の可能性を見出していない。

42 Condorcet, *Influence de la Révolution d'Amérique sur l'Europe*, Écrits sur les États-Unis, p.52.

43 Ibid., p.51.

44 Condorcet, *Influence de la Révolution d'Amérique sur l'Europe*, Écrits sur les États-Unis, p.53. ここには、人口は平年に生産された食糧の総量に必然的に比例するので、公共の幸福にとって目指すべきは、享受のより平等な分配であるというコンドルセの考えが背景にある。

45 Ibid., p.54.

46 Ibid., p.56.

47 Condorcet, *Influence de la Révolution d'Amérique sur l'Europe*, Écrits sur les États-Unis, p.55.

48 またその名に値する真の権利宣言として、特にヴァージニアの権利宣言を高く評価している。Condorcet, *Idées sur le despotisme*, Œuvres de Condorcet, t.IX.

49 例えば、Condorcet, *Tableau historique*, p.386.

50 Condorcet, *Observations de Condorcet sur le vingt-neuvième livre de l'esprit des lois*, Œuvres de Condorcet, t.I, p.378.

51 Ibid., pp.379-380.

52 Condorcet, *Influence de la Révolution d'Amérique sur l'Europe*, Écrits sur les États-

Unis, p.56.
53 Ibid., p.58.
54 Ibid., p.58.
55 Ibid., p.59.
56 Ibid., p.59.
57 Ibid., p.59.
58 フランス啓蒙思想において人間の「完成能力（perfectibilité）」をめぐり繰り広げられた議論を、ルソーの『人間不平等起源論』が発表された一七五五年頃から、スタール夫人の『ドイツ論』、コンスタンの『征服の精神と簒奪の精神』が発表された一八一四年頃までの時期にわたり、丹念に辿り、それが根本的に抱えていた両義性を明らかにする研究として、次を参照。Lotterie (2006).「完成能力」は「進歩（progrès）」の前段階ではないとして両概念は区別される。また「進歩」についても、同様に両義的な性質を孕む点に注意が促され、それが大文字の「進歩（Progrès）」に向けて進化発展を遂げるといった見方は退けられる。
59 コンドルセは『テュルゴ氏の人生』のなかで、「完成能力」の原理をテュルゴに負っているとしている。そこに、ルソーへの参照の意図的な回避を読みとることもできるだろう。Lotteri (2006) : p.xxiv.
60 Condorcet, *Influence de la Révolution d'Amérique sur l'Europe*, Écrits sur les États-Unis, p.68.
61 Ibid., p.68.
62 Ibid., p.57.
63 Ibid., p.59.
64 Ibid., p.62.
65 Ibid., p.60.
66 Ibid., p.63.
67 Ibid., p.64.
68 Ibid., p.64.
69 Ibid., p.65.
70 Ibid., p.67.
71 Ibid., p.70.
72 コンドルセは、「寛容（tolérance）」という言葉は「ヨーロッパの言葉」であり、理性のみを行動原理とするアメリカ人には人間本性に対する侮辱と映るであろうと述べ、この言葉の使用を躊躇している（Condorcet, *Influence de la Révolution d'Amérique sur l'Europe*, Écrits sur les États-Unis, p.74）。
73 Condorcet, Infl*uence de la Révolution d'Amérique sur l'Europe*, Écrits sur les États-Unis, p.77.
74 Ibid., pp.77-78.
75 *La Correspondance de Condorcet. Documents inédits, nouveaux éclairages. Engagement politiques 1775-1792, Textes réunis et présentés par Nicolas Rieucau avec la collaboration d'Annie Chassagne et Christian Gilain, Analyse matérielle Claire Bustarret*, Centre international d'étude du XVIIIe siècle, 2014, p.98-99.
76 Condorcet, *Éloge de M.Franklin*, Écrits sur les États-Unis, pp.155-156.

77 これはフランスにおける連邦憲法への註釈としては初めてのものとされる。Dippel (1997).

78 正式なタイトルは John Stevens, *Observations on Government, including some Animadversions on Mr. Adams's Defence and on Mr. De Lolme's Constitution of England.* これはアダムズによる『アメリカ諸邦憲法擁護論』(1787年)とド・ロルムによる『イングランド国制論』(1771年)に対抗する意図をもって書かれたものである。マッツェはこの著作が親米派の知人たちに有益であると判断し、コンドルセとデュポン・ド・ヌムールに送付していた。

79 「もし提案された憲法が必要な変更を行うことなしに、その欠陥について議論されることさえなく、全会一致で受け入れられるなら、自由にとって重大な結果が生じることだろう。……諸邦の決議がいかなるものであろうと、子孫の幸福に関心をもつすべてのアメリカ人は、良き連邦憲法の必要性について強調し、現在提案されている憲法は非常に重要ないくつかの変更なしには、この利点を提供しえないことを証明すべきである」(Condorcet, *Appendice. Note XXVIII*, Écrits sur les États-Unis, p.174)。

80 一七八〇年にグラスゴーで起きた反カトリック暴動(ゴードン騒乱)が引き合いに出される。Condorcet, *Supplément*, Écrits sur les États-Unis , p.87.

81 Ibid., p.86.

82 Ibid., p.87.

83 Ibid., p.92.

84 Ibid., p.92.

85 他には貨幣鋳造権および紙幣、通貨偽造を各邦に認めないこと、各邦の欠席によって連合会議の進行が妨げられないよう、決議に必要な多数を定める必要性などが指摘される。

86 Ibid., p.92.

87 Condorcet, *Appendice. Note XXVIII*, Écrits sur les Etats-Unis, p.177.

88 Ibid., p.178.

89 Ibid., p.177.

90 Condorcet, *Supplément*, Écrits sur les États-Unis, p.94.

91 Ibid., p.93.『ニューヘイヴンのブルジョワからヴァージニアの市民への書簡——立法権力を複数の団体に分割する無益さについて』において、コンドルセは二院制反対論と一院制擁護論をより詳細に展開することになる。

92 Ibid., p.93.

93 システムの複雑化は矛盾する結果をもたらし肝心の目的を果たさないという批判は、その他の点にも向けられる。例えば、上院と下院で異なる議員選出方法(前者は各邦平等、後者は各邦の人口比)は、反対の原理を両立しようとするもので、一時的な解決策になりえたとしても、堅固な制度の基盤とはなりえないとされる。各邦の平等を重視するか市民の間の平等を重視するかについて結論は留保されるが、コンドルセは連邦会議の採用した方法に対する懸念を示している。

94 Condorcet, *Appendice. Note XXVIII*, Écrits sur les États-Unis, p.176.

95 第二の書簡では、ラモワニョンの改革前後の司法制度の具体的な比較がなされるが、全権裁判所(cours plénière)の提案に対しては、イングランドの貴族院に相当す

るものとして、あるいは旧高等法院と同じ権限を与えるものとしてコンドルセは批判的である。

96 Condorcet, *Lettres d'un citoyen des États-Unis, à un français, sur les affaires présentes*, Œuvres de Condorcet, t.IX, p.99.

97 Ibid., p.102.

98 Ibid., p.99.

99 Ibid., p.99.

100 Condorcet, *Tableau historique*, p.395.

101 Ibid., p.395.

102 Ibid., p.398.

103 Ibid., p.396.

104 Ibid., p.398.

105 Ibid., p.399.

106 Condorcet, *Éloge de M.Franklin*, Écrits sur les États-Unis, p.130.

107 Franklin (1970) : pp.298-300.

108 Condorcet, *Éloge de M.Franklin*, Écrits sur les États-Unis, p.133.

109 Ibid., pp.133-134.

110 註釈によれば、この結社が「ペンシルヴェニアの諸議会において大きな役割を果たしたが、決してそれらを支配しようとはしなかった」という（ibid., p.134)。

111 Ibid., p.136.

112 Ibid., p.133.

113 Ibid., p.148.

114 Ibid., p.159.

115 コンドルセはよほどの感銘を受けたのか、『フランクリン氏頌辞』の他、すでに触れたように『補遺』のなかでも、フランクリンのこの演説からの引用を行っている（ibid., pp.102-103)。

116 Ibid., p.158.

117 Ibid., p.159.

118 Ibid., p.143.

119 Ibid., pp.146-147.

120 これは当時フランスで、フランクリンがその草案の中心的執筆者の一人であるとされたことから、知識人に広く知られていた。一七七七年二月にラ・ロシュフーコー公爵による初の仏訳が公表され、同年フランクリンの著作『富への道』の仏訳（*La Science du Bonhomme Richard*）が出版される際に付録として印刷された。また一七七八年には *Recueil des Loix Constitutives des Colonies Anglaises* に、一七八三年には *Constitutions des Treize États-Unis* に掲載された。Dippel (1997) 参照。

121 Condorcet, *Éloge de M.Franklin*, Écrits sur les États-Unis, p.148.

122 Ibid., p.148.

123 Ibid., p.152-153.

124 Ibid., p.151-152.

125 Ibid., p.153.

126 Ibid., p.155.

127　Ibid., p.155.

第三章

1　Olivier-Martin (1988). 日本語では次を参照。オリヴィエ＝マルタン（1986)、二宮宏之（2007)、高橋清徳（2005)、羽貝正美（1991)。
2　Olivier-Martin (1988) : p.380.
3　フィジオクラットによる地方行政議会構想を検討した近年の研究としては、次が注目される。Mergey (2010) . この研究は、フィジオクラットによる国家の政治・行政機構の再編を通じた王国の再生の試みに注目し、その核心を一見したところ矛盾に思われる「政治的権威」と「分権化」の連結に見出している。すなわちそれは強力な中央の政治権力（君主の主権）と分権的な行政の両立を図る試みであったとされる。コンドルセについては、ケネーの学派に属すとは見なされないが、そのいくつかの原理を取り入れている点（土地所有者の重視など）で、フィジオクラットに近い人物とされ、彼の地方議会構想についてもごく簡単に言及される（同書、pp.463-468.)。
4　コンドルセの地方議会論を紹介した日本語による研究としては次を参照。鬼柳勝一（1972)。
5　この覚書については、次も参照。渡辺恭彦（1973）.
6　Turgot, *Mémoire sur les municipalités*, Œuvres de Turgot, t.V, p.576.
7　Ibid., p.577.
8　Ibid., p.578.
9　Ibid., p.578.
10　Ibid., p.578.
11　Ibid., p.579.
12　Ibid., p.583.
13　Ibid., p.627.
14　Ibid., pp.627-628.
15　Condorcet, *La Vie de M. Turgot*, Œuvres de Condorcet, t.V, pp.114-115.
16　Ibid., p.117.
17　Ibid., p.122.
18　Ibid., p.119.
19　Ibid., p.124.
20　ニューヘイヴンのブルジョワとはコンドルセのことを指し、ヴァージニア市民はフィリッポ・マッツェのことを指している。コンドルセは一七八五年にニューヘイヴン市より自由市民に認められていた。Williams (2004), p.24.
21　「代表民主政（démocratie représentative, representative democracy)」という語彙が使われた最初の例は、一七七七年のアレクサンダー・ハミルトンによるものとされるが、コンドルセの場合もそのごく初期の例である。一七九〇年頃でもこの言葉が使用されるのは稀で、総裁政府期になって普及していくとされる。Monnier (2001) を参照。

22　この書簡では、刑法、民事法、治安統制の法（les lois de police）の他、租税、外交、国防（軍隊、戦争）に関する立法について扱われる。
23　Condorcet, *Lettres de Bourgeois de New Haven*, Œuvres de Condorcet, t.IX, p.75.
24　Ibid., p.75.
25　Ibid., p.80.
26　Ibid., p.84.
27　例えば、人口増加により地区の数が増えすぎた場合、地区と立法府の間に地方（Province）議会の設置も提案される。ただし、段階が少ないほど国家全体としての統一性と単純さが維持されるという点も考慮される。Ibid., p.21.
28　二度目は四分の三の多数票の獲得、三度目以降は、五分の四の多数票が必要とされる。兼任は不可能。決議には、過度に少数の代表者が権威を行使することを避けるために、少なくとも議員の半数の出席、さらに全体の二分の一か四分の三の地区の代表者の出席が求められる。同時に、少数の意図的な欠席者が議会の活動を妨害できないよう、それ以上の出席は求められない。
29　一定額とは、その土地の純生産が所有者の生計を立てるに足る程度とされる。それに満たない土地所有者は、土地の価値総額がこの条件に達するよう複数名が集まり、そのなかから選挙権を行使する代表者を選ぶものとされる（ibid., pp.11-14）。
30　例えばテュルゴは次のように述べていた。「土地の所有は、それが生む果実と収入によって、賃金を必要とする人々にその賃金を与える手段を提供し、人を社会の賃金労働者の階級にではなく支払者の階級に置くだけではない。それは所有者を国家に分かちがたく結びつけることによって真の都市（cité）の権利を構成する」（Turgot, *Mémoire sur les municipalités*, Œuvres de Turgot, t.V, pp.584-585）。
31　Condorcet, *Lettres de Bourgeois de New Haven*, Œuvres de Condorcet, t.IX, p.12. ただし、地方議会論ではこの利益の共通性という見方に対する疑問も表明している。
32　コンドルセが主張する重要な論点として、女性の市民権も注目される。ここで女性の市民権は、人間本性の同一性という観点から、男性と全く同様に認められている（ibid., pp.15-20）。
33　Ibid., p.28.
34　Ibid., p.31.
35　いずれの項目についても、立法府が条約締結権、宣戦布告権などを握り、地区議会が市民の権利に反していないか判断し、その承認を行うとされる。
36　Ibid., p.58.
37　Ibid., p.57.
38　その理由としては、共通の規則に従うべき事柄のみを規律すること、自然権と理性あるいは少なくとも市民全体にそのようなものと考えられたものに基づくこと、法律が団体の意志の表明とはならないこと、が挙げられる。Condorcet, *Lettres de Bourgeois de New Haven*, Œuvres de Condorcet, t.IX, p.58.
39　Ibid., p.58.
40　Ibid., p.71.
41　Ibid., p.56.
42　Ibid., p.56.
43　Condorcet, *Essai sur la constitution et les fonctions des Assemblées provinciales*,

Œuvres de Condorcet, t.VIII, p.117.
44 Hamilton, Madison, Jay, *The Federalist*, pp.61-62.
45 Condorcet, *Essai sur la constitution et les fonctions des Assemblées provinciales*, Œuvres de Condorcet, t.VIII, p.126.
46 Ibid., p.125.
47 Ibid., p.125.
48 Ibid., p.496.
49 Ibid., p.127, pp.269-270.
50 Ibid., p.274.
51 Ibid., p.496.
52 Ibid., p.497.
53 Ibid., pp.119-120.
54 Ibid., p.121.
55 コンドルセによる市民権の定義は次のとおりである。「ある国に居住するすべての人間が自然によって与えられた、その国のすべての住人が各自の権利の維持のために服する諸規則と、その諸規則の実施を保証し、全般的な安全と平穏を維持するために共同で行われる諸活動が服する諸規則の作成に寄与する権利」(ibid., p.127)。
56 Ibid., p.128.
57 Ibid., p.129. この点についてコンドルセはテュルゴの見方を継承していると見ることができる。テュルゴも市町村議会の構想において、地位や身分による区別にかえて、土地所有者という資格を導入していた。「私の計画は、各地方に単一の議会を置くことでは全くなかった。貴族、聖職者、第三身分という三身分の分離と共にそれを形成しようとするものではさらになかった。私はせいぜい二十、三十、四十の教区からなる小郡における市町村行政の形態を詳細に作成した。私はそこにいかなる地位や身分の区別も認めなかった。土地の所有者という資格のみが表明され、団体や身分的結社の特権という考えをすべて退けた」(Turgot, *Mémoire sur les municipalités*, Œuvres de Turgot, t.V, p.628)。
58 Condorcet, *Essai sur la constitution et les fonctions des Assemblées provinciales*, Œuvres de Condorcet, t.VIII, p.129.
59 Ibid., p.135.
60 例えば聖職禄を考えた場合、本来ならばその保有者は、公有地の享受を認められたようなもので、土地所有もそれに由来する市民権もそこからは生じない。しかし彼らが公有地の実際の管理者としてその権利を有すると考える限りで、市民権を与えることはできると考えられる。
61 コンドルセが農村の複数の教区を集めて一つの議会を設置することにこだわる理由は、それにより領主や主任司祭の影響力を弱められることを期待するためである。教区ごとに一議会を設ける場合、彼らの握るすでに過大な権力はさらに増し、分裂の萌芽を生じるという。複数の教区からなる農村の住民団体は、このような不都合を回避しうるとされる。
62 コミュノテの規模としては、その最も周縁部に住む住人が一日のうちに中心地にまで赴き、数時間で用事を済ませ、帰宅できる程度の規模とされる。同じく地区の半径は半日から一日弱かかる距離、地方の場合は、その最も離れた地区から中心地ま

での距離が一日強程度の規模とされる。

63 Ibid., p.274.

64 Ibid., p.274.

65 Ibid., p.180.

66 Ibid., p.147.

67 Ibid., p.146.

68 市民の大半が判断できる選挙人に相応しい能力としては良識、誠実さ、善意が挙げられる（ibid., p.147）。

69 Ibid., p.184.

70 Ibid., p.185.

71 Ibid., pp.185-186. 地方議会はいくつかの場合には、地区の意向に従ってのみ投票を行うことを命じられ、地区議会との間に法律上の相違が設けられる。第六章参照。

72 Ibid., p.188.

73 コンドルセは、市町村議会、地区議会、地方議会へと議員の段階的な昇進の提案に対しては、諸議会を公共精神に反する個別の精神に導かれたある種の団体に結集させる危険性があるとして反対している（ibid., p.174）。

74 Ibid., pp.187-189.

75 Ibid., pp.150-151.

76 Ibid., p.173.

77 「ある種のカーストへの区分」である世襲的区別だけでなく、職能別代表にもコンドルセは反対の立場を示している。以下では身分的区別が中心に論じられる（ibid., p.150）。

78 Ibid., pp.155-156. また人材の確保という観点から、実際のフランス社会の現状では、もし議員数を限定し貴族を排除するなら、必ず重大な不都合が生じるとも考える。

79 Ibid, p.156.

80 Ibid., pp.156-157.

81 Ibid., p.162.

82 Ibid., p.163.

83 Ibid., pp.168-169.

84 Ibid., p.163. コンドルセは社会の「意見の力」について、それが少数者の権威を抑制し、導くことを期待する半面、その捉えどころのなさ、変わりやすさについても認識している。「この一般的意見は、偶然に形成され、常に曖昧で、移り気で、惑わされやすいだけでなく、しばしば収集が困難である。ある時は国民の意向、発言の排他的な特権を残念ながら有する何らかの階級の利益を求める声と捉えることもできれば、人民の謝意あるいは嘆き、堕落した民衆の怒号とも捉えうる」（ibid., p.190）。

85 Ibid., p.165.

86 コンドルセが挙げるのは次のような例である。三人の候補者 A、B、C に対して、二十五人の有権者がいるとする。このとき、A は十票、B は八票、C は七票の票を得たが、A に投票した十人は他の二人の候補者については B よりも C を、B に投票した八人は A よりも C を、C に投票した七人は A よりも B をそれぞれ選好した

とする。この場合、単純多数票で選出されるのはAだが、各々の選好を比較した結果からは、十五対十でAよりもC、十七対八でBよりもC、十五対十でAよりもBが好まれ、Cが選出され、ここにパラドクスが生じる。

87 コンドルセが唯一厳密だと考える方法については、註釈1「選挙において多数者の意向を知る方法について」のなかで詳細が論じられる（ibid., pp.559-578）。

88 二十という数字はあくまで例として挙げられるだけで、選挙ごとに相応しい数を決定できるとされる。ただし、多すぎず少なすぎず、適度な数が求められる（ibid., pp.202-203）。

89 Ibid., p.200.

90 Ibid., p.208.

91 Ibid., p.201.

92 コンドルセはこの選出方法のアイディアを、イタリアの各州に散らばる知識人の結社で確立された方法や、アメリカのフィラデルフィア憲法会議での議長の選出方法から得ていると明らかにしている（ibid., p.202）。

93 投票方法をめぐる革命期の論戦に注目する研究として次を参照。田村理（2006）. 投票方法の歴史は、共同体の全員一致主義を克服し、「投票の秘密」原理を導入した政治的見解表明の個人化、私化の実現の過程として一般に捉えられる。本書はこの見方を前提としつつも、フランス革命期においてなおも強力に主張された発声投票が、喝采による投票とは質的に異なる、近代的個人主義的な投票方法であったとし、公開投票か秘密投票かを基準にして、後者のみを近代的個人主義的な制度を見なすべきではないと主張する。

94 Ibid., p.207.

95 Ibid., p.207.

96 Ibid., p.206.

97 Ibid., p.208.

98 Ibid., p.222.

99 Ibid., p.226.

100 ただし、この新しい国制の確立を担う最初の代表議会は、それに先立ついかなる国民の承認も得られないため、代表者の正統性は理性のみに判断が委ねられるという。

101 Ibid., p.223.

102 この点は次節で取り上げる『現在の事態に関する合衆国の一市民からフランス人への書簡』、『地方議会と全国三部会についてのある共和主義者の見解』において繰り返される主張である。

103 Ibid., p.158. コンドルセは「なぜより開明的な時代に、理性はかつての単純さを取り戻さないのだろうか」として古代の政治集会は好意的に捉えている。

104 Ibid., p.230.

105 これに対し、それ以前の「古き国制」において、すべての自由なフランス人は同じ権利を享受していたとされる（ibid., p.158）。

106 Ibid., p.231.

107 Ibid., p.227.

108 定足数として議員の三分の二と、地方の六分の五の出席が要求される。

109 他の役職としては地方議会と同様、総代と書記が置かれ、国民議会（その場合互選は不可）あるいは各地方の選挙人により選出される。Ibid., p.246.

110 Ibid., p.237.

111 Ibid., p.229, p.236.

112 Ibid., p.257.

113 Ibid., p.258.

114 ここで補足されるのは、間接税の直接税への切り替え手段とその実施。市民の自由、農業、商業、工業に対する直接税の効果と、それに由来する個人や地区、地方に対する割当ての不平等の検討である。

115 Ibid., p.471.

116 Ibid., p.472. コンドルセは男性と女性に共通の教育を提案している。「男性と女性に共通の教育が提案される。なぜなら、それを異なるものとする理由が見当たらないからである。いかなる理由により二つの性別のうちの一つが特定の知識を独占するのか分からない。感受性を備え、推論の能力あるあらゆる存在に全般的に有益な知識が、すべての人に同様に教えられないのか分からない」（ibid., p.474）。

117 Ibid., p.477.

118 ここでコンドルセは、イタリア全土を包括する知識人のアカデミー創設の試みをモデルに、地方アカデミーを構想している（ibid., p.483）。

119 Ibid., p.479.

120 Ibid., p.480.

121 一七七八年、ネッケルはルイ十六世の同意のもとベリーに実験的に地方議会を設置し、その後一七八〇年までにいくつかの州（オート・ギュイエンヌ、ドーフィネ、ブルボネ）に地方議会の設置を試みた。これに高等法院は反対し、結局ルイ十六世もそれに譲歩する形で地方議会を閉鎖した。一方、カロンヌは分権的な行政議会構想を提起し、一七八七年二月二十三日の名士会議において審議にかけられた。カロンヌ案について詳しくは Mergey (2010) : pp.438-442. この時、カロンヌの傍らには書記としてデュポン・ド・ヌムールが控えており、カロンヌ案とテュルゴ（デュポン）による市町村改革構想との関連性は明らかであるとされる。ただしここでは三段階の議会が提起されるが、国民議会のレヴェルは王権を侵害する可能性から、想定されていない。

122 ブリエンヌ案について詳しくは Mergey (2010) : pp.443-445. カロンヌ案に比べて、特権階層の抵抗を前に、ブリエンヌ案はフィジオクラットの諸構想との関連性は弱く、現状維持に傾いたとされる。例えば、身分的区別は維持され、選挙の原理もわずかに採用されたのみであった。

123 Olivier-Martin (1988) : p.400.

124 Condorcet, *Essai sur la constitution et les fonctions des Assemblées provinciales*, Œuvres de Condorcet, t.VIII, pp.655-656.

125 Ibid., p.656.

126 Condorcet, *Lettres d'un citoyen des États-Unis, à un français, sur les affaires présentes*, Œuvres de Condorcet, t.IX, p.108.

127 第二の書簡では、ラモワニョンの司法改革の内容について、旧制度と比較しながら批判的な検討がなされる。まず改革が合法であるには裁判所の自由な承認を

必要とするという高等法院の主張を、弊害の改革のためにその弊害の温存に関心をもつ人々の同意を要求するもので正当ではないとする。新旧の裁判所に共通する欠陥として指摘されるのは、同一の訴訟を異なる裁判所が裁くこと、売官制、政府による裁判官の任命、同一裁判所の民事刑事法廷の兼務。新制度に固有の欠陥としては、民事裁判における金額上の差別、刑事裁判における身分的差別、富裕層に特別の裁判官をつけること、裁判官の身分別の選出などである。また特に、新設の全権裁判所が有害な制度であるとして批判される。それによれば、これは高等法院が握っていた権力（王令登録権）と同様の権力を全権裁判所に与えただけであり、国民の正統な承認を欠いた圧制的な貴族的制度である。そもそも政府は全国三部会の召集前に新たな新税を設けないとしたのだから、無用な制度である。いずれ国民の承認を得た全国三部会が、登録権を正統な仕方で与えるべきである。一方で、改革の必要性を考慮しない旧裁判所の再建の要求、登録権の危険性についての議論を欠く全権裁判所への反論、全国三部会の曖昧な要求には賛同できないとして、高等法院側の主張は退けられる。「しかし、その形態や結果の善良さに配慮せずに全国三部会の曖昧な要求に賛同すること、改革の必要性や現状の制度が市民の自由と安全を脅かす危険について主張せずに、裁判所の再建の要求に賛同すること、登録権を司法の役割に加える危険について全く議論しない全権裁判所への反論に賛同すること、自治権というより特権を確立し、自然権や市民の利益ではなく、大半は人間の真の権利の承認ではなく、悪弊の保存の誓約を含む古めかしい文書を拠りどころとする、そしてフランス国民に合流せずにそこから分離しようとする地方の抗議、それには賛同できない」(ibid., p.121)。

128 Condorcet, *Sentiments d'un républicain sur les assemblées provinciales et les états-généraux*, Œuvres de Condorcet, t.IX, p.127.

129 この文章では、コンドルセは特権階層と政府のどちらからも独立の態度を示しているが、全国三部会開催要求への批判に重きが置かれている。コンドルセの政府案（ブリエンヌ案）に対する態度は無条件の支持には程遠く、むしろ重要な留保を示していたことに注意を促し、彼の地方議会構想がそれとは大きく異なるとする（その点で本書も同じ視点に立つ）のは、Joubert (1989).

130 Condorcet, *Sentiments d'un républicain sur les assemblées provinciales et les états-généraux*, Œuvres de Condorcet, t.IX, p.128.

131 Ibid., p.130.

132 Ibid., p.129.

133 Ibid., p.130.

134 Condorcet, *Lettres d'un citoyen des États-Unis, à un français, sur les affaires présentes*, Œuvres de Condorcet, t.IX, p.122.

135 Condorcet, *Sentiments d'un républicain sur les assemblées provinciales et les états-généraux*, Œuvres de Condorcet, t.IX, p.135.

136 Ibid., p.136.

137 Condorcet, *Lettres d'un citoyen des États-Unis, à un français, sur les affaires présentes*, Œuvres de Condorcet, t.IX, p.122.

138 Condorcet, *Sentiments d'un républicain sur les assemblées provinciales et les états-*

généraux, Œuvres de Condorcet, p.136.

139 Condorcet, *Lettres d'un citoyen des États-Unis, à un français, sur les affaires présentes*, Œuvres de Condorcet, t.IX, p.121. 三部会地域は新しい地方議会が置かれるエレクション地域よりも数が少なく、地方の多数意見は貴族的な形態に好意的ということはないとコンドルセは予測している。

140 Condorcet, *Sentiments d'un républicain sur les assemblées provinciales et les états-généraux*, Œuvres de Condorcet, t.IX, p.138.

141 Ibid., p.138.

142 Ibid., p.143.

143 Condorcet, *Requête au roi pour demander la transformation des assemblées provinciales en assemblées élues et la convocation d'une assemblée nationale*, Cahen (1904 ; repr.1970) : Appendice II, pp.560-563.

144 Ibid., p.562.

145 Ibid., p.563.

第四章

1 法律家アドリアン・デュポール邸で会合が開かれ、ミラボー、ラファイエット、コンドルセ、レドレル、シィエス、タレーラン、ルペルティエらが集った。

2 *Correspondence inédite de Condorcet et Madame Suard (1771-1791)*, pp.244-245.

3 「間接的専制」は「事実上の専制」とも呼ばれる。これに対して「直接的専制(despotisme direct)」は、悪法を改廃する手段（拒否権）を市民の代表者がもたない場合を指し、「権利上の専制」と呼ばれる。Condorcet, *Idées sur le despotisme*, Œuvres de Condorcet, t.IX, p.148.

4 イングランドの庶民院がこの例として挙げられ、それは法的には国民を代表するはずが、実際には「貴族的団体」に過ぎず、国民を代表していないとされる（ibid., p.149）。

5 Condorcet, *Lettres d'un gentilhomme à messieurs du tiers état*, Œuvres de Condorcet, t.IX, pp.215-259.

6 Ibid., p.225.

7 Condorcet, *Réflexions sur les pouvoirs et instructions à donner par les provinces à leurs députés aux états généraux*, Œuvres de Condorcet, t.IX, p.264.

8 国民の権利の内容としては、立法権から始まり、市民の個人的自由（とくに封印状の廃止)、法律と合法的な裁判官によってのみ裁かれる権利、援助金の徴収・割当ての権利、大臣の責任制、全国三部会の定期的な開催などが挙げられる。また代表者には権利の宣言が採択される前に他のいかなる問題についても討議しないよう指令を与えるべきとされる。

9 ここでは全国三部会（代表者）と地方の個別議会（委任者）の関係が想定されている。

10 Condorcet, *Lettres d'un gentilhomme à messieurs du tiers état*, Œuvres de Condorcet, t.IX, pp.228-245.

11 「貴族は私を民衆寄り過ぎると考え、貴族でない人々は穏健すぎると考えたのです」

(*Correspondance inédite de Condorcet et Madame Suard (1771-1791)*, p.249)。

12 ただし同時代の重要問題であるとの認識から、可能な上院の構成についても考察は行っている。例えば、一七八九年九月六日付モンモランシー伯爵宛第二の書簡では、国民評議会 (conseil national) の構成についての見解が示される。コンドルセは基本的に国民評議会と議会との構成上の区別を設けないことを主張し、国民評議会も議会と同じ方法により市民全般により選出されるべきとする。構成員への財産資格を設けることは、世襲的貴族政を「金持ちの貴族政」に置き換えることに過ぎないと批判し、年齢による区別、終身制も認めていない。また上院の下院に対する絶対的拒否権に反対し、議決権ではなく、審議権 (droit d'examen) のみを認めるべきとする。Condorcet, *Lettres à M. Le comte Mathieu de Montmorency*, Œuvres de Condorcet, t.IX, pp.377-391., Condorcet, *Examen sur cette question : Est-il utile de diviser une assemblée nationale en plusieurs chambres ?*, Œuvres de Condorcet, t.IX.

13 Condorcet, *Réflexions sur ce qui a été fait, et sur ce qui reste à faire, lues dans une société d'amis de la paix*, Œuvres de Condorcet, t.IX, p.457.

14 Condorcet, *Fragment de justification*, Œuvres de Condorcet, t.I, p.579.

15 Ibid., p.579.

16 Ibid., p.579.

17 Condorcet, *Révision des travaux de la première legislature*, Œuvres de Condorcet, t.X.

18 コンドルセは戦争に対してむしろ反対していたが、諸外国の状況から不可避であると見ていた。

19 一七九二年六月の民衆のテュイルリ宮への侵入、また九月の大虐殺に対してコンドルセは一貫して批判的であった。

20 Condorcet, *Instruction sur l'exercice du droit de souveraineté*, Œuvres de Condorcet, t.X, p.534.

21 コンドルセの他、シィエス、ブリッソ、ペティオン、ペイン、ダントン、ヴェルニオ、ジャンソネ、バレールがメンバーに任命された。このなかでコンドルセはジロンド派の枠を超えてモンターニュ派からの信用も得ていたことから、議会での報告者に指名され、委員会の作業では中心的役割を担った。また同時期、コンドルセは公教育委員会のメンバーにも選出されていたが、委員の兼任ができないため、憲法制定作業に専念することを選び、翌年二月、憲法委員会の解散後に公教育委員会に加わることになった。

22 Condorcet, *De la nature de pouvoirs politiques dans une nation libre*, Œuvres de Condorcet, t.X. この論考については以下の第四節において検討する。

23 Condorcet, *Fragment de justification*, Œuvres de Condorcet, t.I, p.575.

24 Ibid., p.575.

25 一七八九年協会は一七九〇年四月に、社会協会は一七九〇年十月に創設された。

26 Condorcet, *A Monsieur***Sur la société de 1789*, Œuvres de Condorcet, t.I, p.71. 「社会技術」という用語は、一七七〇年代からフィジオクラットによって普及されていたが、コンドルセは一七九〇年頃より使い始めている。コンドルセの別の説明によると、「技術 (art)」とは特定の、あるいは一般的な目的を果たすための手段であり、それぞれの「科学」には対応する「技術」がある。「社会技術」は「社会科

学」に対応すると考えられ、「特定の社会のために国制、法律、行政のシステムを実現するための技術」とされる（Condorcet, *Tableau historique de l'esprit humain*, Note 4, p.770）。

27 Condorcet, *A Monsieur***Sur la société de 1789*, Œuvres de Condorcet, t.I, p.70.

28 シィエスの政治社会像については、永見（2007）でも検討した。

29 二院制立法府の主唱者に対するコンドルセの一院制立法府の主張も、これらの手段に依拠している。「これら二つの手段により、つまり権利の宣言と憲法を改正する合法的な方法の確立により、無制約の立法権力の危険は回避されるだろう。私はそれらを避ける手段が他にあるとは思わない」（Condorcet, *Examen sur cette question : Est-il utile de diviser une assemblée nationale en plusieurs chambres ?*, Œuvres de Condorcet, t.IX, p.359）。

30 Condorcet, *Idées sur le despotisme*, Œuvres de Condorcet, t.IX, p.164.

31 Cahen (1904 ; repr. 1970), p.177.

32 Condorcet, *Idées sur le despotisme*, Œuvres de Condorcet, t.IX, p.171.

33 Ibid., p.173.

34 Condorcet, *Déclaration des droits*, Œuvres de Condorcet, t.IX, pp.179-180.

35 Ibid., p.210.

36 例えば、コンドルセとも政治的立場が近かったブリッソは「パリの選挙人総会に宛てられた権利の宣言草案」において、「あらゆる人間は自由であり、したがって特別議会を設置し招集することが時宜を得ていると判断する時に、憲法を見直すことができる」として憲法の見直しを認めている。しかしその一方で、憲法と権利の宣言を混同すべきでないとし、「憲法は変更しうるが、権利は決して変わることはない」と主張していた。Rials (1988), p.563.

37 Condorcet, *Déclaration des droits*, Œuvres de Condorcet, t.IX, p.182

38 例えば、法律が無関係な行為のためにある人に死刑を宣告するときは、共通の安全への直接の侵害であるのに対し、法律が二票の多数票により死刑判決を可能とするとき、不正に有罪とされる危険に、つまり権利の侵害の危険に晒しているとされる（ibid., p.182）。

39 Ibid., p.187.

40 Ibid., p.206.

41 Ibid., p.207.

42 Condorcet, *Idées sur le despotisme*, Œuvres de Condorcet, t.IX, p.168.

43 いかなる礼拝にも支出しない自由を保持すべきであり、この種の税は人間の権利に反するとされる。

44 コンドルセは憲法委員会のメンバーとして議論に加わった直接の証拠はないものの、人権宣言の前文と十七の条項の起草に参加した可能性はあるとされる。Williams (2004), p.28. 実際の報告と審議の過程については、富永（2001）を参照。

45 Condorcet, *Réflexions sur ce qui a été fait et sur ce qui reste à faire*, Œuvres de Condorcet, t.IX, p.447.

46 Ibid., p.447, Condorcet, *Lettres à M. Le comte Mathieu de Montmorency*, Œuvres de Condorcet, t.IX, p.367.

47 Condorcet, *Réflexions sur ce qui a été fait et sur ce qui reste à faire*, Œuvres de

Condorcet, t.IX, pp.448-449.
48 Ibid., p.449.
49 Condorcet, *Réponse à l'adresse aux provinces, ou réflexions sur les écrits publié contre l'assemblée nationale*, Œuvres de Condorcet, t.IX, p.496.
50 Condorcet, *Déclaration des droits*, Œuvres de Condorcet, t.IX, p.193.
51 Condorcet, *Des conventions nationales*, Œuvres de Condorcet, t.IX, p.192.
52 Condorcet, *Lettres à M. Le comte Mathieu de Montmorency*, Œuvres de Condorcet, t.IX, p.368.
53 Condorcet, *Discours sur les conventions nationales*, Œuvres de Condorcet, t.X, p.217.
54 Condorcet, *Lettres à M. Le comte Mathieu de Montmorency*, Œuvres de Condorcet, t.IX, pp.367-368.
55 Ibid., p.375.
56 Ibid., p.371.
57 Condorcet, *Des conventions nationales, Discours sur les conventions nationales*, Œuvres de Condorcet, t.X.
58 Condorcet, *Des conventions nationales*, Œuvres de Condorcet, t.X, p.193.
59 Condorcet, *Lettres à M. Le comte Mathieu de Montmorency*, Œuvres de Condorcet, t.IX, p.372.
60 Condorcet, *Des conventions nationales*, Œuvres de Condorcet, t.X, p.199.
61 Condorcet, *Discours sur les conventions nationales*, Œuvres de Condorcet, t.X, p.212.
62 Ibid., p.212.
63 Condorcet, *Des conventions nationales*, Œuvres de Condorcet, t.X, p.200.
64 制約としては他に、市民権の条件の変更、市民の被選挙権に課された条件の追加などが挙げられる（ibid., p.201）。
65 Ibid., p.201.
66 Condorcet, *Vie de M. Turgot*, Œuvres de Condorcet, t.V, pp.209-210.
67 Ibid., p.210.
68 Ibid., p.211.
69 Ibid., pp.211-212.
70 Ibid., p.212.
71 Condorcet, *Fragment de justification*, Œuvres de Condorcet, t.I, p.575.
72 Condorcet, *Réflexions sur les pouvoirs et instructions à donner par les provinces à leur députés aux états généreux*, Œuvres de Condorcet, t.IX, p.271.
73 Ibid., p.272.
74 Ibid., p.278.
75 Ibid., p.273.
76 Gueniffey (2011), chap.3 « Les républicains avant la République ».
77 Condorcet, *Fragment de justification*, Œuvres de Condorcet, t.I, p.581.
78 Condorcet, *Ce que les citoyens ont droit de leurs représentants*, Œuvres de Condorcet, t.XII, p.567.

79　以下の議論の引用は Œuvres de Sieyès, reprint EDHIS, 1989, t.2, document 28 による。
80　Guilhaumou (1997), p.235.
81　Ibid., p.236.
82　Ibid., p.237.
83　Ibid., p.236.
84　Ibid., p.238.
85　Condorcet, *Sur le choix des ministres*, Œuvres de Condorcet, t.X, p.52.
86　Condorcet, *De la République, ou un roi est-il nécessaire à la conservation de la liberté ?*, Œuvres de Condorcet, t.XII.
87　Ibid., p.233.
88　Condorcet, *Instruction sur l'exercice du droit de souveraineté*, Œuvres de Condorcet, t.X, pp.537-538.
89　Ibid., t.X, pp.535-536.
90　Condorcet, *Exposition des motifs d'après lesquels l'assemblée nationale a proclamé la convocation d'une convention nationale, et prononcé la suspension du pouvoir exécutif dans les mains du roi*, Œuvres de Condorcet, t.X, pp.547-564.
91　Condorcet, *De la nature des pouvoirs politiques*, Œuvres de Condorcet, t.X, p.589.
92　Ibid., p.590.
93　Ibid., p.590.
94　Rousseau, *Du contrat social*, Œuvres complètes, t.III, p.380.
95　コンドルセも他の著作では「一般意志」という語を用いることはあるが、この論考の特徴は、特に理性と意志の区別に焦点を当てて論じている点にある。
96　Condorcet, *De la nature des pouvoirs politiques*, Œuvres de Condorcet, t.X, p.591.
97　Ibid., p.591.
98　Ibid., p.595.
99　Ibid., p.597.
100　Ibid., p.602.
101　Ibid., p.602.
102　Ibid., p.603.
103　Ibid., p.604.
104　Ibid., p.607.
105　Ibid., p.607.
106　Ibid., p.608.
107　「法への敬意」はコンドルセの政治的著作において散見される主張である。「自由な国民において必要な原動力である法律への敬意は、既存の法律への愚かな熱狂、理性の進歩を止める政治的迷信ではない。……この感情は、共通の救済のためには法がある限りは執行されることが重要であるという、内面的確信である」(Condorcet, *Aux amis de la liberté sur les moyens d'en assurer la durée*, Œuvres de Condorcet, t.X, p.180)。
108　Ibid., p.612.
109　Condorcet, *Exposition des principes et des motifs du plan de constitution*, Œuvres de

Condorcet, t.XII, p.360.

110 Ibid., p.336.

111 Ibid., p.337.

112 Ibid., p.386.

113 ここでは選挙権、被選挙権ともに成年男子のみに認められ、女性についての言及はない。しかしコンドルセは女性参政権を認める論者として知られ、革命期には『女性の市民権の承認について』(1790) を執筆している。男女の間に本性上の相違がない以上、必然的に、女性も男性と同等の権利を有すると主張される。Condorcet, *Sur l'admission des femmes au droit de cité*, Œuvres de Condorcet, t.X, pp119-130.

114 Condorcet, *Exposition des principes et des motifs du plan de constitution*, Œuvres de Condorcet, t.XII, pp.384-385. この視点から、コンドルセは一七九一年憲法に対しても明確に意見の違いを表明している。

115 Ibid., p.384.

116 Ibid., p.358.

117 Ibid., p.357.

118 Ibid., p.341.

119 Ibid., p.366. 人民の抵抗権に関しては、憲法草案の前に置かれた人権宣言のなかでも、「圧制への抵抗」が自然権の一つとして明記されている(第一条「人間の自然的、市民的、政治的権利は、自由、平等、安全、所有、社会的保障、圧制への抵抗である」)。これは一七八九年の『権利の宣言』との大きな相違点として注目できる。

120 憲法条文では、第一次議会についての条文は、立法府や行政府よりも前に、領土区分、市民権に次ぐ第三章に置かれている。領土区分については、ここでも三段階が維持され、全国に八十五の県が置かれ、各県は大コミューンに、各コミューンは地区 (sections municipales) に区分される。第一次議会は地方行政機構が基づくこれらの領土区分とは全く区別され、四百五十人から九百人の規模となるよう区域が設定され、各県に配置される(第三章第一節第一条)。なお行政区画の改革については、一七八九年十二月のデクレにより県が創設されている。

121 Condorcet, *Exposition des principes et des motifs du plan de constitution*, Œuvres de Condorcet, t.XII, p.348.

122 コンドルセは、各人の自発性にもとづく自由な討議の場と公的な決定(投票)の場とを明確に区別し、第一次議会を投票の場とする。一方で、市民による自由な討議も推奨され、そのための制度が設けられる。具体的には、議会が開かれると議題が提示され、その後決議までの一週間の間に議題について討論を行えるよう、議場が毎日市民に開放される。さらに一年を通じて日曜には市民が個別に集まれるよう、議場が開放される (ibid., p.438)。また討議に関しては、その目的に応じて二段階に分けて考えている。一つはある一般的問題の決定を基礎において支える諸原理についての討議であり、その問題の様々な側面や、そこから生じる諸帰結について検討される。この段階では意見は集約されずに個人的なものにとどまる。つまり各人がそれぞれ問題について理解を深め、自分の意見を形成する段階である。やがて意見が徐々に集約され、より一般的なものとなるのが次の段階である。ここで問題は明確に定まり、議会の意向を諮ることが可能となる。第一段階では、コンドルセの見るところ、個人は必ずしも集合する必要はなく、印刷物を通じても、言葉と同じ

かそれ以上に討議はよく為されうる。反対に第二段階の討議は、集合せずには不可能である。これらの段階を経て決議に至るとされる（ibid., pp.342-343)。

123 Condorcet, *Projet de constitution française*, Œuvres de Condorcet, t.XII, pp.429-430. 第一次議会での投票方法について触れておくと、地方議会論以来の主張が維持されている。発声投票を認めない理由としては、無秩序と混乱を招くこと、投票期間中常に集会を開くため市民に無益な労力を課すことの他、最初の投票者が、他の投票者に対して影響力を及ぼしうることが挙げられる。また筆記投票は必ずしも秘密投票ではないとされ、記名投票も条件付きで取り入れている。コンドルセは第一次議会における投票を二段階に分け、一回目を候補者推薦名簿の作成のための予備投票、二回目をその候補者のなかから選出する最終的な投票とする。このうち、予備投票の「公開性」は国民の生活習慣においても役立ち、個人の平穏を損なうことも、陰謀に力を貸すこともないという。信頼の置かれた人物の意見が知られることは好ましく、選ぶに相応しい人物を十分知らない人々が、誠実さや知識において一目置かれた市民の判断により導かれることは有益である。予備投票は複数ある最良の選択についての市民の意見を示すものであり、そこでは記名により狭い範囲を越えて市民の意見が広く公開される利点が注目されている。これに対して二回目の最終投票は、「選好という意向」、つまり市民が選好を表明する場とされ、あらゆる種類の影響を免れることが重要とされる。「公的意見」からも、何らかの弱さゆえに結んだ約束からも独立し、「意志の最も自由な表明」となることが求められる。Condorcet, *Exposition des principes et des motifs du plan de constitution*, Œuvres de Condorcet, t.XII, pp.403-404.

124 国民陪審院は、刑法により明示的に定められた国家反逆罪を裁くために設けられる。各県から三名の陪審員と同数の補欠から構成され、いずれも第一次議会で人民により選出される（Condorcet, *Projet de constitution française*, Œuvres de Condorcet, t.XII, pp.489-490)。その他、民事・刑事陪審員、裁判官、検察官、司法監察官（censeur judiciaire)、国庫委員・会計局委員、国民軍の指揮官なども含まれる。

125 Ibid., pp.429-430.

126 Ibid., p.469.「ある市民が、憲法、立法あるいは一般行政に関わる行為について人民の代表者の監視を促し、既存の法律の改正か新しい法律の公布を提起することを有益か必要であると信じるとき、彼は第一次議会の事務局に要請し、彼の提議について審議するために最も間近の日曜日に議会を召集する権利をもつ」（第八章「国民代表の行為についての人民の審査と、請願権について」、第一条)。「この請求が効力をもつには、同じ第一次議会の居住区に住む五十名の市民の賛同と署名を備えなければならない」（同、第三条)。また市民には、法律に対する検閲権とは独立に、私的個人的利益のための請願権も保証されている。公職者の権力濫用や法律の侵害に対して、提訴を申し立てる権利をもつ。

127 以下の手続きについては第八章「国民代表の行為についての人民の審査と請願権について」で扱われる。

128 Condorcet, *Exposition des principes et des motifs du plan de constitution*, Œuvres de Condorcet, t.XII, p.352.

129 Urbinati (2006), p.211. ウルビナティは、コンドルセの議論がルソーの主権理論とは驚くべき相違を示していると指摘する。

130 Condorcet, *Projet de constitution française*, Œuvres de Condorcet, t.XII, p.477.「各市民は憲法の改正のための特別議会の召集を要請する権利をもつ。ただしこの権利は審査権の行使のために定められた形態と規則に従うものである」(第九章、第五条)。

131 Condorcet, *Projet de constitution française*, Œuvres de Condorcet, t.XII, pp.476-477.「立法府は、共和国の市民の多数によって必要であると判断された場合、特別議会の召集を担う」(第九章、第二条)。「憲法条項の受諾から二十年目に、立法府は憲法を見直し、完成させるために特別議会を召集しなくてはならない」(同、第四条)。なお、特別議会のメンバーは各県から二名、立法府と同様の選挙方法によって選ばれる。

132 Condorcet, *Projet de constitution française*, Œuvres de Condorcet, t.XII, p.452.「執行評議会の構成員の選出は共和国の市民により直接、第一次議会において行われる」(第五章、第三節、第一条)。

133 Condorcet, *Exposition des principes et des motifs du plan de constitution*, Œuvres de Condorcet, t.XII, p.369.

134 Ibid., p.369.

135 Ibid., p.367.

136 コミューンの行政機関は十二名の委員と一名の市長から、各地区の支局は一名の市民とその助役から構成され、これら全体でコミューンの総会（le conseil général de la commune）を構成する（第四章、第一節）。

137 Condorcet, *Projet de Constitution française*, Œuvres de Condorcet, t.XII, T.IV, s.1, art.XV.

138 ここでは刑事陪審だけでなく民事陪審についても提案される。陪審員の名簿は、第一次議会において、県に居住するすべての市民のなかから選ばれて作成され、当事者はそのなかから自由に選ぶ権利が与えられる。

終　章

1 野地孝一（1982）を参照。

文　献

一次文献

［コンドルセの著作］

Œuvres de Condorcet, ed. A. Condorcet O'Connor et F. Arago, 12vols, Paris : Firmin Didot, 1847-1849 ; repr. Stuttgart : F. Frommann Verlag, 1968.

Arithmétique politique. Textes rares ou inédits (1767-1789), ed. B. Bru et P. Crépel, Paris : Institut national d'études démographiques, 1994.

Correspondance inédite de Condorcet et de Turgot, 1770-1779, éd. C. Henry, Paris : Charavay, 1883 : repr. Genève : Slatkine, 1970.

Correspondance inédite de Condorcet et Madame Suard, 1771-1791, éd. E. Badinter, Paris : Fayard, 1988.

La Correspondance de Condorcet Documents inédits, nouveaux éclairages, Textes réunis et présentés par Nicolas Rieucau avec la collaboration d'Annie Chassagne et Christian Gilain, Centre International d'Étude du XVIIIe siècle, Ferney-Voltaire, 2014.

Écrits sur les États-Unis, édition critique par Guillaume Ansart, Paris : Classiques Garnier, 2012.

Esquisse d'un tableau historique des progrès de l'esprit humain, suivi de Fragment sur l'Atlantide, Paris : Flammarion, 1988.

Sur les élections et autres textes, éd. O. de Bernon, Paris : Fayard, 1986.

Tableau historique des progrès de l'esprit humain. Projets, Esquisse, Fragments et Notes (1772-1794), édité sous la direction de J-P. Schandeler et P. Crépel, Paris : Institut national d'études démographiques, 2004.

［その他］

Franklin, Benjamin (1970), *The Autobiography*, The Writings of Benjamin Franklin, vol.1, New York : Haskell House.

Madison James, Alexander Hamilton and John Jay (1982), *The Federalist*, ed. Jacob E. Cooke, Wesleyan University Press.

Rosseau, Jean-Jacques (1959-1995), *Du contrat social*, Œuvres Complètes de Jean-Jacques Rousseau, sous la dir. de Bernard Gagnebin et Marcel Raymond, Bibliothèque de la Pléiade, Paris : Gallimard, t.3.

Sieyès, Emmanuel Joseph (1989), Œuvres de Sieyès, Paris : EDHIS, t.2.

Turgot, Anne-Robert-Jacques, Baron de Laune (1972), *Mémoire sur les municipalités*, Œuvres de Turgot, t.V, ed. Gustav Schelle, Paris : F. Alkan, 1913-1923 ; repr. Glashütten im Taunus : D. Auvermann.

二次文献

[外国語]

Albertone, Manuela (1997), *Condorcet, Jefferson et l'Amérique*, in *Condorcet. Homme des lumières et de la Révolution*, sous la dir. de A.-M. Chouillet et P. Crépel, Fontenay-aux-Roses : ENS éditions, pp.187-199.

——— (2009), *Thomas Jefferson and French Economic Thought : A mutual exchange of ideas*, in *Rethinking the Atlantic World : Europe and America in the age of Democratic Revolutions*, ed. M. Albertone and A. de Francesco, Basingstoke : Palgrave Macmillan, pp.123-146.

Appleby, Joyce (1971), *America as a Model for the Radical French Reformers of 1789*, The William and Mary quarterly, 1971-28, Williamsburg, Va. : College of William and Mary, pp.267-286.

Audier, Serge (2004), *Les théorie de la république*, Paris : La Découverte.

Badinter, Élisabeth (2011), *Les Passions intellectuelles, III. Volonté de pouvoir (1762-1778)* , Paris : Fayard.

Badinter, Élisabeth et Robert (1988), *Condorcet un intellecturel en politique*, Paris : Fayard.

Badinter, Robert (1991),*Condorcet et les Girondins*, in *La Gironde et les Girondins*, sous la dir. de F. Furet et M. Ozouf, Paris : Payot, pp.351-366.

Baczko, Bronislaw (2000), *Une éducation pour la démocratie*, Genève : Droz.

Baker, Keith Michael (1967), *Les débuts de Condorcet au secrétariat de l'Académie royale des Sciences (1773-1776)*, in Revue d'histoire des sciences et de leurs applications 20, pp.229-280.

——— (1975), *Condorcet. From natural philosophy to Social Mathematics*, Chicago : University of Chicago Press.

——— (1977), *Condorcet's notes for a revised edition of his reception speech to the Académie française*. SVEC 169, Oxford : Voltaire foundation, pp.7-67.

——— (1989), *L'unité de la pensée de Condorcet*, in *Condorcet : mathématicien, économiste, philosophe, homme politique*, sous la dir. de P. Crépel et C. Gilain, Paris : Minerve, pp.515-524.

Bidouze, Frédéric (2013), *Les parlementaires rattrapés par l'opinion publique : de l'opinion passive et active (1787-1790)*, in *L'opinion publique dans l'europe des lumières - Stratégies et concepts*, ed. B. Binoche et A. J. Lemaître, Paris : Armand colin, pp.127-146.

Binoche, Bertrand (2007), *La raison sans l'Histoire*, Paris : Press Universitaire de France.

——— (2011), *Nouvelles lectures du TABLEAU HISTORIQUE de Condorcet*, Québec : Les Presses de l'Université Laval.

Brian, Éric (1994), *La mesure de l'État : Administration et géomètres au XVIIIe siècle*, Paris : Albin Michel.

Cahen, Léon (1904 ; repr.1970), *Condorcet et la Révolution française*, Genève : Slatkine Reprints.

Chouillet, Anne-Marie (1997), *Condorcet et la presse*, in *Condorcet. Homme des Lumières et de la Révolution*, sous la dir. de A.-M. Chouillet et P. Crépel, Fontenay-aux-Roses : ENS éditions, pp.396-407.

Chouillet, Anne-Marie et Pierre Crépel (1997), *Condorcet. Homme des lumières et de la Révolution*, Fontenay-aux-Roses : ENS éditions.

Crépel, Pierre et Christian Gilain (1989), *Condorcet mathématicien, économistes, philosophe, homme politi*que, Paris : Minerve.

Coutel, Charles (1996), *A l'école de Condorcet Contre l'orléanisme des esprits*, Paris : ellipses.

——— (1999), *Instituer le Citoyen*, Paris : Édition Michalon.

Dagen, Jean (1977), *L'histoire de l'esprit humain, dans la pensée française de Fontennelle à Condorcet*, Paris : Klincksieck.

Dippel, Horst (1997), *Condorcet et la discussion des constitutions américaines en France avant 1789*, in *Condorcet. Homme des lumières et de la Révolution*, sous la dir. de A.-M. Chouillet et P. Crépel, Fontenay-aux-Roses : ENS éditions, pp.201-206.

Echeverria, Durand (1957), *Mirage in the West. A history of the French image of American Society to 1815*, Princeton : Princeton University Press.

Furet, François et Ozouf, Mona (dir.) (1991), *La Gironde et les Girondins*, Paris : Payot.

Gainot, Bernard (1997), *La réception de Condorcet dans les milieux néo-jacobins sous le directoire*, in *Condorcet. Homme des Lumières et de la Révolution*, sous la dir. de A.-M. Chouillet et P. Crépel, Fontenay-aux-Roses : ENS éditions, pp.263-271.

Gauchet, Marcel (1989), *La Révolution des droits de l'homme*, Paris : Gallimard.

Granger, Gilles-Gaston (1956), *La Mathématique sociale du marquis de Condorcet*, Paris : Press Universitaire de France.

Gueniffey, Patrice (2011), *Histoire de la Révolution et de l'Empire*, Paris : Perrin.

Guilhaumou, Jacques (1997), *Condorcet-Sieyès : Une amitié intellectuelle*, in *Condorcet. Homme des Lumières et de la Révolution*, sous la dir. de A.-M. Chouillet et P. Crépel, Fontenay-aux-Roses : ENS éditions, pp.223-239.

Hacking, Ian (1975), *The emergence of probability : a philosophical study of early ideas about probability induction and statistical inference*, London : Cambridge university press.

Jaume, Lucian (1989), *Le Discours jacobin et la démocratie*, Paris : Fayard.

———(1989), *Individu et souveraineté chez Condorcet*, in *Condorcet : mathématicien, économiste, philosophe, homme politique*, sous la dir. de P. Crépel et C. Gilain, Paris : Minerve, 1989.

Joubert, Jean-Paul (1989), *Condorcet et les trois ordres*, in *Condorcet, mathématicien, économiste, philosophe, homme politique*, sous la dir. de P. Crépel et C. Gilain, Paris : Minerve, pp. 305-312.

Kintzler, Catherine (1984), *Condorcet : L'instruction publique et la naissance du citoyen*, Paris : Minerve.

Lacorne, Denis (2008), *L'invention de la République américaine*, Paris : Hachette.

Lemaître, Alain J. (2013), *Le monde parlementaire en quête de légitimité*, in *L'opinion*

publique dans l'europe des lumières. Stratégie et concepts, sous la dir. de B. Binoche et A. J. Lemaître, Paris : Armand Colin, pp.107-125.
Lotterie, Florence (2006), *Progrès et perfectibilité : un dilemme des Lumières française (1755-1814)*, SVEC 2006 : 04, Oxford : Voltaire foundation.
Mergey, Anthony (2010), *L'État des physiocrates : Autorité et décentralisation*, Aix-en-Province : Presses Universitaires d'Aix- Marseille.
Mauzi, Robert (1967), *L'idée du Bonheur dans la littérature et la pensée française au XVIIIe siècle*, Paris : Armand Colin.
Monnier, Raymonde (2001), *« Démocratie représentative » ou « république démocratique » : de la querelle des mots (République) à la querelle des anciens et des modernes*, Annales historiques de la Révolution française, 325, pp.1-21.
Moravia, Sergio (1974), *La société d'Auteuil et la Révolution*, Dix-huitième siècle 6, Paris : Garnier, pp.181-191.
Nicolet, Claude (1982), *L'idée républicaine en France*, Paris : Gallimard.
Olivier-Martin, François (1988), *L'administration provinciale à la fin de l'Ancien Régime*, Paris : Loysel.
Pesante, Maria Luisa (2009), *Between Republicanism and the Enlightenment : Turgot and Adams*, in *Rethinking the Atlantic World*, ed., M. Albertone and A. De Francesco, Basingstoke : Palgrave Macmillan, pp.61-79.
Pomian, Krzysztov (2008), *Le temps et l'espace des Lumières*, Le débat (150), Paris : Gallimard, pp.135-145.
Rials, Stépane (1988), *La déclaration des droits de l'homme et du citoyen*, Paris : Hachette.
Rosanvallon, Pierre (2000), *La Démocratie inachevée Histoire de la souveraineté du peuple en France*, Paris : Gallimard.
Roshdi, Rashed (1974), *Condorcet : Mathématique et société, choix de textes et commentaire*, Paris : Hermann.
Rothschild, Emma (2001), *Economic sentiments, Adam Smith, Condorcet and the Enlightenment*, Cambridge : Harvard University Press.
Schandeler, Jean-Pierre (2000), *Les interprétations de Condorcet. symboles et concepts (1794-1894)*, SVEC 2000 : 03, Oxford : Voltaire foundation.
Tillet, Edouard (2001), *La constitution anglaise, un modèle politique et institutionnel dans la France des lumières*, Aix-en-province : Presses universitaires d'Aix- Marseille.
Urbinati, Nadia (2006), *Representative democracy. Principles & Genealogy*, Chicago and London : The University of Chicago Press.
Walton, Charles (2009), *Policing public opinion in the French Revolution. The Culture of Calumny and the Problem of free speech*, Oxford : Oxford University Press.
Williams, David (2004), *Condorcet and modernity*, Cambridge : Cambridge University Press.

［日本語］
安藤裕介（2014）『商業・専制・世論――フランス啓蒙の「政治経済学」と統治原理の転換』、創文社．

石井三記（1988）「十八世紀フランスの「国制」像——モープー期を中心として」、樋口勤一（編）『空間の世紀』、筑摩書房、pp.47-75.
———（1999）『十八世紀フランスの法と正義』、名古屋大学出版会 .
隠岐さや香（2010）「数学と社会改革のユートピア——ビュフォンの道徳算術からコンドルセの社会数学まで」、金森修（編）『科学思想史』、勁草書房、pp.127-186.
———（2011）『科学アカデミーと「有用な科学」——フォントネルの夢からコンドルセのユートピアへ』、名古屋大学出版会.
———（2012）「コンドルセの社会数学——科学と民主主義への夢想」、金森修（編）『合理性の考古学 フランスの科学思想史』、東京大学出版会、pp.177-224.
北垣徹（2011）「コンドルセからコントへ——啓蒙の転換」、富永茂樹（編）『啓蒙の運命』、名古屋大学出版会、pp.282-316.
鬼柳勝一（1972）「コンドルセの国民議会論序説——全国三部会召集決定以前の著作を中心に」、東京都立大学法学会雑誌、第 12 巻・第 2 号、東京都立大学法学部、pp.145-194.
田村理（2006）『投票方法と個人主義——フランス革命にみる「投票の秘密」の本質』、創文社 .
田中拓道（2006）『貧困と共和国——社会的連帯の誕生』、人文書院 .
高橋清徳（2005）『国家と身分制議会——フランス国制史研究』、東洋書林 .
トドロフ ,T.（2016）『民主主義の内なる敵』大谷尚文訳、みすず書房 .
永見（2007）「コンドルセにおける公教育の構想——科学と権力の関係をめぐって」『國家學會雑誌』120 巻、１・２号、pp.121-186.
二宮宏之（2007）『フランス アンシャン・レジーム論——社会的結合・権力秩序・叛乱』、岩波書店 .
野地孝一（1982）「フランス地域政治の危機と分権改革——レジオンを中心として」『年報政治学』32 巻（1981）、pp.181-203.
羽貝正美（1991）「フランス革命と地方制度の形成——「地方」の克服と「県」の創出を中心に」、日本政治学会（編）『年報政治学——18 世紀の革命と近代国家の形成』、岩波書店、pp.61-79.
ハッキング, I.（2013）『確率の出現』広田すみれ・森元良太訳、慶應義塾大学出版会.
バーリン, I.（1992）『理想の追求』（バーリン選集 4 ）福田歓一・河合秀和・田中治男・松本礼二訳、岩波書店 .
フォール, E. (2007)『チュルゴーの失脚——1776 年 5 月 12 日のドラマ』（上・下巻）渡辺恭彦訳、法政大学出版局 .
松本礼二（1981）「フランス思想史におけるアメリカ問題——一七五〇〜一八五〇（上）」、『思想』（681）、岩波書店、1981-03、pp.21-41.
マルタン, F.-O. (1986)『フランス法制史概説』、塙浩訳、創文社 .
渡辺恭彦（1973）「フランス革命前夜における自治的行政機構確立の試み——デュポン・ドゥ・ヌムール『自治体に関する覚書』（1775 年）を中心として」、商学論集、福島大学経済学会、1973 年 8 月、No.5.
富永茂樹（編）(2001)『資料 権利の宣言——1789』、京都大学人文科学研究所 .